Matthias Bartscher

Partizipation von Kindern in der Kommunalpolitik

LAMBERTUS

Inhalt

Vorwort

Dieses Buch ist auf dem Hintergrund meiner beruflichen Tätigkeit als Kinderbeauftragter in der westfälischen Großstadt Hamm entstanden. Es war eine berufliche Chance und Herausforderung zugleich, seit Ende 1991 das Kinderbüro als Einrichtung aufzubauen, die sich im Interesse von Kindern in kommunale Planungen einbringt und der Öffentlichkeit als Anlaufstelle dient. Ein wichtiger Anstoß zu diesem Buch war die sich über die Jahre immer wieder neu stellende Frage, ob die Arbeit den gesellschaftlichen Rahmenbedingungen angemessen und die Schwerpunkte bei der Vielfalt der Anforderungen richtig gesetzt seien. Gerade die Popularität und Modernität des Arbeitsfeldes machte mich mißtrauisch und nährte die Befürchtung, als Vorzeigeschild zu dienen, ohne wirklich etwas bewirken zu können. Neben der beruflichen Reflexion und der Erarbeitung einer Reihe von Vorträgen war das Angebot, ein Buch über die Partizipation von Kindern in der Kommunalpolitik schreiben zu können, ein Anstoß zum weiteren Nachdenken. Da die Arbeit an dem Buch am Feierabend geschah, verschob sich das Erscheinen von Halbjahr zu Halbjahr, und der inhaltliche Anspruch wurde größer, da immer neue Veröffentlichungen die Grundlage verbreiterten. Nach meiner Wahrnehmung ist der Höhepunkt der „Modewelle Kinderpolitik" mittlerweile überschritten, und es wird um so notwendiger, eine Reflexion über die aktuelle Popularität mancher Methoden und Veranstaltungsformen hinaus zu liefern und die wichtigen Erfahrungen und Erkenntnisse der vergangenen Jahre für eine dauerhafte Arbeit zu sichern. Ich freue mich, wenn dieses Buch dazu einen Beitrag darstellen kann.

Ein Wort zu den Sprachformen: Mir erschien es die beste Lösung zu sein, für allgemeine Bezeichnungen männliche und weibliche Sprachformen unsystematisch wechselnd zu verwenden. So sind mit Erziehern nicht nur Männer und mit Politikerinnen nicht nur Frauen gemeint.

Ich hätte dieses Buch ohne vielfältige Unterstützung nicht schreiben können. Sibylle Krieger-Brinkmann und Dieter Brinkmann haben mich als Supervisoren und freundschaftliche Mentoren in all den Jahren dabei unterstützt, mich im „Dschungel" von Politik und Verwaltung zurechtzufinden, zielgerichtet und manchmal erfolgreich zu handeln und mich immer wieder der Frage zu stellen, wie denn die Arbeit in einem konkreten gesellschaftlichen Umfeld und mit den Menschen, mit denen ich beruflich zu tun habe, am besten zu tun sei.

In den Spielplatzbauprojekten waren die Gespräche mit Seraphina Lenz und Thomas Butzlaff über die Aufgaben, die Erwachsene in Beteiligungsprojekten zu übernehmen haben, und die gesellschaftliche Einordnung dieser Arbeit grundlegend für dieses Buch. Seraphina verdanke ich

darüber hinaus Anstöße und wichtige Gespräche um Qualitätsbewußtsein und mit der Arbeit verbundene Verantwortung. Mit Martina Kriener und Martina Prinzmeier habe ich die Grundgedanken und die ersten Textentwürfe besprochen und das Buch mit ihren wichtigen Hinweisen klarer strukturieren können. Die Aktualität Piagets habe ich besonders mit Martina Sievert diskutiert. Die Kapitelentwürfe haben Stefanie Göckler, Andrea Striewe, Hartmut Gliemann, Christine Baum, Axel Ronig, Klaus Köller, Andreas Kleinmann, Regina Schumacher-Goldner, Henri Hochstrate und Dorothea Reichwald kritisch gelesen und viele weitere Aspekte eingebracht. Eva Gora half bei der Fotoauswahl und gab den Abbildungen und Tabellen Form. Für „moralische Unterstützung" haben Ursel Mertenskötter, Silvia Stöppler, Karla Schmelter-Schmidt, Claudia Profanter, Johannes Diehl-Kuhlmann und Ulla Lehnert gesorgt.
Andrea, Lisa und Sebastian hatten in den letzten zwei Jahren sehr viel nachsichtige Geduld. Ich danke allen von ganzem Herzen.

Hamm, im Juli 1998

Matthias Bartscher

1. Einleitung

Daß Kinder sich aktiv an politischen Prozessen beteiligen können, ist heute keine Frage mehr. Doch können sie es in einer Weise, die über ein rein erzieherisches Heranführen an Erwachsenenaufgaben hinausgeht? Welche Formen politischer Partizipation und welche politischen Themen ermöglichen es Kindern, ihre Interessen einzubringen? Welche Einrichtungen und Institutionen sollten für sie geschaffen, wie sollten bestehende Institutionen verändert werden? Welche Rolle spielen die Erwachsenen in der Kinderpolitik?
Diese und damit verbundene Fragen sollen in diesem Buch beantwortet werden. Es erscheint zu einem Zeitpunkt, in dem bereits vielfältige Erfahrungen vorliegen und dokumentiert sind. Die Diskussion wird in politischen Gremien auf allen Ebenen, in den unterschiedlichen Fachverbänden, an den Hochschulen und nicht zuletzt in den Kommunen geführt. Dieses Buch wendet sich an alle, die schon im Bereich der Partizipation von Kindern arbeiten, sich mit diesem Thema beschäftigen oder sich in die fachliche Diskussion einbringen wollen. Es unternimmt eine Zwischenbilanz, greift den Diskussionsstand auf und versucht ihn an wichtigen Punkten weiterzuführen. Dabei geht es weder um eine ausschließlich (demokratie- oder kindheits-)theoretische Reflexion, noch sollen lediglich praktische Arbeitshilfen vorgestellt werden; im Mittelpunkt stehen vielmehr die Bezüge zwischen allgemeinen politischen, psychologischen, pädagogischen Erkenntnissen und praktischen Partizipationsformen und Methoden.

1.1 Politik von Kindern, mit Kindern und für Kinder

Die aktuelle Entwicklung der Partizipation von Kindern und die besondere Berücksichtigung von Kinderinteressen in verschiedenen politischen Bereichen läßt sich bis in die siebziger Jahre zum „Jahr des Kindes 1979“ zurückverfolgen. Einige Kommunen und Institutionen haben dabei eine Vorreiterrolle übernommen. Aus einer „Aktion kinderfreundliche Stadt“ entwickelte sich in Herten seit 1978 die „Geschäftstelle Kinderfreunde“, die inzwischen teilweise in die überregional aktive Planungs- und Beratungseinrichtung „Prokids“ umgewandelt wurde. Bei der Arbeiterwohlfahrt in Düsseldorf begann Ina Schubert 1979 ihre Arbeit als Kinderanwältin „Till Eulenspiegel“. Das erste Kinderparlament wurde im gleichen Jahr in der elsässischen Stadt Schiltigheim gegründet, mittlerweile existieren rund 300 Kinder- und Jugendparlamente in Frankreich. Diese Bewegung wurde in den achtziger Jahren auch in der Bundesrepublik aufgegriffen, zunächst in Düren, Weingarten, Filderstadt und St. Augustin. Zahlreiche ähnliche Initiativen folgten (Schröder 1995: 55ff.). Neben diesen kommunalpolitisch ausgerichteten Partizipationsformen gibt es ältere Traditionen der Partizipation von Kindern in

Verbänden, Schulen und anderen Einrichtungen, die bis zum Anfang des Jahrhunderts zurückreichen (Hoffstadt/Malmede 1995). In der außerschulischen Jugendarbeit setzen sich Kinder seit Mitte der siebziger Jahre verstärkt mit politischen Problemen und der Gestaltung des Gemeinwesens auseinander. Jugendverbände propagieren politische Aktionen (KJG 1976), Spielmobilarbeit wird verstärkt als eine Auseinandersetzung mit den Lebensbedingungen von Kindern im Stadtteil begriffen, und Jugendeinrichtungen arbeiten immer stärker stadtteilorientiert und treten als Anwältinnen für Kinder und Jugendliche auf.

1988 setzte der Bundestag eine eigene Kinderkommission ein. Ende der achtziger Jahre richtete Nordrhein-Westfalen als erstes Bundesland die Stelle eines Landeskinderbeauftragten ein, und seit 1990 verbreitert sich der Trend, Kinder auf unterschiedlichen politischen Ebenen an für sie relevanten politischen Prozessen zu beteiligen: In Köln wurde ein Amt für Kinderinteressen eingerichtet, in Frankfurt, Weimar, Essen und vielen anderen Städten in der ganzen Bundesrepublik Kinderbüros gegründet. Nordrhein-Westfalen übernahm nicht zuletzt durch die frühzeitige Initiative der Landesregierung und der folgenden Aktivitäten des Landeskinderbeauftragten Reinald Eichholz eine Vorreiterrolle in diesem Prozeß. In Schleswig-Holstein wurde die Aktion „Schleswig-Holstein – Land für Kinder" entwickelt, und aktuelle Veröffentlichungen zeigen ein breites Spektrum praktischer Aktivitäten (Stange 1997, DKHW und Aktion Schleswig-Holstein 1997). Eine Reihe von Verbänden griffen das Thema auf, veranstalteten Modellprojekte und Tagungen und setzten damit wichtige Impulse. Zu nennen sind das Deutsche Kinderhilfswerk und der Deutsche Kinderschutzbund, auf regionaler Ebene zum Beispiel das Münchner Kinder- und Jugendforum oder der Fachverband für Offene Arbeit mit Kindern (ABA).

Ende 1993 gab es in 40% aller bundesdeutschen Kommunen spezielle Institutionen, die sich mit der Vertretung von Kinderinteressen beschäftigen (Arnold/Wüstendörfer 1994: 12). Dazu zählen Kinderbeauftragte, Kinderbüros, ämterübergreifende Arbeitsgruppen oder besondere Gremien im Rahmen der Jugendhilfeplanung. Es handelt sich dabei um Interessenvertretungen, deren Mitarbeiter als Anwälte, Moderatorinnen oder Planer agieren. In 60% aller bundesdeutschen Kommunen existieren zu diesem Zeitpunkt Institutionen, Angebote oder Veranstaltungen, die sich direkt an Kinder richten und ihnen die Möglichkeit bieten, ihre Interessen zu artikulieren. Das Spektrum reicht von Kinderparlamenten über Kinderforen, Kindersprechstunden bis hin zu Projekten im Rahmen von Stadtplanung und Stadtgestaltung. Darüber hinaus setzt sich in vielen Jugendämtern die Erkenntnis durch, daß die Vertretung von Kinderinteressen zu ihrem originären Aufgabenbereich gehört (vgl. z.B. Deußer 1993).

Für diese Handlungsfelder haben sich die Begriffe „Politik *für* Kinder" und „Politik *mit* Kindern" durchgesetzt, wobei der zweite Begriff bislang den eigentlichen Bereich der Partizipation von Kindern bezeichnet. „Politik *für* Kinder" meint dagegen das Handeln einer erwachsenen Interessenlobby, die – teilweise unabhängig von aktiver Kinderbeteiligung – zur Durchsetzung von Kinderinteressen aktiv wird. Eine dritte Ebene wird in der aktuellen Fachdiskussion meist übersehen: die Politik *von* Kindern, also politische Aktionen von Kindern, die diese aus eigener Initiative und ohne Hilfe von Erwachsenen unternehmen (vgl. Abb. 1[1]). Mit dieser Form der Partizipation tun sich selbst professionelle Vertreterinnen von Kinderinteressen schwer – auch sie sind schließlich Erwachsene. So berichtete der Erziehungswissenschaftler Richard Münchmeier auf einer Tagung von einem Konflikt an einer Schule: Die Schüler hatten im Unterricht detailliert die unterschiedlichen politischen Aktionsformen besprochen. Als sie anschließend gegen Kürzungen des Bildungsetats im Gymnasialbereich, der die Freizeitaktivitäten auch an ihrer Schule erheblich einschränkte, sogar im Sinne der Schule einen Schulstreik organisierten, reagierten Schulleiter und Lehrer mit aller Härte der ihnen zur Verfügung stehenden Sanktionsmöglichkeiten gegen diesen eigenständigen Versuch der Interessenvertretung (Münchmeier 1997: 34).

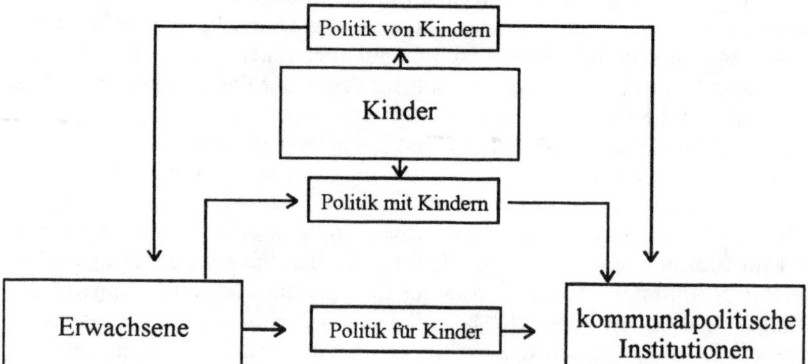

Abb. 1: Die Handlungsebenen zwischen Kindern und kommunalpolitischen Institutionen

[1] Die Anregung zu dieser Abbildung verdanke ich Martina Kriener

1.2 Partizipation von Kindern – eine Modeerscheinung?

Warum ist die Partizipation von Kindern seit Beginn der neunziger Jahre so modern geworden? Auffällig ist, daß Kinder als soziale Gruppe gesellschaftlich in den Vordergrund getreten sind, sie erhalten individuell und als Altersgruppe mehr Beachtung. Dabei lassen sich ganz unterschiedliche, teilweise gegenläufige Tendenzen feststellen: Skandalisierung von Mißständen wie Vernachlässigung oder Gewalt gegen Kinder, Initiativen für mehr Kinderrechte, Forderungen nach mehr Kinder- und Jugendschutz, massiver Ausbau von Einrichtungen für Kinder sind ebenso zu beobachten wie die Nichtbeachtung von Kinderinteressen in wichtigen sie betreffenden gesellschaftlichen Bereichen. Nicht alle Kinder leiden in dem Maße, wie es von vielen Kinderlobbyisten beschrieben und beklagt wird. Auch brauchen nicht alle Kinder mehr Schutz, viele erleben heute schon eine massive Überbehütung.
Die Aktualität, der scheinbar große Stellenwert, den Kinder gewonnen haben, löst Freude und Beunruhigung zugleich aus. Welche gesellschaftlichen Verschiebungen signalisiert ihre Aufwertung? Die Werbung ist ein geeigneter Indikator für den Stellenwert von Kindern. Wie sehr Kinder für Produkte werben, für die sie keine Konsumenten sind, ist frappierend. Kinder und Jugendliche sind ein Marktfaktor geworden. Das Taschengeldvolumen markiert einen ernstzunehmenden Wirtschaftsbereich, und Kinder bestimmen nicht nur die Wahl von Spielzeug und Süßigkeiten mit, sondern auch die Marke der Margarine und Größe und Farbe des väterlichen Fahrzeugs. „Betrachtet man nur die Bedeutung, die Kinder mittlerweile als Wirtschaftsfaktor einnehmen, so kommt es tatsächlich bald zu einer 'kids world'“ (Sünker/Swiderek 1997: 25). Der Medienmarkt, die Einbeziehung von Kinder in Marktmechanismen und die Entdeckung von Kindern als Konsumfaktor machen nachdenklich und bereiten Sorge. Doch kommt man sich in vielen Debatten – vor allem auch mit Kindern – vor wie die warnenden Wissenschaftler Ende des letzten Jahrhunderts, die behaupteten, Eisenbahn zu fahren sei dem Menschen nicht verträglich und mache krank.
Die derzeitige Konjunktur von Kindheit ist allein durch die wachsende Bedeutung von Kindern als Konsumenten und Trendsetter nur unzureichend erklärt. In ihrem tieferen Kern hat sie damit zu tun, daß Elternschaft in dieser Zeit vergesellschaftet wird: Ein immer geringerer Teil der erwachsenen Bundesbürger lebt in festen Beziehungen, und von diesen Paaren bekommt nur ein kleiner Teil Kinder. Da der unterbewußt verankerte Wunsch nach Kindern nicht in wenigen Jahrzehnten abzuschaffen ist, in denen die soziale Notwendigkeit eigener Kinder nicht mehr besteht und in denen Kinder als ungewolltes Nebenprodukt sexueller Betätigung weitgehend vermeidbar geworden sind, findet Elternschaft in zunehmenden Maße nicht mehr individuell, sondern gesellschaftlich

statt. Denn immer weniger Erwachsene sind bereit, die mit der Elternschaft verbundenen Kosten und Notwendigkeiten auf sich zu nehmen.
Kindheit repräsentiert und verheißt eine intakte Gefühlswelt, die viele Menschen ansonsten nicht mehr erleben könnten. Sie vermissen soziale Wärme und Nähe, und aufgrund einer Vielzahl von gesellschaftlichen und individuellen Bedingungen machen viele nicht mehr den Versuch, mit eigenen Kindern „alles ganz anders zu machen“ und Heim und Geborgenheit in einer eigenen Familie zu schaffen. So verheißen die von den Werbeplakaten herabblickenden und aus Radio- und Fernsehgeräten tönenden Kinder Sinn und Emotionalität. Man identifiziert sich mit ihnen, findet Freude an ihnen, empört sich über Gewalt und sexuellen Mißbrauch. Daß bei dieser Identifikation die Kinder instrumentalisiert werden, eben weil die Sinnleere und Einsamkeit der Erwachsenen, der ungestillte Wunsch, Spuren zu hinterlassen, und die vielfältigen Ängste nicht durch die Kinder erfüllt oder beseitigt werden können, wird nur selten bemerkt.
Da Kindheit und Kinder große Aufmerksamkeit und Wertschätzung genießen, kann derjenige, der sich für sie und ihre Teilhabe an politischen Prozessen einsetzt, nur gewinnen. Auch das ist ein Motiv, das Politikerinnen, Pädagogen und kommunale Verwaltungen dazu bringt, die Partizipation von Kindern auf ihre Fahnen zu schreiben.
Das Unbehagen an der Konjunktur von Kinderpartizipation entsteht vor allem dadurch, daß alle beschriebenen Tendenzen die Eigenheit aufweisen, Kinder zu Objekten anderer zu machen. Während ein allgemeiner Nutzen aus Kindern gezogen wird, wird die Gesellschaft keineswegs konsequent kinder- und familienfreundlich gestaltet. Kinder werden von der Werbewirtschaft als Medium benutzt, von verschiedenen Wirtschaftszweigen als Zielgruppe behandelt, und auch die Kinderrechtsbewegung und Kinderpolitik-Akteure stehen zumindest in der Gefahr, Kinder für ihre spezifischen Interessen zu vereinnahmen. Partizipation heißt nicht in jedem Fall, daß die Betroffenen wirklich ernstgenommen werden und Gestaltungsmöglichkeiten besitzen. Wie kann die Partizipation von Kindern so gestaltet werden, daß der Subjektstatus von Kindern und ihre realen politischen Einflußmöglichkeiten gestärkt werden?

1.3 Politische Partizipation von Kindern in der Kommunalpolitik

Das Thema dieses Buches ist die Partizipation von Kindern in der Kommunalpolitik. Die Kommune ist die lokale Organisationsebene des politischen Systems, und kommunalpolitische Entscheidungen haben in vielen Bereichen Auswirkungen auf den Lebensalltag von Kindern. Zugleich besteht in der Kommune die Möglichkeit, unterschiedliche Ansätze von Partizipation zu vernetzen und sinnvolle Bezüge herzustellen.

Kommunalpolitische Entscheidungen verändern die räumliche Lebensumgebung und Bewegungsmöglichkeiten von Kindern, sie sollen Familien in ihrem Erziehungsauftrag unterstützen, schaffen Tageseinrichtungen und andere betreuende und kulturelle Institutionen und beeinflussen das soziale Netz der Hilfen, Fürsorge und Unterstützung. Kommunalpolitik hat somit gestaltenden Einfluß auf Kinder und ihre sozialen Beziehungen zu Eltern, Verwandten, Freunden und Erziehern. Das läßt sich an einigen Themen besonders zeigen:

Städtebau, Verinselung, Verkehrsmöglichkeiten, Gefahrenorte

Die städtebauliche Ausgestaltung eines Stadtteils und des Wohnumfeldes prägt das emotionale Klima in einer Familie und die sozialen Fähigkeiten von Kindern in freundschaftlichen Beziehungen zu Gleichaltrigen. In der Schweizer Studie „Zwei Welten" (Degen-Zimmermann 1992; Hüttenmoser 1995), die zum Ziel hatte, Auswirkungen des modernen Verkehrs auf Kindheit zu untersuchen, wird plastisch herausgearbeitet, daß in Familien in Lebensumgebungen, in denen fünfjährige Kinder allein in der Umgebung streifen können, ein entspannteres und ruhigeres emotionales Klima herrscht. Sie haben mehr soziale Kontakte und die Kinder zeigen ein differenzierteres Sozialverhalten. Die Zeit, in denen die Kinder allein im Wohnumfeld unterwegs sind, kann die betreuende Elternperson frei gestalten. Dabei ist es unwichtig, ob sie Hausarbeiten macht oder Zeit zur Entspannung hat. Familien, die in Wohnumfeldern mit beeinträchtigten Bewegungsmöglichkeiten leben, in denen also Kinder des entsprechenden Alters nur in Begleitung eines Erwachsenen ins Freie gehen können, haben demgegenüber gravierende Nachteile und Defizite. Wenn die Eltern ihre Kinder ganztägig betreuen müssen, ist die Belastung für den betreuenden Elternteil erheblich höher. Dieses Streßgefühl hat negative Auswirkungen auf das emotionale Familienklima. Kinder, die allein – ohne elterliche Aufsicht – draußen spielen, entwikkeln differenziertere Sozialbeziehungen als Kinder, die ausschließlich unter Betreuung ihrer Eltern auf Spielplätzen oder bei Familienbesuchen Kontakt zu anderen Kindern haben. Die Kinder regeln ihre Konflikte überwiegend unter sich selbst und entwickeln teilweise komplizierte Spiele und Gemeinschaftsformen, die oftmals über Tage und Wochen Kontinuität haben.
Die Frage nach einer kinderfreundlichen Stadtgestaltung besitzt daher einen zentralen Stellenwert für die kindliche Sozialisation. Während Kindertagesstätten, Schulen und Jugendhilfe sich auf die sozialen Beziehungen und die individuelle Entwicklung konzentrieren und so eine sozial, motorisch und intellektuell positive Entwicklung zu bewirken versuchen, schaffen die auf (kommunal-)politischer Ebene getroffenen stadtplanerischen Entscheidungen Sozialisationsbedingungen, die diese

Bemühungen zum Teil zunichte machen. Die Einmischung in die Kommunalpolitik muß daher allen möglich sein, die von den Entscheidungen betroffen sind – also auch den Kindern.
In den letzten Jahren wird zunehmend eine „Verinselung von Kindheit" diagnostiziert und beklagt. Kindheit findet nicht mehr in einem zusammenhängenden sozialen Raum (Verwandtschaft, Nachbarschaft, Stadtteil) statt, sondern an vielen, über die ganze Stadt verstreuten Orten. Neben dem Schulbesuch gehören Teilnahme an Sport-, Kultur- und Betreuungsangeboten zum Alltag der meisten Kinder. Es ist fraglich, ob die Verinselung der Kindheit für Kinder generell ein Problem darstellt (Nave-Herz 1994: 29; Harms/Preissing 1988a: 101ff.). Die Qualität der „verinselten" Aufenthaltsorte und Beschäftigungsmöglichkeiten ist aus Sicht vieler Kinder sicher gestiegen. Der Sportverein, die Musikschule oder der Besuch bei einem Freund bedeuten intensiv gelebte, positive Zeit. Das mag allemal besser sein, als sich auf der Straße oder zuhause zu langweilen, Angst vor einer anderen Clique im Viertel zu haben und kaum anregende Spielmöglichkeiten zu finden. Für die Eltern-Kind-Beziehung bedeutet das über weite Lebensabschnitte, daß Eltern zu „Taxifahrern" werden, die ihren Lebensrhythmus nach den Aktivitäten der Kinder ausrichten. Wenn zwei oder sogar drei Kinder in diesem Sinne zu versorgen sind, wird der zeitliche Spielraum für die Eltern eng. Die „Taxiunternehmen Eltern" stehen in engem Zusammenhang mit der elterlichen Sorge um die Sicherheit ihrer Kinder. Straßenverkehr und (vermeintlich oder tatsächlich) drohende Gewalttaten machen es schwer, zu entscheiden, wann und wohin Kinder allein gehen können.
Auch die vielfach beklagte Fixierung der Kinder auf Fernsehen oder Computer ist von der räumlichen Lebensumwelt nicht zu trennen: Kinder gehen häufig nicht mehr auf die Straße, weil es dort entweder gefährlich oder langweilig ist. Solange es nicht wirklich interessante und zum Spielen geeignete Stadtteile gibt, wird die Mediennutzung steigen und Kinder und Familienleben prägen. Ebenso finden Kinder im wohnungsnahen Bereich häufig kaum Gelegenheit, an der Welt der Erwachsenen, z.B. der Berufsarbeit, teilzuhaben.
Beim Versuch der Rückgewinnung von Wohnumfeld und Stadtteil ist es unbedingt notwendig, Kinder selbst zu beteiligen, denn ihre Vorschläge und Vorstellungen können die bauliche Gestaltung beeinflussen, auf Gefährdungspunkte im Verkehr hinweisen und geeignete Maßnahmen gegen Gefährdung durch Gewalt aufzeigen. Werden die Kinder einbezogen, so kann das ihr Selbstbewußtsein stärken und eigenverantwortliches Handeln fördern. Werden sie mit vollendeten Tatsachen konfrontiert, bleiben die Maßnahmen aufgesetzt und in ihrer Wirkung reduziert.

Armut und die Frage nach materieller Partizipation

Weit über 40% der von Sozialhilfe Betroffenen sind Kinder. Ich habe untersucht, wie sich die Bedingungen in einer Obdachlosenunterkunft auf die Lebenssituation der Kinder auswirken (Stadt Hamm 1994). In dieser Untersuchung wurde eine durchgehende Benachteiligung und ein Mangel an lebenswichtigen Gütern und Beziehungen dokumentiert. Die Lebensorte sind nicht kindgerecht, die Eltern können aufgrund ihrer großen sozialen Probleme und ihrer mangelnden Kompetenz, diese zu lösen, in einer wesentlich strukturell bedingten Konfliktlage den Kindern weder genügend Zeit noch Zuwendung noch Förderung geben.[2] Problembelastung und Überforderung seitens der Eltern und daraus resultierende Kompensationen wie Drogenkonsum wirken sich destruktiv auf die Beziehungen zu den Kindern aus.

Kinder werden insbesondere in Vernachlässigungssituationen zu kleinen Erwachsenen mit hohen Anforderungen an ihre Kompetenz zur Bewältigung ihres Alltags. Die Gesundheitsbeeinträchtigungen von Kindern ähneln immer mehr denen der Erwachsenen. Das gilt nicht nur für Kinder in sozialen Brennpunkten, sondern in allen Bevölkerungsgruppen. Neben die typischen Kinderkrankheiten treten beispielsweise Streßsymptome, Erkrankungen der Atemwege, Erschöpfungszustände, Magenverstimmungen, Schlafstörungen, Kopfschmerzen usw. Dazu gehören auch psychische Störungen, die denen von Erwachsenen gleichen, Störungen im Leistungsbereich und in der Wahrnehmungsfähigkeit (Hartwig-Hellstern 1995). Der kindliche Alltag verliert seine Sorglosigkeit, der Schonraum, den Kindheit eigentlich bieten sollte, schwindet.

Zu fragen ist, ob eine Gesellschaft, die grundlegende, Kinder betreffende strukturelle Probleme nicht löst (wie die Versorgung mit Arbeit für Eltern, ausreichender Wohnraum und soziale Sicherung), Kinder tatsächlich politisch partizipieren lassen will. Es besteht die Gefahr, daß kinderpolitische Aktivitäten Alibifunktion übernehmen und helfen, soziales Elend zu verschleiern. Partizipation bedeutet *auch* Teilhabe an materiellen Gütern; das darf bei der Kinderpolitik nicht vergessen werden.

1.4 Partizipation von Kindern: Kein Motor gesellschaftlicher Demokratisierung

Die Ansprüche an Kinderpolitik sind hoch: „Um die Kommunalpolitik in Richtung Kinderfreundlichkeit zu bewegen", heißt es beispielsweise in

[2] Wenn man von der Lebensphase als Säugling absieht, in denen die Babys verhätschelt werden; aber auch hier scheint es eher um die emotionalen Bedürfnisse der Eltern zu gehen.

einem Buch, „muß Kinderpolitik die politische Randständigkeit verlassen und sich in das Zentrum von Machtstrukturen begeben, um diese zu beeinflussen. Es muß der Gefahr entgegengewirkt werden, daß sie als Partikularinteresse immer nur ihren eigenen, eng gesetzten Interessenrahmen reproduziert und damit unwirksam bleibt“ (Apel/Pach 1997: 37). Was sollten Kinder bewirken, verändern oder gestalten können, wenn man sie verstärkt in zentrale Machtfragen einbezieht? Der Blick auf die Kinder, wie er in der Partizipationsdebatte gepflegt wird, verstellt den Blick auf die eigentlichen Entscheidungsträger dieser Gesellschaft. Vielfach entsteht der Eindruck, daß Kinder nun endlich das erreichen sollen, was Sozial- und Jugendpolitik in Jahrzehnten nicht erreicht haben. Sollen es – wieder einmal – die Enkel besser ausfechten?

Zu fragen ist daher, was Kindern eigentlich zugemutet werden soll, wenn sie politisch partizipieren, vor allem dann, wenn die Initiative dazu von Erwachsenen ergriffen wird. Es kann und darf nicht sein, daß mangelnde Durchsetzungschancen oder Politikverdrossenheit handlungsleitende Motive sind, nun auf die Kinder zu setzen. Stattdessen sollte die Selbstvergewisserung der Erwachsenen an erster Stelle stehen. Eltern, Erzieher und Politikerinnen, die ihr eigenes Leben nicht aktiv gestalten, sich nicht in die politische Gestaltung der Lebensumstände einmischen, können Kindern keine erwachsenen Entwicklungspartner sein. Es besteht dann immer die Gefahr, daß Kinder die Wünsche, Träume, Bedürfnisse, Wünsche und Sehnsüchte ihrer Eltern befriedigen müssen.

Wer ernsthaft Kinder am gesellschaftlichen Leben teilhaben lassen will, der hat, ohne sie zu „Rettern der Menschheit“ zu stilisieren, vielfältige Möglichkeiten. Kinder können im Familienrat in viele Entscheidungen einbezogen werden; die pädagogischen Einrichtungen vom Kindergarten über die Schule bis zum Jugendzentrum haben die Möglichkeit, Kindern Stimmrecht und Mitwirkungsmöglichkeiten zu geben. Weitere Partizipationsformen sollten in aller Behutsamkeit und immer in einem entsprechenden gesamtpolitischen förderlichen Rahmen entwickelt werden.

1.5 Zum Aufbau des Buchs

Statt es entweder bei grundsätzlichen Reflexionen zu belassen oder sich in praktischen Arbeitshilfen für Pädagogen und Kinderbeauftragte zu erschöpfen, versucht das vorliegende Buch beides zu verbinden. Die kritischen Infragestellungen des ersten, theoretischen Teils sollen Anregungen zur kritischen Reflexion praktischer Projekte liefern, und der Praxisteil bietet methodische Hilfen und Anregungen, die auf den theoretischen Überlegungen aufbauen.

Ausgangspunkt der Argumentation ist die Frage nach den Zusammenhängen zwischen der Aktualität von Kinderpartizipation und dem der-

zeitigen Zustand von Politik *(Kapitel 2)*. Es ist schon merkwürdig, daß in einer Zeit großer ungelöster Probleme gerade Kinder mit ins Boot der politischen Steuerung steigen sollen. Die Krise des Repräsentationsprinzips und schwindende Gestaltungsmöglichkeiten politischer Entscheidungsträger lassen tiefgreifende Defizite an der angeblich gewollten Demokratisierung erkennen; die Unfähigkeit bzw. der Unwille von Politikern und Verwaltungsmitarbeiterinnen, sich mit Kindern auseinanderzusetzen, verweisen auf eine spezifische *deformation professionelle*. Die Reduzierung politischer Sprache auf strategische Beeinflussungs- und Überredungsstrategien läßt die Kommunikation von Kindern und Politikern scheitern, wenn hier nicht vermittelnd, übersetzend und die sprachlichen Möglichkeiten erweiternd eingegriffen wird. Die Feststellung, daß politisches Handeln von Kindern seinen Ausgangspunkt in ihrem Lebensalltag hat, macht ein Anknüpfen an gemeinwesenorientierte Formen der politischen Partizipation notwendig. Schließlich hat auch die räumliche Gestaltung von Stadt und Umwelt als „gebaute Demokratie" eine politische Dimension, die Partizipation fördert oder behindert.
Entscheidend für die Entwicklung und Bewertung konkreter Formen von Kinderpartizipation ist die Beantwortung der Frage, was Kinder in welchem Alter verstehen und leisten können *(Kapitel 3)*. Piagets Erklärung der Weltaneignung von Kindern durch Assimilation und Akkomodation liefert das Grundmuster der Partizipation von Kindern, indem es ein Modell für das Verstehen aktiver und passiver Komponenten der kindlichen Entwicklung liefert. In dem Maße, in dem Kinder Raumwahrnehmung, Kausalität, Zeit- und Objektverständnis ausbilden, wachsen auch ihre kognitiven Voraussetzungen für politische Partizipation. Vor allem ist von Piaget zu lernen, daß die Eigenaktivität eines der wichtigsten Momente der kindlichen Entwicklung ist. Das gilt auch für die politische Sozialisation. Der Entwicklung der Raumwahrnehmung und der Bedeutung des Raumes als Entwicklungsbedingung wird besondere Aufmerksamkeit gewidmet, da die Gestaltung des städtischen Raumes einer der wichtigsten kommunalpolitischen Aufgaben ist. Schließlich geht es um die Frage, wie Einigungsprozesse unter Kindern, die die gemeinsame Lebensgestaltung betreffen, von Erwachsenen verstanden und unterstützt werden können. Kohlbergs Modell der Moralentwicklung und sein „Just Community-Program" zeigen die pädagogische Relevanz seiner Erforschung kindlichen moralischen Urteilens und Handelns und können die pädagogische Begleitung von Kindern in politischen Prozessen qualifizieren.
Daran schließt sich die Frage nach der Rolle der Erwachsenen an *(Kapitel 4)*. Wenn es sich dabei – und diese Auffassung wird hier vertreten – um eine erzieherische Rolle handelt, so ist dieses Rollenverständnis nur in der Auseinandersetzung mit der Frage zu gewinnen, wie Erziehung begriffen wird und welche Rechte und Verantwortlichkeiten die

Kinder besitzen. Daraus lassen sich konkrete Anforderungen an die Kompetenzen ableiten, die ein Erwachsener mitbringen sollte, wenn er mit Kindern Partizipationsprojekte veranstaltet.
Die Beteiligungsrechte und die konkreten Partizipationschancen von Kindern werden durch einen rechtlichen Rahmen und seine konkrete Ausgestaltung in den Kommunen bestimmt. Im *Kapitel 5* werden zunächst die einschlägigen Rechtsvorschriften – soweit möglich bezogen auf die einzelnen Bundesländer differenziert – dargestellt. Einen besonderen Stellenwert nimmt die Begründung von Querschnittsstellen in der Verwaltung ein, da die meisten Stellen zur Kinderinteressenvertretung in Verwaltung und Kommunalpolitik einen Auftrag zum „Querschnittshandeln" haben, zu dessen Umsetzung hier rechtliche Begründung und praktische Organisationshinweise gegeben werden. Viele schon bestehende Überlegungen zu Vernetzung und Kooperation der Kinderinteressenvertretungen werden zusammengefaßt und in einem „Netzwerk für Kinderinteressen" gebündelt. Große Probleme bestehen häufig bei der erfolgreichen Umsetzung von Projekten und Maßnahmen in der kommunalen Verwaltung. Nicht nur Berufsanfänger haben Probleme, sich zwischen den offiziell geregelten und den inoffiziell wirksamen Handlungsmechanismen von Verwaltungen zurechtzufinden. Der Umgang mit Behörden wird vor dem Hintergrund praktischer Erfahrungen und der verwaltungswissenschaftlichen Literatur reflektiert. Abschließend folgen Hinweise, welche Auswirkungen und Anforderungen die Umsetzung neuer Steuerungsmodelle in den Kommunalverwaltungen auf die Vertretung von Kinderinteressen haben werden.
Kapitel 6 stellt wesentliche methodische Grundlagen der Partizipation von Kindern vor. Entgegen dem Anschein, daß es sich bei den Partizipationsprojekten mit Kindern um pädagogisches Neuland handelt, werden diese auf ihre methodischen Grundlagen aus der Sozialarbeitslehre und Jugendhilfemethodik zurückgeführt. Als drei wichtige Grundlagen werden Situationsansatz, Projektarbeit und Gemeinwesenarbeit rekapituliert.
Darauf aufbauend werden abschließend die wichtigsten Arbeitsformen dargestellt und anhand von Praxisbeispielen veranschaulicht. Im *Kapitel 7* werden die wichtigsten Methoden für die Erkundung von Kinderinteressen, für die raumbezogene Partizipation, für Projektarbeit und Planspiele, für die Integration in gemeinwesenorientierte Arbeit und für die Partizipation von Kindern in kommunalen Einrichtungen dargestellt. In dokumentarischen Texten werden dabei originelle und exemplarische Praxisberichte vorgestellt.

2. Partizipation von Kindern und gesellschaftliche Demokratisierung

Bei einer Untersuchung der Chancen und Probleme der Partizipation von Kindern ist es notwendig, den Gesamtkontext politischer Partizipation im Auge zu behalten. Zu fragen ist, warum gerade jetzt die Partizipation von Kindern eine solche Attraktivität und Konjunktur erlangt hat, warum sie an allen jugendpolitischen Bemühungen vorbei in den sozial- und gesellschaftspolitischen Vordergrund gerückt ist. Gleichzeitig ist die Frage nach den Wirkungsmöglichkeiten und dem Stellenwert von Kinderpartizipation im politischen Gesamtsystem zu beantworten. Die gängigen Antworten schwanken zwischen dem Anspruch auf einschneidende Veränderung der Lebensbedingungen von Kindern und dem Eingeständnis der Wirkungslosigkeit. Problematisch sind nicht die Formen der Partizipation von Kindern, sondern in erster Linie der Stand der gesamtgesellschaftlichen Demokratisierung überhaupt. Demokratisierung ist mittlerweile als Idee und als Ziel der gesellschaftlichen Entwicklung zur Farce geworden, weil abgesehen von einer politisch tätigen Minderheit eigentlich niemand mehr so recht glaubt, daß in dieser Gesellschaft irgendetwas „im Namen des Volkes" geschieht.

2.1 Dimensionen politischer Partizipation

Der Begriff der Partizipation besitzt in verschiedenen Politikkonzepten und in den politischen Richtungen einen mehr oder weniger großen Stellenwert. Unabhängig davon, ob er die Emanzipation des Einzelnen gegenüber den gesellschaftlichen Zwängen, die Handlungsmöglichkeiten des mündigen Bürgers oder die Integration des Individuums in die Gesellschaft bezeichnet, war und ist immer die aktive Teilhabe des Einzelnen an den politischen Entscheidungsprozessen gemeint. Während Begriffe wie Erziehung oder Bildung auch den passiven Aspekt des Erzogenwerdens bzw. des Gebildetwerdens durch Personen oder gesellschaftliche Bedingungen beinhalten, gibt es Partizipation nur als Aktivum.
Partizipation kommt vom lateinischen *particeps* (an *etwas* teilnehmend, *einer Sache* teilhaftig, bei *etwas* beteiligt) und wird im deutschen Sprachgebrauch im Sinne von „politischer Beteiligung" gebraucht. Damit sind in einem weiteren Sinne alle individuellen und kollektiven Verhaltensweisen gemeint, „die sich auf den Bereich der politischen Institutionen beziehen, auch wenn diese nichtpolitische (zum Beispiel wirtschaftliche) Motive haben" (Beck 1986: 136). Im engeren Sinne sind alle politisch motivierten Handlungen gemeint; dabei können diese gesellschaftliche Zielsetzungen haben wie Mitgestaltung und Mitverantwortung öffentlicher Angelegenheiten oder eher individuum-orientierte Ziele wie Emanzipation von (staatlicher) Fremdbestimmung.
In einem ersten Schritt läßt sich der Begriff der Partizipation konkretisieren in Handlungsmöglichkeiten, die jeder Bürger und jede Bürgerin

ergreifen kann, wenn er oder sie etwas tun will, um politische Ziele zu erreichen. Partizipation ist darüber hinaus zu fassen als die Handlungsmöglichkeiten, die sich auf die repräsentative Demokratie beziehen wie die Teilnahme an Wahlen oder das Engagement in einer Partei. Uehlinger beschreibt ein Spektrum von Handlungsmöglichkeiten (Uehlinger 1988), das auch auf die Partizipationsmöglichkeiten von Kindern zu übertragen ist. Er wertet eine Reihe von empirischen Untersuchungen zum Wahlverhalten der Bundesbürger aus und schließt aus den unterschiedlichen Fragestellungen der jeweiligen Befragungen auf das ihnen zugrundeliegende Verständnis politischer Partizipation. Dabei wird deutlich, daß der Blickwinkel nach dem Zweiten Weltkrieg zunächst nur auf das Wahlverhalten gerichtet war und sich erst nach und nach erweiterte auf das breite Spektrum individueller oder kollektiver politischer Aktivitäten z.B. in Bürgerinitiativen, Verbänden oder anderen Organisationen. Eine weitere Differenzierung ergibt sich aus der Unterscheidung legaler und illegaler Handlungsformen.
Uehlinger unterscheidet fünf „Partizipationstypen" (ebd.: 129ff.):

(1) In der *Staatsbürgerrolle* werden grundlegende Handlungsweisen ausgeübt: sich informieren und eine Meinung bilden, diskutieren über Politik, andere von der eigenen Meinung überzeugen, wählen. Zu diesem Typus sind auch bestimmte Formen des Antrags- und Anhörungsrechtes (Bürgerantrag, Einwohnerfragestunden usw.) zu zählen.
(2) Zu den *problemspezifischen Partizipationsformen* werden alle Handlungsweisen gezählt, die Menschen von einem Problem ausgehend ergreifen, um eine politische Lösung zu bewirken:

(a) Teilnahme an öffentlichen Diskussionen,
(b) Mitarbeit in Mitbestimmungsgremien,
(c) Unterschriftenlisten sammeln,
(d) Leserbriefe schreiben,
(e) Mitarbeit in oder Gründung von Bürgerinitiativen,
(f) Teilnahme an genehmigten Demonstrationen,
(g) Teilnahme an Streiks.

(3) Zur *parteiorientierten Partizipation* werden neben der Mitgliedschaft alle Tätigkeiten gezählt, die im Rahmen politischer Parteien ausgeübt werden, angefangen von der Wahlkampfarbeit über Organisation politischer Veranstaltungen bis hin zur Ausübung eines politischen Amtes.
(4) Zum *zivilen Ungehorsam* gehören illegale, aber gewaltlose Tätigkeiten wie Hausbesetzungen, Sit-Ins, verbotene Demonstrationen, wilde Streiks, Miet- und Steuerverweigerung.
(5) Die *gewaltförmige politische Partizipation* umfaßt alle Aktionsformen, bei denen Gewalt gegen Sachen und/oder Personen ausgeübt wird.
Uehlinger zeigt, daß die „staatsbürgerlichen Partizipationsformen" von jeweils ca. 80% der Befragten, die problemspezifischen Formen von 30-

40%, die parteiorientierten Formen von 15-20% gutgeheißen werden. Ca. 5-10% befürworten zivilen Ungehorsam, während 3-4% Gewalt als Mittel der politischen Durchsetzung gutheißen.
Hinsichtlich des Einflusses, den Partizipationsformen auf politische Entscheidungen haben, lassen sich sachlogisch drei Partizipationsgrade unterscheiden (vgl. Vilmar 1986: 340, in: Sünker/Swiderek 1997: 19):

> *Unverbindliche Partizipation:* hier erfolgt eine Teilnahme am Entscheidungsprozeß durch Informationen, durch Beratungs- und Mitwirkungsrechte oder durch demonstrative Proteste;
> *Verbindliche Partizipation:* hier kommt es zu einer Einschränkung der Entscheidungsvollmacht der Dirigierenden durch politische Mitbestimmung;
> *Selbstverwaltung:* hier kommt es zur Aufhebung der Entscheidungsvollmacht der Dirigierenden durch einen legalen Machtwechsel oder durch Systembesetzung und Selbstorganisation der Betroffenen bzw. Vergesellschaftung der Entscheidungsbildung.

Alle Ebenen haben je nach Kontext ihre Berechtigung. So impliziert Selbstverwaltung zwar einen hohen Einflußgrad, ist aber von vielen Rahmenbedingungen abhängig und kann gleichzeitig je nach Alter, Fähigkeiten und Engagement gerade für Kinder und Jugendliche eine Überforderung bedeuten. Die Selbstverwaltung von Jugendzentren durch die Besucher beispielsweise könnte Eigenverantwortung stärken, Selbsthilfe fördern und Kosten sparen – sinnvolle finanzielle und pädagogische Ziele. Doch wird sie von den Jugendverwaltungen nicht aktiv angestrebt, und auch unter Jugendlichen gibt es – jedenfalls zur Zeit – kaum Bestrebungen in diese Richtung. Auf der anderen Seite können Kinder unterfordert sein, wenn Partizipationsformen zu unverbindlich sind, zum Beispiel in Form von Sprechstunden, deren Auswirkungen für sie undurchschaubar bleiben. Die Verbindlichkeit von Partizipationsformen zu erhöhen, ist ein wichtiges Ziel, das allerdings bei den öffentlichen Institutionen ein Umdenken, auf Seiten der Kinder und Jugendlichen die Bereitschaft zur Übernahme von Verantwortung, vor allem aber eine gesamtgesellschaftliche Demokratisierung voraussetzt.
Partizipation hat stets zwei Perspektiven: die der Betroffenen, die gesellschaftlich teilhaben wollen, und die der politischen Institutionen, die über die Entscheidungsmacht verfügen und Partizipation fördern oder behindern, im Extremfall blockieren. Partizipation ist aus Sicht des offiziellen politischen Systems Teil von Akzeptanzpolitik: eine Strategie, um Entscheidungen möglichst reibungslos vorzubereiten, durchzusetzen und mögliche Widerstände abzufedern und einzubinden. Sie kann zu einer „Beschäftigungstherapie“ mißbraucht werden; „gemeint ist da mit, daß Kräfte, die sonst phantasievoll wirksame Widerstandsformen entwickeln würden, gebunden werden durch die vorgegebenen Strukturen der Partizipationsformen und der Hoffnung auf Einfluß in den Mitbe-

stimmungsgremien. Oft findet Partizipation dann auf 'Nebenschauplätzen' statt, und es werden trügerische Illusionen geweckt" (ebd.: 17).
Auf der anderen Seite stellen die unterschiedlichen Partizipationsmöglichkeiten für die von politischen Entscheidungen Betroffenen einen (oftmals mit großen Hoffnungen, manchmal mit Illusionen verbundenen) Weg dar, die eigenen Interessen durchsetzen zu können. Bei Jugendlichen überwiegt allerdings, so zeigt die neueste Shell-Jugendstudie, Skepsis und Ablehnung bei der Einschätzung von Partizipationsmöglichkeiten. Diese Skepsis hängt zweifellos mit der Erfahrung zusammen, daß Interessen von Kindern und Jugendlichen in der etablierten Politik kaum Berücksichtigung finden: „Diese Erfahrungen und Einschätzungen münden offenbar in einer generellen 'Entfremdung' vom politischen System und seinen Organisationen und Ritualen, [führen] aber auch zu der Überzeugung, daß eigene Interessen im politischen Bereich nicht durchsetzungsfähig sind und am Widerstand der Erwachsenen scheitern" (Jugendwerk 1997: 18). So bleibt es eine Aufgabe der Erwachsenen in verantwortlichen Institutionen, durch praktische Angebote und Erfolge in der Partizipation Vertrauen aufzubauen.

Die Konkretisierung des Begriffs Partizipation zeigt, daß viele Handlungsmöglichkeiten auch jetzt schon von Kindern wahrgenommen werden können. Kinder partizipieren aktiv an den politischen Prozessen dieser Gesellschaft, ohne daß dies bewußt angestrebt oder gesteuert wäre. Der Blick auf die Methoden und Formen institutionalisierter Kinderinteressenvertretung verstellt leicht den Blick dafür, daß es vielfältige Handlungsmöglichkeiten gibt, die für Kinder jederzeit und ohne Erwachsenenunterstützung ausübbar sind. Bei der Frage, welche der beschriebenen Partizipationsformen von Kindern wahrgenommen werden können, ist festzustellen: Für Kinder ist der Staatsbürger-Partizipationstypus zu einem wichtigen Teil ausübbar: Auch wenn sie nicht wählen gehen können, so können sie doch ihre Meinung sagen und Anhörungs- und Antragsrechte wahrnehmen (mehr dazu in *Kap. 7*). Viele Erziehungs- und Beziehungskonzepte in Familie, Schule und Einrichtungen sind vom Willen geprägt, Kinder zu hören und ernstzunehmen. Sicher gibt es in dieser Frage aber auch große gesellschaftliche Unterschiede.

Problemorientierte Partizipationsformen sind für Kinder durchweg ausübbar, zum Teil sogar mit großer Wirkung, denn von Kindern inszenierte politische Aktivitäten erhalten in den letzten Jahren große mediale Aufmerksamkeit und damit nicht unerhebliche politische Wirkung. Auch parteiorientierte Formen sind partiell möglich, denn die meisten Parteien haben Jugendorganisationen, die ab einem gewissen Alter Kindern und Jugendlichen offenstehen. Viele der heute in vorderster Linie stehenden Politikerinnen haben ihre Karrieren in den Schülerorganisationen von Parteien begonnen.

Als ziviler Ungehorsam im Sinne einer politischen Partizipationsweise ist zum Beispiel Schulverweigerung zu nennen, auch rebellisches Verhalten gegen Eltern und Lehrer. Gerade die Schulverweigerung ist als Ausdruck des Protestes gegen unbefriedigende Lebenszusammenhänge zu sehen und wäre damit eine Form der gesellschaftlichen Partizipation. Ebenso ist in diesem Zusammenhang das Beispiel der Hamburger Eltern und Kinder zu erwähnen, die nach dem Unfalltod eines Mädchens die Straße blockierten und so gegen die unzureichende Verkehrssicherheit demonstrierten.
Gewalt schließlich ist unter Kindern und Jugendlichen ein bekanntes Mittel zur Durchsetzung von Interessen Äußerung von Problemen. Von Eltern und Lehrern mit Sorge beobachtet, werden die Erscheinungsformen von Gewalt in Schule und Stadtteil oftmals zum Anlaß, Maßnahmen zu ergreifen[1]. Allerdings ist den meisten Beteiligten klar, daß Gewalt nicht nur ein Normverstoß, sondern immer auch ein Ausdruck von Hilflosigkeit ist und „daß es enge Zusammenhänge zwischen der Gewalt, die Kinder und Jugendliche gegen andere ausüben, und der Gewalt, die sie erleben bzw. erleiden, gibt, daß also über den einen nicht ohne den anderen Aspekt gesprochen werden darf" (Landeswohlfahrtsverband Württemberg-Hohenzollern 1994: 7). Gerade im kommunalen Bereich spielt die strukturelle Gewalt eine große Rolle: Bebauungsformen, Verkehrsführung oder monotone und verkommene Spielplätze schränken die Entwicklungsmöglichkeiten für Kinder massiv ein und provozieren Gegengewalt. Vandalismus in Schulen oder auf öffentlichen Spielplätzen sind als eine Form des kindlichen und jugendlichen Protests gegen Mißstände zu verstehen.
Kinder sind also nicht so einflußlos wie vielfach beklagt. Sieht man von Wahlberechtigung und Parteimitgliedschaft ab, so bleibt ihnen ein breites Spektrum an Aktionsformen, um ihre Interessen zu vertreten, das sie unterschiedlich aktiv und konstruktiv nutzen. Es handelt sich allerdings durchweg um unverbindliche Partizipationsformen im Sinne der beschriebenen Partizipationsgrade; einen rechtlich geregelten, verbindlichen Einflußrahmen für Kinder gibt es (noch) nicht.
Das hier beschriebene Spektrum auch für Kinder zu nutzender Partizipationsformen erweitert das gängige Repertoire der Kinderpolitikerinnen und Pädagogen und irritiert zugleich ihre Ansprüche. Es geraten Verhaltensweisen in den Blick, die nicht gern gesehen werden. Sie besitzen durchaus einen politischen Horizont, auch wenn dies von den betroffe-

[1] Vgl. beispielsweise den gemeinsamen Runderlaß des Kultusministeriums und Innenministeriums NRW über die „Netzwerke gegen Gewalt an Schulen und im schulischen Umfeld, Einrichtung von Arbeitsgemeinschaften bei den Kreisen und kreisfreien Städten"; GABI I NW S. 38; Landeswohlfahrtsverband Württemberg-Hohenzollern 1994.

nen Kindern und Jugendlichen selbst nicht unbedingt so wahrgenommen wird. Partizipation ist nicht per se „gut“, z.B. wenn sie die Partizipations- und Handlungsmöglichkeiten anderer einschränkt, aber auch problematische oder abzulehnende Formen von Partizipation wie Vandalismus oder rassistische Gewalt sind häufig nicht zuletzt Symptome für verweigerte oder unzureichende Handlungsspielräume.

2.2 Probleme gesellschaftlicher Demokratisierung

Politik ist in der Krise, das ist für die meisten Akteure und für die große Mehrheit der Außenstehenden spürbar. Gerade die Auseinandersetzungen um die soziale Sicherung, um Schaffung und Erhalt von Arbeitsplätzen, Altersversorgung, Krankenversicherung und nicht zuletzt die Belastung der öffentlichen Haushalte machen deutlich, daß die politische Steuerungsfähigkeit dieser Gesellschaft rapide abgenommen hat und Problemlösungen immer mehr durch Problemverschiebung, Problemverschleierung und Problemverleugnung ersetzt wurden. Will man nicht den Anspruch demokratischer Willensbildung aufgeben, ist es notwendig, alle Anstrengungen zu unternehmen, um dem demokratischen Souverän wieder mehr Einfluß auf politische Entscheidungen einzuräumen.
Demokratisierung ist ein grundlegendes Thema politikwissenschaftlicher Theoriebildung. So betont Benjamin Barber in seinem Konzept der *strong democracy* die Weiterentwicklung partizipatorischer Elemente. Er ist der Auffassung, daß es für politische Teilhabe keine prinzipiellen Zugangsschranken gibt (bzw. geben sollte), auch nicht vom Alter her: „Kinder mögen zu politischem Handeln nicht fähig und daher für die Bürgerschaft nicht qualifiziert sein, sie bleiben jedoch potentielle Bürger und brauchen nur auf das Erwachen ihres politischen Bewußtseins zu warten, um ihre ‘Rechte’ einzufordern“ (Barber 1994: 225).
Thomas Meyer mißt die reale Politik an einem Ideal des Politischen: „Das Politische will und kann etwas ganz anderes sein als ein bloßes Machthandeln, nämlich eine Praxis der Verständigung zwischen Freien und Gleichen über das, was seinem Wesen nach allen gemein ist, eben das, was, wenn einmal entschieden ist, für alle dieselbe Verbindlichkeit erlangt“ (Meyer 1995: 5). An diesem Ideal gemessen, zeigt er Defizite und Probleme realer Politik auf. Chancen zu einer Demokratisierung sieht Meyer vor allem in der Verbindung zwischen dem, was im Lebensalltag der Menschen politisch ist, und den im engeren Sinne politischen Institutionen. Die Öffnung der Parteien spielt für ihn eine herausragende Rolle. In diesen Prozeß der Wiedergewinnung des Politischen können und sollten Kinder und Jugendliche einbezogen werden. „Es gibt keinen ernsthaften Grund, warum das Politische nur eine Verständigungspraxis zwischen Erwachsenen sein muß, denn die Kinder und

Jugendlichen sind von den Entscheidungen, die ihrem Wesen nach politisch sind, in der gleichen Weise und noch viel mehr unentrinnbar betroffen, wie die Erwachsenen selbst“ (ebd.: 6). In der Auseinandersetzung mit Barber und Meyer sind die folgenden Überlegungen entstanden, die versuchen, Probleme und Chancen des gesellschaftlichen Demokratisierungsprozesses zu reflektieren und Konsequenzen für die Partizipation von Kindern zu ziehen.

2.3 Zur Problematik der Repräsentation in der Politik

Das demokratische System der Bundesrepublik Deutschland ist eine repräsentative parlamentarische Demokratie, in der im Gegensatz zu direkten oder partizipatorischen Demokratien die Interessen der Individuen über gewählte Abgeordnete und Parteien im Parlament zur Geltung kommen sollen. Die Demokratieentwicklung wurde ausgehend vom britischen Parlamentarismus des 18. Jahrhunderts zunächst vom Kampf um die bürgerlichen (Männer-)Rechte gegen feudale Bindungen bestimmt, und mit dem allgemeinen, freien Wahlrecht setzten sich die bürgerlichen Emanzipationsbewegungen auch durch. Die Idee gesellschaftlicher Gleichberechtigung aller und Gerechtigkeit war damit jedoch keineswegs schon realisiert. „Es bildete sich so jener Liberalismus heraus, dem der repräsentative Parlamentarismus seine Entstehung verdankt. Die liberalen Verfassungen verkündeten zwar Freiheit und Fortschritt im Namen aller Menschen, doch die Freiheit blieb in der sozialen Realität kaum mehr als die Freiheit des Eigentums und des Erwerbs“ (Röhrig 1981: 9f.).
Im Anschluß an die Erfahrungen der Weimarer Republik und des Nationalsozialismus konstituierte sich in der Bundesrepublik eine Form repräsentativer Demokratie, die auf mehreren Säulen beruht. Die Interessen der Bürger vermitteln sich traditionell über Parteien und Interessenverbände und seit den siebziger Jahren zunehmend auch über Bürgerinitiativen. Über diese Institutionen und Zusammenschlüsse können die Bürger Einfluß auf die Gesetzgebung ausüben. In der gegenläufigen Richtung findet eine Vermittlung der Gesetzgebung zu den betroffenen Bürgern über die verschiedenen Elemente der Exekutive statt. Vor allem die Entstehung der Bürgerinitiativen ist auf die mangelhafte Interessenvermittlung durch die traditionellen Repräsentationsinstanzen zurückzuführen. Parteien, Abgeordnete und Verbände repräsentierten in grundlegenden Fragen nicht mehr die Interessen der Betroffenen. „Man täuscht mit dem Begriff der ‘Repräsentation’ eine adäquate Vertretung vor und verschweigt beflissentlich, daß im Begriff der Repräsentation nicht notwendig der Gedanke einer proportionalen Vertretung enthalten ist“ (ebd.: 143). Gerade unter Jugendlichen herrscht große Skepsis hinsicht-

lich der politischen Parteien, die unter allen gesellschaftlichen Organisationen am wenigsten Vertrauen genießen (vgl. Jugendwerk 1997: 19).

Das Prinzip der politischen Repräsentation hat zwei wichtige negative Folgen: Zunächst wird in Kauf genommen, daß eine Entkoppelung von Entscheidung, Verantwortlichkeit und Tragen der Folgen stattfindet. Zu einer gelingenden politischen Praxis gehören ursprünglich die Verbindung von Handlungsmöglichkeiten (der Verfügungsmacht über die betroffenen Angelegenheiten), der Motivation und Bereitschaft zu politischem Engagement, der Beteiligung an den Entscheidungen und die Betroffenheit wie das Mittragen der Auswirkungen der Entscheidungen (vgl. Meyer 1994: 29ff.). Politische Repräsentation löst diese Einheit auf und erzeugt so die beklagte Unfähigkeit zu Partizipation[2].

Das Repräsentationsprinzip funktioniert zweitens auch deshalb immer weniger, weil ein rapider Vertrauensverlust bei einem Großteil der Bürgerinnen stattgefunden hat, die sich mit ihren Bedürfnissen in den Handlungen der gewählten Repräsentanten nicht wiedererkennen und ihnen nicht vertrauen. Gleichzeitig wird durch Individualisierungsprozesse und wachsendes Selbstbewußtsein der Anspruch auf die Vertretung gerade der eigenen Interessen immer größer, ohne daß die Fähigkeit zu Kompromiß und politischer Verständigung in gleichem Maße wächst. Den über politische Fragen urteilenden Bürgern erscheint es vielfach als legitim, die Repräsentanten und ihre Entscheidungen aufgrund ihrer eigenen privaten Interessen und Einstellungen zu beurteilen bzw. zu verurteilen. So ist es nicht verwunderlich, daß die Frage nach direkter Demokratie immer wieder thematisiert und nach Formen der individuellen Partizipation an politischen Prozessen gesucht wird. „In der gesellschaftlichen Realität schließt eine repräsentative Demokratie wie die Bundesrepublik Deutschland Partizipation zwar nicht aus, aber sie ist weitgehend formal geregelt und nicht die Voraussetzung für das Funktionieren des politischen Systems“ (Sünker/Swiderek 1997: 17).

In den Vereinigten Staaten ist insbesondere das Konzept einer *strong democracy* des Politologen Benjamin Barber meinungsbildend für radikaldemokratische Überlegungen geworden. Barber beklagt, daß partizipatorischen Elemente einer demokratischen Organisation (Volksentscheide, Bürgerbegehren usw.) bisher abgelehnt oder so erschwert werden, daß sie in der Praxis kaum zu realisieren sind, da man dem Individuum Gesellschaftsfähigkeit im politischen Sinn nicht zutraut. Politische Repräsentation beruht nicht nur auf praktischen Steuerungserwägungen, sondern ist zugleich ein Mechanismus, mit dem der unberechenbare, irrationale und, so wird befürchtet, auch destruktive Volkeswille gezähmt und gezügelt werden soll. *Strong democracy* ist ein das traditio-

---

[2] Es mag auch sein, daß politische Repräsentation eine Reaktion auf die Auflösung dieser Einheit durch die gesellschaftlichen Entwicklungen ist.

nelle liberale Politikverständnis ergänzendes, korrigierendes und transformierendes Konzept, das politisches Handeln als eine zentrale menschliche Seinsweise bestimmt. Barber entwirft auf der Grundlage einer politischen Anthropologie, nach der politisches gesellschaftliches Handeln zu den Grundbedürfnissen und Fähigkeiten menschlicher Existenz gehört und nicht als Notlösung zur Regelung sozialer, dem Eigennutz entspringender Konflikte entwertet werden darf, ein Ideal partizipatorischer Demokratie, aus dem sich praktische Demokratisierungsschritte ableiten lassen. Im Zentrum steht dabei die These, daß eine Gemeinwesenorientierung politischen Handelns als Gegensatz zur Orientierung von Politik an Partikularinteressen sowohl politisch geboten als auch praktisch durchführbar ist.

Für die Partizipation von Kindern ergeben sich aus diesen Überlegungen einige grundlegende Konsequenzen:

(1) Ist es sinnvoll, repräsentative Politikmuster auch in der Kinderpartizipation anzuwenden, die sich wie zum Beispiel als Kinderparlamente großer Beliebtheit erfreuen? Die Antworten darauf sind widersprüchlich. Die einen lehnen repräsentative Formen aus der Befürchtung heraus ab, daß sie einen negativen gesellschaftlichen Trend der politischen Entfremdung verstärken; die anderen halten, eben weil Repräsentation einen zentralen Stellenwert besitzt, ihre frühzeitige Einübung für notwendig. Für beide Auffassungen lassen sich Argumente finden. So begründet das Defizit an politischer Partizipation in breiten Teilen der Bevölkerung den Mangel an politischer Handlungsfähigkeit und Beteiligungsbereitschaft. Direkte, also nicht repräsentative Partizipationserfahrungen können daher gar nicht früh genug gemacht werden. Umgekehrt ist der repräsentative Charakter von Politik konstituierend für das gegenwärtige Gesellschaftssystem, und es erscheint notwendig, allen Mitgliedern Fähigkeiten und Kenntnisse möglichst frühzeitig zu vermitteln, damit sie die Chance haben, möglichst erfolgreich für ihre Interessen einzutreten.

(2) Wie läßt sich eine eher gemeinwesenorientierte als egoistische Politikhaltung grundlegen? Dazu ist es sinnvoll, nicht ausschließlich auf repräsentative Muster zu bauen, sondern Formen direkter Partizipation zu integrieren. Für die Ausbildung der Fähigkeit zu politischer Teilnahme und die Bereitschaft gesellschaftlicher Solidarität ist Nähe zu den politischen Fragen und Beteiligung an den Entscheidungen ausschlaggebend. Direkte Partizipation ist als Basis aller weiteren Demokratieformen zu sehen. In der direkten Beteiligung von Kindern an sie betreffenden Entscheidungen ist die Einheit von Einigung, Entscheidung und Verantwortung für die Entscheidungsfolgen und ein daraus erwachsendes Gemeinwesenbewußtsein erfahrbar. Insofern sollte gerade Partizipation für Kinder diesen Gesichtspunkt berücksichtigen und für exemplarische Lebens- und Handlungsbereiche diese Einheit erlebbar machen. Das

gelingt immer dann, wenn die Handlungsfelder und Themen von Partizipation aus dem unmittelbaren sozialen und räumlichen Umfeld der Kinder entstehen und ihnen Handlungsspielräume eingeräumt werden können. Sie sind in allen kommunalpolitischen Bereichen zu finden: in der Stadtplanung, in der Jugendhilfe, in Einrichtungen und im schulischen Bereich. Hier kann die Fähigkeit zu Konsensfindung und Interessenausgleich praktisch erfahren und erprobt werden.

(3) Politsche Einflußnahme geschieht über differenzierte, teilweise konkurrierende Wege. Im Sinne einer erfolgreichen Interessenvertretung erscheint es deshalb sinnvoll, daß Kinder diese Entscheidungsprozesse durchschauen und geeignete Strategien erlernen, um ihre Ziele durchzusetzen. Dem sind freilich vielfältige Grenzen gesetzt – kognitive, kommunikative, rechtliche, finanzielle, um nur einige zu nennen. Sollen sie politisch erfolgreich agieren können, benötigen Kinder Unterstützung durch erwachsene Begleiter, Moderatoren und Interessenvertreter, die wiederum über ausreichende Kenntnisse des politischen Funktionssystems und politischer Strategien verfügen sollten. Die Notwendigkeit einer Lobby von Erwachsenen für Kinder in Verbänden, vor allem aber in den Kinder- und Jugendhilfeausschüssen und anderen politischen Gremien als eine Politik *für* Kinder läßt sich aus diesem Zusammenhang noch einmal nachdrücklich ableiten.

2.4 Demokratisierung für alle

Die Krise des Politischen hat ihren Grund nicht zuletzt darin, daß es mehr als fraglich ist, ob Politik überhaupt noch über das entscheiden kann, was sie zu steuern beansprucht (vgl. zum folgenden Meyer 1994: 39ff.). Der Anspruch, daß die staatlichen Institutionen alle wichtigen politischen Regelungen treffen und daß diese Entscheidungen dadurch demokratisch legitimiert sind, wird zunehmend ausgehöhlt. So beschränkt die Internationalisierung der Geld-, Waren- und Kapitalmärkte staatliche Steuerungsmöglichkeiten im wirtschaftlichen Bereich. Ökologische Gefahren bestehen grenzüberschreitend, so daß nationalstaatliche Umweltpolitik die Probleme nicht lösen kann. Die Risikopotentiale der Informations- und Biotechnologien sind mit den vorhandenen politischen Instrumenten kaum zu kontrollieren. Der Politologe Thomas Meyer formuliert das Dilemma in der Sprache der Systemtheorie: „Im Maß der Ausdifferenzierung gesellschaftlicher Funktionssysteme ist Mitsouveränität und nicht selten die ganze Souveränität über alle betreffenden Entscheidungen auf die gesellschaftlichen Funktionssysteme übergegangen. Die eigensinnige Funktionslogik gesellschaftlicher Teilsysteme, von der Wirtschaft bis zur Verwaltung, der Bildung und dem Sozialwesen, dem Gesundheitsbereich und der Forschung, den Medien

und der Technik, entzieht sich hierarchischen Regelungssystemen weitgehend" (ebd.: 43). Angesichts des weitgehenden Verlusts der politischen Handlungsfähigkeit selbst für die politischen Funktionsträger ist fraglich, inwieweit der einzelne Bürger Einfluß auf die gesellschaftliche Entwicklung nehmen kann.
Reale Einflußmöglichkeiten sind aber notwendige Voraussetzung einer Partizipation auch von Kindern. Fehlen sie, kann die Teilhabe nur „gespielt" werden, und Partizipation erschöpft sich in frühzeitiger Konditionierung auf ein möglichst reibungsloses Funktionieren in den etablierten Institutionen. Fragt man Kinder nach den gesellschaftlichen Problemfeldern, die ihnen unter den Nägeln brennen, so nennen sie vor allem ökologische Fragen und fordern grünere Stadtplanung, großzügigere Städtebauformen, geräumige Wohnraumgestaltung, bessere Ausstattung der Schulen oder rigide Einschnitte für den Autoverkehr im direkten Wohnumfeld. Wirksame Lösungen in diesen Bereichen sind kurz- und mittelfristig kaum denkbar. Eine Forcierung der Kinderbeteiligung wird vor diesem Hintergrund ausgesprochen bedenklich, da man Erwartungen weckt, die zwangsläufig enttäuscht werden müssen. Zu hinterfragen sind auch die Machtansprüche und Wirkungserwartungen, die sich an Kinderbeteiligung heften. Befürworter und (erwachsene) Organisatoren entsprechender Projekte proklamieren oft geradezu illusionäre Ziele: „Kinderparlamente können eine wirkungsvolle Strategie darstellen", ließ etwa der langjährige Vorsitzende der Kinderkommission des Bundestags, Wilhelm Schmidt, verlauten, „Partizipation zu praktizieren und unsere Städte und Gemeinden kinderfreundlicher zu machen" (in: DKHW 1993: 7). Bei so viel Euphorie sind Entmutigung und die allseits beklagte Politikverdrossenheit vorprogrammiert, der die Kinderpartizipation doch gerade abhelfen sollte.
Die Krise des Politischen ist nicht zuletzt die Krise eines auf staatliches Handeln verengten Politikverständnisses, wie der Soziologe Ulrich Beck zeigt: „Man erwartet Politik in den dafür ausgeschriebenen Arenen und von den dazu ermächtigten politischen Akteuren: Parlament, politische Parteien, Gewerkschaften usw. Wenn hier die Uhren der Politik stillstehen, dann scheint es, als habe das Politische insgesamt zu ticken aufgehört" (Beck 1993: 155). Politik findet aber immer mehr an allen möglichen Orten der Gesellschaft statt, nicht nur in den anderen gesellschaftlichen Funktionssystemen, sondern in informellen Bewegungen und Initiativen, die mit großer Macht politische Entscheidungen und gesellschaftliche Veränderungen bewirkt haben. „Das gesellschaftlich erstaunlichste, überraschendste, wohl am wenigsten begriffene Phänomen der achtziger Jahre ist die unverhoffte Renaissance einer *politischen Subjektivität* – außerhalb und innerhalb der Institutionen. In diesem Sinne ist es nicht übertrieben zu sagen: Die Bürgerinitiativen haben thematisch die Macht ergriffen. Sie waren es, die gegen den Widerstand der etablierten

Parteien die Themen einer gefährdeten Welt auf die Tagesordnung gesetzt haben" (ebd.: 157). Beck hat hierfür den Begriff der Subpolitik geprägt und meint damit das ganze Spektrum gesellschaftlicher Aktivitäten, in dem politische Fragen diskutiert und Entscheidungen beeinflußt werden. Dies vor allem ist das Terrain, in dem Kinder ihre Interessen artikulieren: die Gestaltung des Familienalltags, der Schule und des Wohnumfelds, das Zusammenleben in Vereinen, Nachbarschaftsnetzwerken und peer-groups.

Politische Urteilskraft ist nicht am Fernsehen oder durch Vermittlung im Unterricht, sondern nur durch politische Erfahrungen, durch aktive Partizipation an politischen Prozessen zu erwerben. Da nur ein kleiner Teil der Bevölkerung diese Erfahrungen macht, wird die Kluft zwischen „Regierung" und „Regierten" immer größer. Diejenigen, die politisch partizipieren, üben sich in die entsprechenden Verhaltensweisen ein und bringen sich um so selbstbewußter ein, je größer ihr Erfahrungswissen ist, während die, die wenig oder keine Chancen zur Beteiligung hatten, immer weniger die politischen Prozesse durchschauen und sich in sie einbringen können. Das daraus folgende Desinteresse begünstigt wiederum die Politikverdrossenheit. „Erst wenn eine hinreichend große Zahl von Bürgern durch eine eigene Praxis der Freiheit den Zumutungen der unvermeidlichen Einigungszwänge aus der Teilnehmerperspektive ausgesetzt ist oder es auf biographisch nachhaltige Weise einmal war, erst wenn sie also in der Handlungsperspektive selbst in die politisch unvermeidlichen Zwänge einer Vermittlungspraxis verstrickt ist, kann sich die Praxis der Freiheit mit der Fähigkeit zur Beurteilung von Handlungserfolgen nach allgemein anerkannten Maßstäben verbinden" (Meyer 1994: 72). Kinder können eine kinderfreundliche, solidarische Gesellschaft nicht schaffen; sie müssen sie erfahren, um sie selbst später leben zu können. Die Verantwortung liegt bei den Erwachsenen, also ihren Eltern, Lehrern, Erzieherinnen und Volksvertretern. In diesem Sinne kann Beteiligung von Kindern nur soweit politisch erfolgreich sein, wie die gesellschaftliche Demokratisierung voranschreitet. Hier gibt es ein ähnliches Verhältnis zwischen Erwachsenenverantwortung und dem, was Kinder tun können, wie in der ökologischen Frage. Eine ökologische Gesellschaft kann nicht durch Erziehung erreicht werden, sie ist Aufgabe der Erwachsenen. Gleichzeitig ist die Erziehung zu umweltgerechtem Verhalten Voraussetzung, um als Erwachsener umweltgerecht handeln zu können. Sich als Erwachsener für Kinderpartizipation einzusetzen, bedeutet deshalb zuerst, für umfassende Demokratisierung einzutreten.

2.5 KINDER, POLITIKER UND DIE MEDIEN

Im direkten Kontakt zwischen Politikern und Kindern treten häufig Kommunikationsschwierigkeiten auf, die regelmäßig zu Appellen nach einer „anderen Sprache" oder einem „Ernstnehmen der Kinder" führen. Diese bewirken aber wenig, da die Probleme in ihrem Kern kaum begriffen werden. Die Kommunikationsstörungen werden vielmehr als subjektiv-persönliches Unvermögen beurteilt und vergrößern Vorurteile und Ablehnung gegen Politiker im Allgemeinen.

Die Ursachen sind aber neben den subjektiven Fähigkeiten bzw. Defiziten in strukturellen Bedingungen von Politik zu suchen, die Verhalten und Kommunikationsfähigkeit prägen. Viele Politiker orientieren frühzeitig ihre beruflichen Pläne auf eine politische Karriere, sind damit vom politischen Erfolg existentiell abhängig. Selbst im kommunalen Bereich gibt es Formen verdeckter Professionalisierung, die es Kommunalpolitikern ermöglichen, sich mit einem großen Teil ihrer Zeit der Politik zu widmen. Ein wichtiger Bestandteil politischer Professionalität ist die Medienfixierung politischen Agierens. Diese ergibt sich nicht unbedingt aus persönlichem Profilstreben, sondern aufgrund der strukturellen Rahmenbedingungen von Politik. Nur Medienpräsenz kann die erwünschte Bestätigung und Anerkennung erbringen; sie ist die Bedingung, wiedergewählt zu werden. Aufgrund der harten Konkurrenz um öffentliche Meinung und vermeintlichen Erfolg beim Wähler hat sich eine Personenorientierung der Politprofis entwickelt, der selbst die Politiker aus dem zweiten und dritten Glied sich nicht entziehen können. Sie müssen vielmehr in jeder Bürgerversammlung vor Ort fürs Ganze stehen, Professionalität und Kompetenz zeigen, obwohl sie vielfach ratlos oder überfordert sind. So produzieren Politiker „infolge ihrer internen Konkurrenzbedingungen systematisch Versprechungen, die sie nicht einlösen" können (ebd.: 113). Kennzeichnend ist für viele Politiker (wie für andere Berufsgruppen auch) eine Reduktion der Erfahrungen auf wenige Ausschnitte des gesellschaftlichen Lebens. Gerade wer erfolgreich sein will, muß in allen Lebenslagen den Erfolg im Blick haben; soziale Kontakte, Freundschaften, kulturelle Teilhabe werden weitgehend der Frage unterworfen, wie weit sie dem politischen Vorankommen dienen.

Den professionellen Deformationen der politischen Klasse entsprechen parallele Muster auf auf Seiten der Bürger. Sie treten der Politik und ihren Repräsentanten nicht selten mit einer Kundenmentalität entgegen, stellen lediglich Forderungen, ohne einen Interessenausgleich im Auge zu behalten, oder äußern sich in beleidigender und abfälliger Weise über öffentliche Verwaltung und Politiker, die mit den konkreten sachlichen Problemen nichts zu tun haben.

Wenn Politiker mit Kindern zusammenkommen, verfallen sie häufig entweder in die eingeübten Selbstdarstellungsmechanismen, oder es herrscht eine Sprachlosigkeit, die derart schmerzt, daß alle alles tun, um sie zu überspielen. Der oft beschworene Dialog mit der Jugend scheitert nicht selten schon daran, daß Politiker bei Gesprächen mit Kindern mehr auf die Medienvertreter als auf ihre Gesprächspartner achten. Erfahrungen in Partizipationsprojekten zeigen, wie destruktiv sich die Anwesenheit von Zeitungsredakteur und Fotograf auf Gesprächssituationen auswirken kann: Kommen diese zu spät, wird mit dem Veranstaltungsbeginn auf sie gewartet. Oft werden sie zum eigentlichen Adressaten der Rede, nicht mehr die anwesenden Kinder. Und es gibt kaum eine Veranstaltung. zu der nicht die Medien eingeladen werden. Ebenso macht das Bemühen, auf jede Forderung einzugehen, und sei sie noch so unsinnig, Veranstaltungen mit Politikern schwierig. Gerade in der Auseinandersetzung mit Kindern wollen alle sich von der besten Seite zeigen, und man scheut sich, einen unerfüllbaren Wunsch von Kindern schlicht mit der Begründung zurückzuweisen, daß er unerfüllbar ist.

Entscheidender noch als die beschriebenen Effekte medialer Selbstinszenierung ist, unter welchen Bedingungen ein Sachverhalt in den Medien überhaupt zum „Thema" werden kann. Ausschlaggebend sind kurze Dauer, räumliche, kulturelle und politische Nähe zum Zuschauer, Überraschungs- bzw. Unterhaltungswert, Konfliktstruktur, Schaden, Erfolg, Kriminalität und Grad der Personalisierung. Diese Faktoren haben je nach Medium einen unterschiedlichen Stellenwert, sind aber für alle von Bedeutung. So wird die politische Wirklichkeit systematisch verzerrt.

Kinder sind in der öffentlichen Darstellung ein attraktives Gut; sie sind mit Sympathien und Sehnsüchten belegt und sind auch unabhängig von Politik in den Medien präsent. Hier liegt eine der wichtigen Erklärungen, warum Politik mit Kindern Konjunktur hat. Kinder bieten sich für Inszenierungen an, sie erzeugen eine Schein-Nähe zwischen Zuschauer und Medium. Eines der zentralen Muster in der öffentlichen Darstellung von Kindern im Rahmen von Politik ist eine Konfliktstruktur, die man als David-Goliath-Schema bezeichnen kann: die schwachen Kinder gegen die starken Politiker. Die Politikerin wiederum, die bereit ist, sich mit Kindern abzugeben, sich ihnen zuzuwenden, sich für sie einzusetzen, kann sich positiver öffentlicher Berichterstattung und allgemeiner Zustimmung sicher sein.

Die Mechanismen medialer Politik gelten auch für Kinderbeteiligungsprojekte. Die einzelne Aktion, das neue Thema, ein Veranstaltungshighlight besitzen immer einen größeren Unterhaltungswert und sind aufgrund ihrer kurzen Dauer medienkompatibler als kontinuierliches Engagement, sachorientierte Arbeit und nicht gewalttätiges Miteinanderumgehen. In der kinderpolitischen „Szene" wiederholt sich diese Spaltung: Auf der einen Seite stehen Fürsprecher von Kinderinteressen, die mit

den Medieneffekten geschickt agieren und die Trends der öffentlichen Darstellung setzen, auf der anderen Seite jene, die beispielsweise mit Spielmobilen, auf Abenteuerspielplätzen oder in offener Jugendarbeit über Jahrzehnte versucht haben, Kinderinteressen zu vertreten, in der aktuellen öffentlichen Darstellung aber kaum auftauchen. Geschickt inszenierte PR-Aktionen sagen noch nichts über die Qualität der pädagogischen Arbeit aus, weder im positiven noch im negativen Sinn, doch ist auch hier eine Tendenz festzustellen, die Wirkung der eigenen Arbeit in den Medien oftmals höher zu bewerten als diese selbst.
Bezogen auf die Kinder kann die Bedeutung von Medienerziehung und Medienkompetenz gar nicht hoch genug eingeschätzt werden. Was Meyer für Erwachsene allgemein formuliert, trifft auch auf Kinder zu: „Medienkompetenz, die die Regeln der medialen Weltproduktion durchschaut und darum zu ihrer souveränen Synthese mit Eigenem fähig bleibt, dürfte in ausreichender Breitenwirkung am ehesten aus der Wechselwirkung einer in allen Bildungsbereichen angebotenen Medienpädagogik mit Engagements in den Foren gesellschaftlicher Politik hervorgehen" (ebd.: 262). Das ist nicht neu. Medienpädagogische Konzepte beschreiben seit langem, wie Kinder und Jugendliche durch aktive Handhabung von Videokameras oder durch das eigenständige Produzieren von Texten und Musik die Funktionsweise und Beeinflussungstendenzen der Medien durchschauen lernen können. In den Partizipationsprojekten als „Foren gesellschaftlicher Politik" findet Medienpädagogik als „Learning by Doing" statt. Als echter Lernbereich wäre der Umgang mit Reportern und Fotografen zu ergänzen. Kinder können lernen, Interviews zu geben, Pressekonferenzen durchzuführen, Fototermine zu arrangieren und ihre Anliegen mediengerecht zu präsentieren. Wenn Medienvertreter zu Partizipationsprojekten eingeladen werden, sollte man mit den Kindern überlegen, wie diese in das Projekt einbezogen werden können. Zum Umgang mit Medienvertretern gehört es, deren Erwartungen zu kennen und ihnen soweit entgegenzukommen, wie es von der Sache her zu vertreten ist. Kinder können dabei aus erster Hand lernen, wie Nachrichten zustande kommen, wie Fotos arrangiert oder Interviews zusammengeschnitten werden, und gewinnen daraus ein besseres Verständnis für das Zustandekommen von Nachrichten und für eine sachgerechte Interpretation.

2.6 Politik und Sprache

Sprache als Basis von Verständigung muß in politischen Zusammenhängen nicht unbedingt fragmentiert sein oder sich in vorgestanzten Phrasen erschöpfen, Sprechen ist eine vieldimensionale Tätigkeit und hat in ihren aktiven, kommunikativen, kreativen und dialektischen Aspekten grundlegende Bedeutung für partizipatorische Politik. Barber hat im Rahmen seines Konzeptes von *strong democracy* neun Funktionen des Sprechens beschrieben, anhand derer Deformationen politischer Kommunikation analysiert und abgebaut werden können (vgl. zum folgenden Barber 1994: 175 ff.):

(a) Artikulation von Interessen, Verhandlung und Tausch,
(b) Überredung,
(c) Festlegung der politischen Tagesordnung,
(d) Ausloten von Wechselseitigkeiten,
(e) Ausdruck von Zugehörigeit und Gefühlen,
(f) Wahrung der Autonomie,
(g) Bekenntnis und Ausdruck des Selbst,
(h) Erzeugung von Gemeinwesenbewußtsein.

Auf einige Punkte wird hier detaillierter eingegangen, um zu zeigen, welche Übertragungsmöglichkeiten sie für die Partizipationsmöglichkeiten von Kindern bieten:

Politische Kommunikation findet überwiegend in den ersten beiden Sprachebenen statt. Wenn Kinder eine solche Kommunikationsform erleben, sind sie oft irritiert bzw. verharren in einer passiven Rolle, denn diese Form der Kommunikation mitzuführen ist ihnen nicht möglich. „Versprechungen" gehören in diese Kategorie, da sie meist einen Tausch darstellen („Ich verspreche Euch, etwas für Euch zu tun; ich kann mich so als kinderfreundlicher Politiker darstellen."); ebenso ein verbales Feuerwerk oder langatmiges Argumentieren, das über die Köpfe der Kinder hinweggeht und auf deren Seite zu resignativem Rückzug führt, für die Politiker aber oft zum scheinbaren Erfolg.

Die *Festlegung der politischen Tagesordnung* ist eine der zentralen Möglichkeiten, nicht nur über Inhalte zu reden, sondern auch mitzubestimmen, über welche Inhalte in welcher Reihenfolge geredet wird. Wer Abläufe politischer Debatten kennt, weiß, wie wichtig es für den Erfolg oder Mißerfolg eines Anliegens ist, an welcher Stelle und in welchem Kontext es verhandelt wird. Das ist etwas, das Kinder erst lernen müssen. Oft sitzen sie geduldig bei Veranstaltungen wie Kindersprechstunden und warten auf eine Gelegenheit, ihr Anliegen vorzubringen. Sie besitzen meist nicht die Fähigkeit (denn dazu braucht es die kognitive Fähigkeit, die Kommunikationsebene zu wechseln), oder es fehlt ihnen an Selbstbewußtsein, in laufende Debatten einzugreifen und deren Ablauf in ihrem Interesse zu verändern. Erwachsene können hier Hilfestellung geben, indem sie von Beginn an immer wieder auf diese Möglichkeit hinweisen und auch im Verlauf von Gesprächen zurückfragen, ob es seitens der Kinder Veränderungswünsche zum Ablauf gibt.

Sprechen ist nicht eine rein zweckrationale Form der Kommunikation mit dem Ziel, schnellstmöglichst Entscheidungen herbeizuführen, sondern auch eine kreative, kunstvolle und lustvolle Form des Miteinanders. Das *Ausloten von Wechselseitigkeiten* trägt dazu bei, die dazu erforderliche Vertrauensbasis zu schaffen. Wechselseitigkeiten auszuloten bedeutet nicht unbedingt, alle Details bis zum Konsens im kleinsten auszudiskutieren, sondern mit Gespür für die Interessen und Grenzen des Anderen auf einem geeigneten Konkretisierungsniveau zu reden. Durch geeignete Formulierungen werden Gemeinsamkeiten und Vertrauen gestärkt und gegebenenfalls durchaus auch Differenzen überbrückt, so daß allen Beteiligten möglich wird, einer Entscheidung zuzustimmen, auch wenn nicht alle Meinungsunterschiede ausgeräumt sind. Dieser Aspekt erinnert an politische Diplomatie, in der es notwendige Voraussetzung ist, über Grenzen unterschiedlichster Art hinweg Gemeinsamkeiten zu finden. Auch für Partizipationsprojekte mit Kindern ist dieser Gesichtspunkt wichtig: Kinder stellen beispielsweise im Rahmen eines Kinderparlamentes Forderungen, und Erwachsene wollen darauf reagieren, ohne daß aber die Forderungen der Kinder bruchlos erfüllt werden können. Entscheidend ist es dann, auf die Kinder einzugehen und auszuloten, wie ein akzeptabler Kompromiß oder eine handhabbare Alternative aussehen könnten. Bei der Spielplatzplanung ist das eine Voraussetzung, um einen Ausgleich zwischen den Wünschen der Kinder (oft Rutsche, Schaukel, Klettergerüst), den planerischen Interessen (Ökologie, Altersdifferenzierung, Multifunktionalität usw.) und politischen Rücksichten (Interessen der Nachbarn, Kosten) einen Interessenausgleich zu finden.

Zugehörigkeit und Gefühle können sowohl durch die Art der Sprache, ihre gestischen und mimischen Konnotationen als auch durch Rituale und Gebräuche ausgedrückt werden. Barber meint damit die Fähigkeit und die Bereitschaft, sich nicht auf die eigenen Interessen zu beschränken, sondern das politische Gegenüber als Person und in der Sache zu akzeptieren und im politischen Gespräch Gemeinsamkeiten zu stärken. Dieser Aspekt geht in den üblichen konfrontativen politischen Debatten meist völlig unter. Wenn überhaupt, gelingt die Herstellung eines Wir-Gefühls in parlamentarischen Gremien im politischen Alltagsgeschäft nur im Hinblick auf einen gemeinsamen Gegner, aus kommunaler Sicht zum Beispiel die Landes- oder Bundesregierung. Dabei ist es gerade auch für Kinder wichtig zu erfahren, daß Politik nicht nur aus Konfrontation und Kampf besteht. Positiv erlebbar ist eine Zusammengehörigkeit beispielsweise bei Abschlußfesten von Projekten, aber auch in einem gelungenen Gespräch während einer Kindersprechstunde, wenn Kinder als Gesprächspartner ernstgenommen wurden und Politikerinnen sich als verständigungsfähig erlebt haben.

Wahrung der Autonomie meint Willensbekundung und die dauernde Überprüfung der eigenen Werte und Normen. Um Verständigung und Einigung möglich zu machen, müssen Meinungsveränderungen im

Verlauf eines Gesprächs artikuliert werden können. Ein solches Verständnis von Autonomie macht deutlich, daß Demokratie ohne Partizipation nicht funktioniert, denn sie kann nur gewahrt werden, wenn alle Betroffenen am Gespräch und den Entscheidungsprozessen beteiligt sind. Kinder können sehr gut ihren Willen zum Ausdruck bringen und machen deutlich, wenn sie bereit sind, sich auf die Meinung eines anderen einzulassen und überzeugt worden sind. Probleme haben eher Politiker, die im Gespräch nicht darauf vertrauen, daß sie mit Kindern Interessen aushandeln und verhandeln können, und stattdessen eher uneinlösbare Versprechungen machen, weil sie denken, Kinderfreundlichkeit bestehe ausschließlich in der Erfüllung von Kinderwünschen.
Bekenntnis und Ausdruck des Selbst bedeutet, sich zu Entscheidungen mit den eigenen Ansichten in Beziehung zu setzen. Zum politischen Sprechen gehören Minderheitsvoten. Gerade wenn Kinder ihre Anliegen nicht oder nur in eingeschränkter Form durchsetzen können, kann ihnen die öffentliche Darstellung ihrer Interessen und ihrer Person das Gefühl vermitteln, gehört worden zu sein und zumindest einen Teilerfolg erzielt zu haben.
Die *Reformulierung und Rekonzeptualisierung* der wichtigen Begriffe, welche gesellschaftliche Werte, Güter und politische Inhalte bezeichnen, ist Sache aller und sollte nicht wissenschaftlichen oder politischen Eliten oder den Medien überlassen bleiben. Welche Bedeutungen Worte und Begriffe haben, die für alle von Bedeutung sind, sollte auch von allen bestimmt werden. Gerade der Bereich der Kinderpolitik weist viele Beispiele für Wort, die kaum mehr als leere Hülsen darstellen: „Politik für Kinder“, „Stadt für Kinder“, „Kinderfreundliche Stadt“, „Herz für Kinder“, „Zeit für Kinder“ sind nur einige Beispiele. Die Betroffenen selbst würden die Dinge sicher anders und viel deutlicher „beim Namen“ benennen.
Die Anforderungen an politisches Sprechen machen deutlich, daß Hilfen notwendig sind. Kommunikationstrainings für Politiker sind im Hinblick auf Partizipationsarbeit mit Kindern denkbar und sinnvoll. In Gremien und Veranstaltungen können Anwälte von Kindern auf die Sprechweisen achten, Kinder können mit roten Karten anzeigen, wenn über ihren Kopf hinweggeredet wird. Gruppenpädagogische Methoden wie „Blitzlichter“ helfen, Autonomie zu wahren und „Bekenntnis und Ausdruck des Selbst“ zu ermöglichen. Gemeinsame Spiele und Feste zu besonderen Anlässen ermöglichen es, Zusammengehörigkeit und Gefühle auszudrücken und zu vertiefen. Viele Methoden, die in der Pädagogik einen festen Platz haben, dienen der Verbesserung der Kommunikation und können hier einen sinnvollen Beitrag leisten, um politisches Sprechen zu qualifizieren.

2.7 Politik beginnt im Alltag

Die Frauenbewegung verkündet es schon seit langem: das Private ist politisch. Der Lebensalltag ist der Entstehungsort von Politik. Politische Partizipation ist nicht zu trennen von Beteiligung in Familie, Schule und anderen Orten der Kindheit. „So sind, beispielsweise, Vereinbarungen, die Eltern, Lehrer und Schüler als Betroffene für die Organisation des Schullebens treffen und an denen sie sich dann für die Koordination ihres Handelns verbindlich orientieren, durch und durch politisch, auch wenn sie weder durch das politische System gegangen noch rechtsförmlich fixiert worden sind." (Meyer 1994.: 215). Verständigungsorientiertes Handeln in der Lebenswelt und das Erarbeiten von Übereinstimmung über gemeinschaftsrelevante Fragen bilden die Grundlage des Politischen. Damit wird deutlich, daß auch der Lebensalltag von Kindern politisch ist, auch wenn seine politischen Dimensionen oft verborgen sind. Regeln über das Verhalten von Kindern in Kindergarten und Hort sind politisch, sofern sie ausgehandelt werden und nicht als äußere Norm vorgegeben sind. Schulische Hausordnungen haben, so wie sie heute behandelt werden, noch in den meisten Fällen den Anstrich des „Ewiggültigen". Dabei könnten Kinder in Fragen einbezogen werden, wie Gebäude am besten saubergehalten und geschont werden, was an welcher Stelle zu tun oder zu spielen erlaubt ist, wie Abfälle beseitigt werden, wann geheizt und wann gelüftet wird. Für die Bereiche Abfall- und Energiewirtschaft gibt es im schulischen Bereich mittlerweile praktische Ansätze für die Einbeziehung von Kindern. Jugendzentren können Aufenthaltsorte sein, an denen Jugendliche ihren eigenen Raum mitgestalten und mitverantworten. Die Shell-Jugendstudie zeigt, daß Kinder und Jugendliche sich engagieren wollen, und bei den Motiven zu gesellschaftlichem Engagement wird deutlich, daß es ihnen um Mitbestimmung geht. Den Jüngeren ist wichtig, daß ihnen niemand Vorschriften macht, und die Altergruppe über 14 Jahre äußert explizit die Bedingung „Ich muß mitbestimmen können"(Jugendwerk 1997: 18f.) als Voraussetzung für gesellschaftliches Engagement. „Die vorhandene und gar nicht so geringe Befürwortung von gesellschaftlichem Engagement läßt sich offenbar nicht ohne weiteres in konkretes Handeln umsetzen. Jugendliche sind durchaus bereit, sich zu engagieren. Aber die Strukturen und Akteure des politischen Systems sowie die darin gegebenen Möglichkeiten scheinen ihnen offenkundig nicht geeignet, um ein für sie befriedigendes Ergebnis erwarten zu lassen. Zwischen ihren Interessen, Motivationen und Wünschen und den von ihnen erlebten Bedingungen und Möglichkeiten des Politikfeldes bestehen in ihren Augen keine Beziehungen mehr" (ebd.: 19f.). Die Herstellung dieser Verbindung ist politisch überlebensnotwendig und gleichzeitig ausgesprochen schwierig. Partizipationsprojekte mit Kindern zu Fragen der Spielraum- und Stadtplanung können eine der Schaltstellen sein, die eine Verbindung zwischen Lebenswelt und politischem System herstellen.

2.8 Gemeinwesenorientierung und politische Partizipation

Ansätze zur Bürgerbeteiligung in der Kommunalpolitik finden sich als Bürgerversammlungen zu konkreten Anlässen wie Bebauungsplanaufstellung, Präsentation von Straßenausbauplänen oder Wohnumfeldverbesserungskonzepten. Sie werden von den Kommunalverwaltungen durchgeführt, wie es durch entsprechende gesetzliche Vorschriften geregelt ist. Wer solche Bürgerversammlungen erlebt, dem fällt auf, daß fast immer sehr verschiedene Fragen angesprochen werden, unabhängig von den vorgegebenen Themen. Wenn Bürger einmal einen Adressaten für ihre Anliegen gefunden haben, dann wollen sie auch alle Fragen loswerden. Es gibt keine kontinuierlichen Beziehungen zwischen den Beteiligten – also Bürgern und Verwaltungsmitarbeiterinnen – und keine Kontinuität in der Sache. Folgen mehrere Versammlungen zu einem Thema aufeinander, setzen sich die Teilnehmer oft ganz unterschiedlich zusammen, so daß bei dem einen Treffen für und beim nächsten Treffen gegen eine bestimmte Entscheidung votiert wird. So werden Anliegerversammlungen zur Planung eines Spielplatzes zu einem Forum für Probleme des Straßenbaus, der Verkehrsberuhigung, des Jugendschutzes oder der privaten und öffentlichen Erziehung. Am beständigsten ansprechbar sind noch die Bezirkspolitiker vor Ort; doch diese sind wiederum so weit von den Entscheidungsinstanzen in Partei und Verwaltung entfernt, daß sie zwar den ganzen Ärger mitbekommen, aber nahezu einflußlos sind. Als zweiter Träger politischer Partizipation treten die politischen Parteien auf, die Veranstaltungen organisieren, in denen sie Meinungen der Bürger zu allgemeinen Fragen oder konkreten Projekten einholen und/oder zur Mitarbeit in der Partei motivieren wollen.

Gemeinwesenbezogene Partizipationsformen, in denen aktuelle Fragen besprochen und behandelt werden und die kontinuierlich stattfinden, sind bisher ausgesprochen selten und wenn, dann als Modellfall konstruiert (vgl. z.B. *Kap. 7.6*). Barbers Vorschlag, kontinuierliche Nachbarschaftsversammlungen einzuführen, in denen das politische Gespräch geübt und geführt wird, trifft sich mit vielen aktuellen Bemühungen um Demokratisierung der Gesellschaft in der Bundesrepublik. Dazu gehört der Gedanke, für diese Nachbarschaftsversammlungen feste Räume und Orte zu schaffen. Eine in diesem Sinne entwickelte gemeinwesenorientierte Bürgerbeteiligung ist eine geeignete Grundlage, um Kinder in politische Vorgänge einzubeziehen. Der Stadtteil, das unmittelbare Gemeinwesen ist ihre Lebenswelt, hier sind ihre Spiel- und Lernorte, hier langweilen sie sich aufgrund defizitärer Spielmöglichkeiten, hier tragen sie ihre Konflikte aus, hier gefährdet sie der Straßenverkehr. Werden die Erwachsenen, ihre Eltern, Nachbarn und Verwandte aktiv, werden sie für die Kinder zu Modellen aktiver Partizipation. Wie erfolgreich oder erfolglos sie auch immer sind, sind sie allemal besser als die politischen Heroen aus dem Fernsehen. Als Vertreter ihrer eigenen Interessen können Kinder einbezogen werden, wenn es bei einem Wohnumfeld um die Aufteilung in Parkflächen, Wäschetrockenplätze und Spielräume geht. Partizipation sollte gemeinwesenorientiert auf soziale Räume bezogen stattfinden. Das gilt auch und besonders für Partizipation von Kindern.

2.9 Gebaute Demokratie

„Eine ganze Reihe von Wissenschaftlern (...) haben gezeigt, wie eng die äußere Gestalt einer Nachbarschaft mit ihrem politischen und sozialen Charakter verbunden ist" (Barber 1994: 288). Barber meint damit vor allem Architektur und Innengestaltung von Räumlichkeiten, die sozialer Kommunikation in der direkten Lebensumwelt dienen. Die als Nachbarschaftszentren oder Bürgerinnenhäuser kontinuierlich zur Verfügung stehenden Kommunikationsorte schaffen eine Basis für nachbarschaftliche, gemeinwesenorientierte Partizipation an politischen Prozessen.

Demokratieentwicklung hat noch einen weiteren räumlichen Aspekt: Auf der Straße kommen Kinder mit anderen Kindern zusammen, die nicht durch die Eltern ausgewählt werden können. Auf Spielplätzen, an Treffpunkten, auf der Straße bilden sich eigenständige Kommunikationsformen in der Gruppe der Gleichaltrigen heraus. Gerd Harms und Christa Preissing haben den Begriff der Kinderöffentlichkeiten geprägt. „Kinderöffentlichkeiten haben eine räumliche Dimension, die sich nicht in Privaträumen herstellen läßt. Sie haben eine soziale Dimension, weil sie die Stellung des einzelnen Kindes in ihrem Rahmen festlegen, und sie haben eine symbolische Dimension, weil sich die Strukturen innerhalb der Kinderöffentlichkeit über symbolische Qualitäten herstellen. Unter Kinderöffentlichkeiten verstehen wir also diejenigen sozialräumlichen Formen, in denen Kinder sich mit ihren Freundschaften und Feindschaften, ihren Vor- und Nachlieben, ihren kulturellen Ausdrucksweisen, ihren Meinungen und Vorurteilen bewegen" (Harms/Preissing 1988: 92). Insofern kommt der gebauten Umwelt, so weit sie Kommunikation fördert oder behindert, für die Entwicklung demokratischer Fähigkeiten Bedeutung zu (vgl. *Kap. 3*). Daraus ergibt sich eine doppelte Notwendigkeit, Kinder in die Gestaltung des öffentlichen Raums einzubeziehen. Sie sind Nutzer des Stadtteils als Spielraum und sollten in seine Gestaltung einbezogen werden. An Planungsprozessen beteiligt zu werden, ist ebenso ein wichtiges Element politischer Sozialisation. Kinder gestalten, wenn sie einbezogen werden, nicht nur ein später zu nutzendes „Produkt",

sondern sie werden zu politischen Subjekten, indem sie die äußeren Bedingungen ihrer Subjektentwicklung aktiv mitgestalten.
Diese Erkenntnis hat in den achtziger Jahren auch Eingang in die Jugendarbeit gefunden. Das Arbeitsparadigma der Sozialpädagogik verlagerte sich von der Beziehungsarbeit hin zur Unterstützung von Kindern und Jugendlichen bei der Raumaneignung. Hierbei ging es um Räume im Sinne von Räumlichkeiten, z.B. in Jugendhäusern, aber auch anderer Institutionen sowie Stadtteil und Stadt insgesamt. Betont wurde die eigenständige Perspektive, der von den Vorstellungen der Erwachsenen durchaus abweichende Sinn, den Kinder und Jugendliche Räumen geben (eine Tiefgarage wird zur Skatebahn, ein Parklatz zum Treffpunkt), sowie die Möglichkeit zu aktiver Aneignung, die in der Nutzung und in der Gestaltung dieser Räume besteht. „Die Struktur der städtischen Lebenswelt von Kindern und Jugendlichen (...) schränkt die Aneignungsmöglichkeiten von Kindern und Jugendlichen in unterschiedlicher Weise ein. Aneignungsprozesse als schöpferische Leistung, als Eigentätigkeit, werden durch die realen Anforderungsstrukturen bestimmt und gerichtet. Für die unterschiedlichen Aneignungstätigkeiten wie z.B. die Vergrößerung des Handlungsraumes oder die Veränderung vorgegebener Arrangements ist es notwendig, ‘daß der Mensch, um sein Schöpfertum zu entwickeln, mit der Welt der materiellen und geistigen Produkte praktisch in Wechselwirkung treten können muß, und daß sich in dieser Wechselwirkung eine adäquate Beziehung zu den Objekten ausdrückt’“ (Keiler 1983: 102, in: Böhnisch/Münchmeier 1990: 64). Die hier sozialpädagogisch gefaßte Kategorie der Aneignung besitzt eine eminent politische Dimension: Mit der materiellen Partizipation an der räumlichen Lebensumwelt werden zugleich demokratische Fähigkeiten erworben. Die Ansätze von Kinderpartizipation, die sich mit Stadtgestaltung beschäftigen, sind also auf dem richtigen Weg. Partizipation findet hier in einem doppelten Sinne statt: als Partizipation an politischen Entscheidungsprozessen und als Erweiterung der materiellen Partizipation an der räumlichen Umwelt.

2.10 Das Vorbild der Erwachsenen

Kinder können selbst nicht eine kinderfreundliche Gesellschaft schaffen, sie wären damit überfordert. Es wird deutlich, daß im Überschwang der Begeisterung um aktuelle Erfolge und über gesellschaftliche, vor allem mediale Aufmerksamkeit für Projekte mit Kindern die Anforderungen und Erwartungen viel zu hoch gesteckt werden. Aus vielen Appellen zur Partizipation von Kindern spricht aber auch die Resignation der Erwachsenen vor den gesellschaftlichen Strukturen. Während Kinderbeteiligung Hochkonjunktur hat, ist von Partizipationsbewegungen der Erwachsenen wenig zu hören. Politik mit Kindern kann nur im Zusammenhang einer gesamtgesellschaftlichen Demokratisierung entwickelt werden. Erwachsene, die das politische Geschäft nicht den professionellen Repräsentanten überlassen, sondern selbst für ihre Interessen eintreten, wären für die Kinder gleichzeitig Vorbild und Partner.

3. Entwicklungspsychologische Aspekte der politischen Partizipation von Kindern

Wer über die Partizipation von Kindern nachdenkt, stößt bald auf die Frage, welche Fähigkeiten die Noch-nicht-Erwachsenen bereits besitzen, um an politischen Prozessen und Entscheidungen teilnehmen zu können. Ab welchem Alter beginnen Kinder, aktiv auf ihre Umgebung Einfluß zu nehmen? Ab wann können Kinder in welchen Bereichen selbständig entscheiden, und wie weit können sie das, was sie entscheiden wollen oder sollen, begreifen und sich in kritischer Weise dazu verhalten? – Fragen, auf welche die Entwicklungspsychologie eine Antwort geben kann.
Drei Aspekte der kindlichen Entwicklung sollen in diesem Kapitel näher beleuchtet werden, die Hinweise für die praktische Ausgestaltung von Partizipationsprojekten geben: Der Schweizer Entwicklungspsychologe Jean Piaget hat in seinen umfangreichen Forschungen zur kindlichen Intelligenzentwicklung gezeigt, wie die Aktivität des Kindes von der ersten Stunde an maßgeblich für die kognitive, sensumotorische und moralische Entwicklung bestimmend ist. Seine Beschreibung der beiden grundlegenden „Weltaneignungsstrategien“ Assimilation und Akkomodation, mit denen Kinder die grundlegenden Kategorien für Raum und Objekte, für Zeit und Kausalität erwerben, ermöglicht es, das Verhältnis von Aktivität des Kindes und Prägung durch die Umwelt genauer zu bestimmen. Daraus folgert, daß auch in der sozialen und politischen Realität die Eigenaktivität des Kindes notwendige Bedingung einer sozialen und politischen Reifung ist (3.1). Ausgehend von Piagets Forschungen zur Entwicklung des Raumverständnisses läßt sich die Bedeutung aktiver Raumaneignung für eine gelungene Entwicklung zeigen, und es ergeben sich ergänzende Begründungen für die Notwendigkeit der Einbeziehung von Kindern in die Gestaltung ihrer Umwelt (3.2). Partizipation besteht nicht nur aus der Konfrontation von Kinder- und Erwachseneninteressen, sondern setzt die vorhergehende Einigung von Kindern auf gemeinsame Ziele und Interessen voraus, also einen Ausgleich zwischen individuellen Werten, Normen und Neigungen. Insofern hat die Partizipation von Kindern an politischen Entscheidungen eine moralische Dimension. Die Studien des amerikanischen Sozialpsychologen Lawrence Kohlberg zur Moralentwicklung geben Hinweise darauf, wie Kinder strittige Fragen im Verlauf ihrer Entwickung regeln und wie sie dabei von Erwachsenen verstanden und hilfreich unterstützt werden können (3.3).

3.1 Die Entwicklung der Intelligenz und die Bedeutung der Aktivität des Kindes

Piaget ging in all seinen Forschungen der Frage nach, wie sich menschliche Intelligenz in Kindheit und Jugend entwickelt und welchen Regelmäßigkeiten diese Entwicklung folgt. Eine der wichtigsten Fragen war,

wie ererbte Fähigkeiten oder Dispositionen in Beziehung zu Umwelteinflüssen und den eigenen Aktivitäten des Kindes stehen. Diese Frage ist insofern grundlegend, da Freiheit zur gesellschaftlichen Partizipation nur dann gegeben ist, wenn menschliches Verhalten sich nicht auf automatische biologische Reaktionen und antrainierte Verhaltensmuster reduziert, wie es z.B. einige behavioristische Theorien annehmen.
Kinder lernen die auch für politische Partizipation grundlegenden intellektuellen und moralischen Fähigkeiten nicht in einem kontinuierlichen Prozeß, sondern entwickeln das Verständnis für Objekte, Raum und Zeit sowie für kausale und psychologische Zusammenhänge in einer Abfolge von Stufen. Diese Stufen sind jeweils als organische Gesamtheiten zu sehen, als spezifische Weltbilder, in denen das einzelne Kind die Welt begreift und in ihr handeln kann. Diese Stufen, die bei allen Kindern kulturübergreifend gleich sind und deren Abfolge universell ist, bezeichnet Piaget als Strukturen.[1]
Am Beginn der Enwicklung steht eine egozentrische Weltsicht, aus der im Verlauf der Kindheit eine ausdifferenzierte praktische und soziale Intelligenz wird. „Während der ersten Stadien nämlich nimmt das Kind die Dinge in der Art eines Solipsisten wahr, das sich selbst als Subjekt ignoriert und nur seine eigenen Handlungen kennt. Aber im Verlauf der Koordination seiner intellektuellen Werkzeuge entdeckt es sich durch seine Einordnung in ein außerhalb seiner Person gelegenes Universum als aktives Objekt zwischen mehreren anderen“ (Piaget 1975: 339).
Die Ausfaltung der Intelligenz hinsichtlich der Dimensionen von Objekt, Raum, Zeit, Kausalität und Intersubjektivität ist jeweils auch für die politische Partizipation bedeutsam: Der *Objektbegriff* des Säuglings ist definiert durch das sinnlich Wahrnehmbare. Die Realität, das gesamte kindliche Universum, besteht nur aus den Dingen, die er aktuell wahrnimmt. Alles, was sich außerhalb seines Wahrnehmungsbereichs befindet, ist nicht existent. Die Entwicklung führt zu einem differenzierten Objektbegriff, der ermöglicht, sich (abwesende) Objekte vorzustellen, sie zu benennen und in ihrem jeweiligen Nutzen für unterschiedliche Personen sowie in ihren materiellen und räumlichen Bezügen verstehen zu können (ab ca. sieben Jahre). Um beispielsweise die sicherheitsrechtlichen und finanziellen Aspekte von Spielgeräten – ein wichtiges Thema bei der Partizipation von Kindern bei der Spielplatzgestaltung – verstehen zu können, braucht es ein differenziertes Objektverständnis. In den ersten Stadien der kindlichen Entwicklung haben dagegen nur die unmit-

---

[1] Das Stufenmodell Piagets wird anschaulicher, wenn man die später folgende Darstellung des Stufenkonzeptes von Kohlberg (3.3.) berücksichtigt, der sich ausdrücklich auf Piaget bezieht. In Tab. 1 wird ein Überblick über die verschiedenen Stufenmodelle gegeben (s. S. 64).

telbar sinnlich erfahrbaren Qualitäten, also die maßgeblichen Spielfunktionen im Moment des Benutzens eine Bedeutung.

Das Verständnis von *Kausalität*, das mit einfachsten Relationen beginnt – aus dem Geräusch der sich öffnenden Tür schließt das Kind, daß die Mutter kommt – , ermöglicht im weiteren Verlauf der Entwicklung das Verständnis von natürlichen, sozialen, rechtlichen und politischen Begründungszusammenhängen. Hierzu gehört auch die Beherrschung von Handlungsstrategien zur Erreichung politischer Ziele. In der Altersphase zwischen dem neunten und zwölften Lebensjahr sind Kinder fähig, zielgerichtet zu handeln, also ein Verhalten zu planen und Strategien zu entwickeln, die ihnen helfen, Fehler zu vermeiden und ein Ziel zu erreichen.

Die Entwicklung des *Zeitverständnisses* beginnt mit dem einfachen Erfassen des „Nacheinanders" von Geschehnissen, wird erweitert um die Dimensionen Vergangenheit und Zukunft und geht über zum Begreifen von Zeitintervallen als physikalisch gemessener Zeit. Piaget betont, „daß das Gedächtnis und der Aufbau der Zeit nicht einfach von einer physikalischen und objektiven Zeit zum internen Dauern fortschreiten, sondern sich im Gegenteil von einem nicht zeitlich geordneten und zuerst rein praktischen Dauern (...) zu einer zeitlichen Ordnung entwickeln, deren physikalischer Aspekt sich allmählich vom psychologischen differenziert"(ebd.: 325f.). In der Praxis setzt das kindliche Zeitverständnis altersgemäße Erklärungsmuster und Verständnishilfen voraus: Je jünger Kinder sind, um so geringer ist ihre Fähigkeit, Zeithorizonte zu erfassen und zu begreifen. Im Alter von acht Jahren ist die enge Bindung der Zeitbeurteilung an äußere Ereignisse überwunden. So mag es sein, daß die Erklärung, eine bestimmte für Kinder relevante Planung werde in „einem Jahr" realisiert, zwar von ihnen akzeptiert, aber nicht verstanden wird. Hilfreicher wäre es, von Zeitmarken wie „nach Weihnachten" oder „nach einem Schuljahreswechsel"[2] zu reden; ebenso sinnvoll kann es sein, derart große Zeiträume durch zielgerichtete Aktionen in überschaubarere Intervalle zu unterteilen.[3]

Das *Raumverständnis* entwickelt sich von der Perspektive des Kindes als „Mittelpunkt der Welt", die sich auf das von ihm sinnlich Wahrnehmba-

---

[2] Gerade im Umgang mit kleinen Kindern sind Ausdrücke wie „noch dreimal schlafen" sehr bekannt und nehmen das kindliche Zeitverständnis einer bestimmten Entwicklungsstufe ernst.

[3] Vgl. z.B. Apel/Pach 1997, die in ihrer Praxis immer wieder lange Planungszeiträume durch ergänzende und weiterführende Aktionen in überschaubarere Zeiträume aufteilen: „Kinder wollen möglichst gleich nach einer Beteiligung erste Ergebnisse ihrer Vorstellungen realisiert sehen. Um den großen zeitlichen Abstand zwischen den Aktionen und der Planungsphase zu überbrücken, hat die Planungsgruppe provisorische Maßnahmen vorgeschlagen" (S. 99). Diese wurden von der Verwaltung unbürokratisch realisiert.

re beschränkt, bis hin zu einem differenzierten Raumverständnis, das abstrakt – z.B. in Landkarten oder architektonischen Zeichnungen, aber auch rein in der Vorstellung – darstellbar und verstehbar ist.
Die Entwicklung dieser Strukturen findet durch die Auseinandersetzung des Kindes mit seiner physischen und sozialen Umwelt statt, wobei wiederum zu fragen ist, was die Entwicklung vorantreibt: die Umgebungseinflüsse oder die Eigenaktivität? Piaget sieht das grundlegende Mensch-Umweltverhältnis als einen Prozeß wechselseitiger *Akkomodation* und *Assimilation*, die er als eine Art „Evolutionsgesetz" sieht (ebd.: 339). Als Assimilation bezeichnet Piaget alle aktiven Verhaltensweisen, mit denen das Kind seine Umwelt – Gegenstände, Personen, soziale Zusammenhänge – beeinflußt, während Akkomodation die Verhaltensweisen meint, zu denen das Kind durch die Umgebung genötigt wird. „Die Assimilation ist konservativ und möchte die Umwelt dem Organismus so unterordnen, wie sie ist, während die Akkomodation Quelle von Veränderungen ist und den Organismus den sukzessiven Zwängen der Umwelt beugt. Aber wenn diese beiden Funktionen in ihren Prinzipien antagonistisch sind, dann besteht gerade die Rolle des geistigen Lebens im allgemeinen und der Intelligenz im besonderen in der Koordination der beiden miteinander" (ebd.: 339). Auf der einen Seite fordert die Umwelt des Kindes dieses zu immer neuen Aufgaben heraus, die von ihm gelöst werden müssen, indem es sich den Herausforderungen stellt. Auf der anderen Seite ist das Kind aktiv und geht selbst auf Dinge und Menschen zu, um sie in seinem Sinne zu beeinflußen. Dieses grundlegende Zusammenspiel von Beeinflussung *der* und Beeinflußtwerden *durch die* Umwelt zeigen, daß die Aktivität des Kindes notwendiger Bestandteil einer gelungenen Entwicklung in all ihren Aspekten ist, sowohl der sensumotorischen als auch der sozialen Intelligenz (vgl. Ginsburg/Opper 1982: 33). Denn der Entwicklungsprozeß ist handlungsorientiert, das bedeutet, Erklärungen und Anweisungen sind zweitrangig, maßgeblich für die Entwicklung sind die aktiven Handlungen des Kindes. Gerade die Lernschritte der ersten Lebensmonate stehen in direktem Zusammenhang mit der Eigenaktivität. Piaget zeigt schon am praktischen Verhalten von Säuglingen, wie diese aktiv ihre Umwelt beeinflussen. „Der Säugling ist neugierig und wartet nicht darauf, daß sich in seiner Umwelt irgendwas ereignet, sondern macht die Ereignisse selbst ausfindig und ist immer um Verhältnisse bemüht, die ihn stimulieren und anregen. Wenn sich in seiner Umwelt etwas ereignet, nimmt der Säugling es nicht passiv zur Kenntnis, sondern interpretiert es auch. Und diese Interpretation, nicht das Ereignis selbst beeinflußt sein Verhalten" (ebd.: 92f).
Piagets Erkenntnisse haben praktische Erziehung und Bildung maßgeblich beeinflußt. Auch für die Partizipation von Kindern lassen sich daraus Schlüsse ziehen. Sowohl die Rolle der Eigenaktivität des Kindes als Faktor für seine Entwicklung als auch die Erkenntnis der stufenförmig

verlaufenden kindlichen Entwicklung müssen bei der Ausgestaltung konkreter Partizipationsmöglichkeiten und im Verhalten der erwachsenen Begleiter berücksichtigt werden. Auch wenn Piaget sich nicht ausdrücklich mit der Frage der Entwicklung einer politischen Partizipationsfähigkeit beschäftigte, so steht doch außer Frage, daß diese sich nur im Zusammenspiel von Assimilation und Akkomodation entwickeln kann. Weder beruht Sozialisation ausschließlich auf der Aktivität des Kindes noch ist sie durch reine Anpassung zu erreichen. Kinder werden nicht nur von gesellschaftlichen Verhältnissen geprägt, sie gestalten sie prinzipiell auch aktiv mit.

3.2 Lebensumwelt und Entwicklung

Bei den aktuell praktizierten Formen der Einbeziehung von Kindern in kommunalpolitische Entscheidungen steht die räumliche Gestaltung von Spielräumen, Wohnumfeldern, Straßenraum und Stadtteil im Mittelpunkt. Entwicklungspsychologische Forschungen haben sich dem Thema der Bedeutung der räumlichen Lebensumwelt von Kindern mit vier Schwerpunkten genähert, die teilweise eng miteinander verbunden sind und deshalb hier nacheinander dagestellt werden sollen:
(1) Viele Studien fragen danach, wie sich räumliche Gegebenheiten auf kindliche Entwicklung auswirken, welche Faktoren also zum Beispiel ein gutes oder mangelhaftes Wohnumfeld ausmachen. Die Erkenntnisse *zur Sozialpsychologie des Raumes* werden relativ ausführlich dargestellt, weil sie Grundlagenwissen für alle Stadtplanungs- und -gestaltungsprojekte darstellen.
(2) Ein anderer Forschungsstrang interessiert sich für die Frage, wie sich räumliche Wahrnehmung, räumliches Denken und raumbezogenes Verhalten bei Kindern entwickeln, und wie man diese Entwicklung methodisch am besten erkennen und darstellen kann.
(3) Vor allem der Psychologin Antje Flade ist zu verdanken, daß die besonderen Interessen von Mädchen in der Stadtplanung, insbesondere der Spielraumplanung besser berücksichtigt wurden.
(4) Auf den allgemeinen Erkenntnissen der Umweltpsychoplogie aufbauend, sind in den letzten Jahren Forschungs-Methoden mit Erfolg auch als praktische Partizipationsmethoden genutzt worden. Vor allem mit dem Modellbau steht mittlerweile eine intensiv genutzte Methode zur Verfügung.

Zur Sozialpsychologie des Raumes

Die psychologische Bedeutung der räumlichen Umwelt für Kinder ist lange unterschätzt worden. Mittlerweile liegen allerdings eine Reihe von detaillierten Untersuchungen zu dieser Frage vor, und es gibt genügend Gründe, der Gestaltung vor allem des städtischen Raumes unter dem Gesichtspunkt der Bedürfnisse von Kindern größere Bedeutung beizumessen, als das in der Stadtentwicklung in der Bundesrepublik seit Kriegsende getan wurde. In der praktischen Politik ist die Nicht-Berücksichtigung von Kinderinteressen entweder überhaupt nicht als Problem wahrgenommen oder anderen Interessen wie einer autogerechten Verkehrsgestaltung oder wirtschaftlichen Vorgaben untergeordnet worden. Heute läßt sich belegen, wie sich unterschiedliche Lebensumgebungen auf die soziale, intellektuelle und motorische Entwicklung von Kindern auswirken und das gesellschaftspolitische Bemühen um soziale Chancengleichheit zum Beispiel im Bildungsbereich zumindest teilweise untergraben.

Erste Studien zur Nutzung städtischer Räume durch Kinder datieren bereits aus den frühen dreißiger Jahren: Martha und Hans-Heinrich Muchow nahmen schon hier Kinder als Subjekte wahr, die über aktive Formen der Aneignung ihre Umwelt und die darin enthaltenen Gegenstände für ihre Zwecke umdeuten, -nutzen und -gestalten. Ihre Milieustudie beruhte auf Beobachtungen, die über einen längeren Zeitraum in Hamburg-Barmbek angestellt wurden. Sie zeigten, daß Kinder ihre Lebensumwelt aktiv nutzten, den Dingen eine eigene Bedeutung gaben und Orte wie einen Löschplatz oder eine Kanalböschung nach ihren Bedürfnissen gestalteten. „Seiner Struktur gemäß werden daher die Gegebenheiten dinglicher Art in stärkstem Maße ‘umgelebt’. Wir sahen etwa, wie ein Holzgitter, das in unserer erwachsenen Welt unerheblich und nur gleichsam peripher ‘mit darin ist’, zum Greif-, Sprung-, Kletter- und Hockding in der Welt des Kindes wird. (...) Selbst bei dem doch aus der Psychologie der kindlichen Welt heraus erbauten Spielplatz fand diese ‘Umlebung’ noch statt“ (Muchow 1978: 95). Die Stadt scheint für Kinder in den dreißiger Jahren zumindest partiell noch gestaltbar gewesen zu sein. Durch die Verdichtung der städtischen Bebauung und den Verlust nicht definierter Räume erfahren Kinder heute die Stadt in viel höherem Maße als unveränderbar. Für die Städte der achtziger und neunziger Jahre gilt: „Die Grenzen jeglicher Benutzung durch Kinder und Jugendliche sind dann erreicht, wenn sie versuchen, etwas zu verändern, in diesem Sinne sich anzueignen. Solche Ansätze werden unterbunden“ (von Seggern, 1982: 202f.; zitiert nach: Schröder 1996: 55).

Ein zentraler Aspekt der räumlichen Umgebung, sowohl hinsichtlich des Empfindens der Kinder als auch möglicher „Freizügigkeit“ oder Beschränkungen durch die Eltern, ist die Sicherheit. „Solange Kinder sich nicht sicher fühlen, werden sie ihre Umwelt nicht explorieren, und diese Exploration ist notwendig für die kognitive, emotionale und motorische Entwicklung“ (Schröder 1996: 54f.). Anschaulich hat eine Schweizer Studie zur Auswirkung des städtischen Verkehrs auf die Lebensbedingungen von Familien diesen Zusammenhang belegt (vgl. Degen-Zimmermann u.a. 1992; Hüttenmoser/Degen-Zimmermann 1995). Kinder können in der gleichen Stadt in „zwei Welten"[4] leben. Untersucht wurden zunächst die Lebensbedingungen von zwanzig fünfjährigen Kindern und ihrer Familien. Zehn Familien lebten in „positiven Wohnumfeldern", die dadurch definiert waren, daß die Kinder sich selbständig im Freien bewegen konnten. Kontrastierend dazu wurden zehn Familien untersucht, deren Kinder ohne Begleitung Erwachsener nicht ins Freie gehen konnten. Die Erkenntnisse wurden in einem zweiten Schritt durch eine Befragung von ca. 1000 Familien überprüft. Die wichtigsten Erkenntnisse aus dieser Studie sind (Degen-Zimmermann 1992, Hüttenmoser 1995):

Erlaubnis beziehungsweise Verbot des selbständigen Bewegens im Wohnumfeld durch die Eltern hängen an der objektiven Gefährdung durch den Straßenverkehr und nicht an Erziehungseinstellungen. „Vor der Haustüre, das heißt, wenn es darum geht, ob ein Kind ein anderes Kind allein besuchen darf, verschwinden schichtspezifische Unterschiede" (Hüttenmoser 1995, S. IX). Im Freien entscheidet weitgehend das Ausmaß der Gefährdung des Kindes durch den Straßenverkehr über das Erziehungsverhalten der Eltern, nicht ihre soziale Herkunft oder milieubedingte Einstellungen. Sowohl die Kinder als auch die Eltern haben deshalb in ungünstigen Wohnumfeldern weniger Nachbarschaftskontakte. Positiv gesprochen dienen Kinder, die sich selbständig im Freien bewegen, als „Kontaktvermittler" auch für ihre Eltern. Das gilt sowohl für gemeinschaftliche Aktivitäten wie Feste, Ausflüge, die sich aus diesen Kontakten ergeben, als auch für gegenseitige Unterstützung: In den günstigen Umfeldern haben die Familien dreimal mehr private Kinderbetreuungsmöglichkeiten auf Gegenseitigkeit[5] als in den negativ definierten Wohnumfeldern. „Der motorisierte Fahrzeugverkehr im Wohnumfeld führt junge Familien in die soziale Isolation" (ebd.: I) – zumindest im unmittelbaren sozialen Umfeld.

Kinder haben bei freier Bewegungsmöglichkeit mehr Handlungsfreiheiten, entwickeln differenziertere Sozialbeziehungen zu Gleichaltrigen als Kinder, die sich nur begleitet auf öffentlichen Spielplätzen aufhalten, haben interessantere Spielobjekte und phantasiereichere Spiele. „Verschiedene Beispiele der Intensivstudie weisen nach, daß unter günstigen Bedingungen im Wohnumfeld eine eigene Kinderkultur entsteht" (ebd.: IX). Diese Defizite sind durch Eltern auch mit vielfältigen Aktivitäten, z.B. regelmäßigen Spielplatzbesuchen, nicht zu kompensieren. Aus den

---

[4] So der Titel des Zwischenberichtes dieser Untersuchung: vgl. Degen-Zimmermann 1992.

[5] Und mit der Möglichkeit, Kinderbetreuung einfach und kurzfristig organisieren zu können, erlangen Eltern einen wesentlichen Freiraum.

Bedingungen ungünstiger Wohnumfelder entsteht eine dauerhafte Belastung der Eltern, insbesondere der im Alltag gegenwärtigen Erziehungsperson, da es kaum Zeiten gibt, in denen sich die Betreuungspersonen vollständig auf eine andere Sache konzentrieren können, sondern immer zumindest Teile ihrer Aufmerksamkeit auf die Kinder richten müssen. Weder können anstehende Hausarbeiten in Ruhe erledigt werden noch besteht die Möglichkeit, sich eigenen Interessen zuzuwenden. „Alle Eltern, die ihre Kinder ständig um sich haben, erwähnen denn auch Mehrbelastungen" (ebd.: X). Gleichzeitig hat das ständige Aufeinanderangewiesensein Auswirkungen auf das Mutter-Kind-Verhältnis; das für die frühe Kindheit typische enge Bindungsverhältnis wird in unnötiger Weise verlängert, die Entwicklung von Eigenständigkeit und die dazu notwendigen Ablösungsprozesse verzögern sich.

Schließlich ließ sich durch vergleichende Untersuchungen der Kinder im Kindergarten feststellen, daß die Kinder aus günstigen Wohnumfeldern im Sozialverhalten, in der motorischen und kognitiven Entwicklung deutlich weiter entwickelt waren als die Kinder aus ungünstigen Wohnumfeldern. Auch wenn dieses Ergebnis der qualitativen Untersuchung aus methodischen Gründen nicht durch die Befragung belegt werden konnte[6], so kann man doch davon ausgehen, daß die gängigen Auffassungen milieubedingter Entwicklungsvor- und -nachteile um diesen Aspekt erweitert werden müssen. „Die Annahme, daß ungünstige Bedingungen im Wohnumfeld für alle Kinder zu größeren Rückständen in der Entwicklung führen, ist deshalb mehr als berechtigt. Weitere Untersuchungen zu dieser Frage sind aber sicher sinnvoll und nötig" (ebd.: XII).

Zeitlich parallel entstand in Freiburg eine Studie über „Aktionsräume von Kindern in der Stadt", die zu ähnlichen Ergebnissen gelangte und weitere Hinweise zur Bedeutung der Stadt als Lebensumgebung für Kinder beisteuerte (Blinkert 1993). Auf der Basis von über 4000 Elternbefragungen und verschiedenen qualitativen Methoden konnte zum Beispiel der Anteil an befriedigenden und unbefriedigenden Wohnumfeldern quantifiziert werden. So können 5% der Kinder überhaupt nicht draußen spielen, 8% nur unter Aufsicht und bei 42% der Kinder haben die Eltern teilweise erhebliche Bedenken, ihre Kinder allein vor die Tür zu lassen. Das bedeutet, daß die Wohnumgebung für über die Hälfte der Kinder mindestens teilweise problematisch ist und die Bewegungsmöglichkeiten eingeschränkt sind. Auf der anderen Seite ist hervorzuheben, daß zumindest 45% der Kinder ein gutes Wohnumfeld haben, also ohne Aufsicht bedenkenlos von ihren Eltern auf die Straße gelassen werden (ebd.: 176). Allerdings sollte erwähnt werden, daß Freiburg nach einer Studie der Zeitschrift Focus (Focus 38/1997: 293ff) gerade wegen ihrer

---

[6] Die aufwendigen Testverfahren wären in dieser Größenordnung nicht zu realisieren gewesen.

Freiraumsituation als die kinderfreundlichste Stadt der Bundesrepublik gilt, diese Ergebnisse also keineswegs repräsentativ für alle Kommunen sind. Die Ergebnisse der Studie zeigen, daß die Dauer der draußen verbrachten Zeit ohne Beaufsichtigung der Eltern eindeutig von der Wohnumfeldqualität abhängt. Das bedeutet zum Beispiel, daß sich ein Viertel der Freiburger Kinder in der Altersgruppe der Fünf- bis Neunjährigen durchschnittlich nur 20 Minuten im Freien aufhält. Demgegenüber spielen 10% der Kinder in der gleichen Altersgruppe unter günstigen Bedingungen durchschnittlich 90 Minuten draußen und haben differenzierte Wahlmöglichkeiten hinsichtlich verschiedener Aktionsorte und Spielkameraden. Damit sind strukturell bedingte Benachteiligungen aufgezeigt, und auch der Leiter der Freiburger Untersuchung, Baldo Blinkert, weist darauf hin, „daß ein unbeaufsichtigtes, von Eltern unkontrolliertes Spielen im Umfeld der Wohnung für die Lebensqualität und die Entwicklungschancen außerordentlich wichtig und unverzichtbar ist" (Blinkert 1993: 179).
Bestätigt wurde der schon festgestellte erhöhte Betreuungsaufwand der Eltern für die Kinder in einem mangelhaften Wohnumfeld. Blinkert weist auf die emotionalen Belastungen des Eltern-Kind-Verhältnisses hin: „Nichts ist für Eltern – meistens Mütter – vermutlich so strapazierend und frustrierend wie die ewige Herumsitzerei auf Spielplätzen und der Zwang, dabei dann auch noch gut gelaunt und fröhlich zu erscheinen" (ebd.: 180). Obwohl zu vermuten wäre, daß Eltern ein ungünstiges Wohnumfeld durch andere Freizeitaktivitäten auszugleichen versuchen, ist nach der Freiburger Studie ein gegenteiliger Effekt zu verzeichnen. Kinder in günstigen Umgebungsbedingungen nehmen viel häufiger an Kursen und Veranstaltungen teil als Kinder in ungünstigen Umgebungen, was darauf zurückzuführen ist, daß diese Kinder fast ausschließlich auf ihre Eltern als Transporteure angewiesen sind und diese nicht so häufig fahren können oder wollen.
Weiterhin läßt sich belegen, daß der Bedarf an organisierter Betreuung in den Nachmittagsstunden deutlich von der Aktionsraumqualität abhängt. Während unter sehr günstigen Bedingungen weniger als 10% der Eltern in Mehrelternfamilien (Alleinerziehende: 20%) eine Betreuung wünschen, steigt dieser Bedarf unter ungünstigen Umgebungsbedingungen auf über 40%. Alleinerziehende suchen unter schlechten Wohnumfeldbedingungen zu 70% bis 80% eine Kinderbetreuung. Es zeigt sich, daß der Trend zur „Pädagogisierung" von Kindheit seine Ursachen nicht nur in der Veränderung familialer Lebensbedingungen, etwa durch Berufstätigkeit beider Eltern oder als Folge von Scheidungen, sondern auch in den städtebaulichen Strukturen hat. „Zu fragen ist jedoch, ob es nicht sehr viel sinnvoller wäre, die Umweltbedingungen von Kindern so zu verbessern, daß eine 'organisierte Kindheit' im Sinne von immer mehr Betreuung in Horten und Tagesstätten nicht erfolgen muß" (ebd.: 183).

Ungünstige Wohnbedingungen grenzen die Wahlmöglichkeiten für Eltern wie Kinder immer mehr ein. Ob eine vorzugsweise in der Nachbarschaft verbrachte Kindheit oder eine stärker durch Veranstaltungen, Bildungsangebote und Verabredungen strukturierte Kindheit besser ist, sollte von den Eltern und vor allem vom Kind selbst entschieden werden können. Erstrebenswert wäre, wenn sie diese Entscheidungsalternative tatsächlich hätten.
Bezogen auf die Frage nach dem Zusammenhang von Aktionsraumqualität und Mediennutzung stellt Blinkert fest, daß die Häufigkeit der Mediennutzung nicht in erster Linie von der Aktionsraumqualität abhängt. Kinder sehen also nicht um so mehr fern, je unattraktiver ihr Wohnumfeld ist. Wieviel Zeit Kinder vor dem Fernsehen verbringen, bestimmt vielmehr das Bildungsmilieu der Eltern. Allerdings sind bei gleichem Bildungsmilieu der Eltern und unterschiedlichen Wohnumfeldern erhebliche Unterschiede in bezug auf die Mediennutzung feststellbar: „Kinder aus unterem Bildungsmilieu reagieren auf ungünstige Spielmöglichkeiten im Umfeld der Wohnung mit einer für diese Altersgruppe bemerkenswert intensiven Mediennutzung. Die mit Fernsehen verbrachte Zeit liegt bei diesen Kindern im Durchschnitt bei 90 Minuten pro Tag. Kinder aus dem gleichen sozialen Milieu und gleichen Alters sehen unter günstigen Aktionsraumbedingungen dagegen nur halb so lange fern“ (ebd.: 180).

Die Entwicklung des Raumverständnisses und das Konzept „kognitiver Landkarten“

Nach Piagets Auffassung ist die Entwicklung der Raumwahrnehmung in ihren Grundstrukturen mit etwa neun Jahren abgeschlossen.[7] Kinder haben im Verlauf dieser Entwicklung vom egozentrischen Raumverständnis hin zu einer differenzierten Raumwahrnehmung eine Reihe von Problemen zu lösen, die sie durch Assimilation oder Akkomodation bewältigen. Dazu gehört zunächst die Koordinierung der Sinneswahrnehmungen; ein Säugling muß erst lernen, daß es zwischen dem Sehen eines Vorgangs, des Hörens eines Geräusches und dem Fühlen eines Gegenstandes Zusammenhänge gibt. Ein nächster Schritt führt zum Aufbau der Objektkonstanz: So weiß das Kind ab einer bestimmten Entwicklungsstufe, daß ein von ihm im Schrank deponierter Gegenstand mit Bestimmtheit auch in der Zukunft dort sein wird, solange er nicht anderswo verstaut wird.
Auch hier gilt, daß von Geburt an die Eigenaktivität des Kindes eine der wichtigsten Voraussetzungen jeder Entwicklung ist. Das Verständnis

---

[7] Die Stadien dieser Entwicklung sollen hier nicht im Detail dargestellt werden, sondern werden in Tab. 1 (S. 64) aufgeführt.

von der Permanenz der Objekte erwächst aus der „Permanenz, die die eigene Handlung den Dingen verleiht“ (Piaget 1975: 327). Gerade das Wort „Begreifen“ zeigt den ursprünglichen Zusammenhang von kindlicher Handlung und kindlichem Lernen auf. Am Ende der Entwicklung der raumbezogenen Intelligenz ist im Alter von etwa neun Jahren ein symbolisches Vorstellungsvermögen von Räumen vorhanden, in dem Kinder Räume unabhängig von ihrer Anwesenheit erinnern, verstehen, benennen und darstellen können. Diese Entwicklung geht eng einher mit dem Erwerb von Sprache und der Entwicklung abstrakter Begriffe.

Bei Partizipationsprojekten mit Kindern ist daher das je nach Alter der Kinder unterschiedliche Raumverständnis zu berücksichtigen. Während Kinder über zehn Jahren mit Lageplänen und Konstruktionszeichnungen arbeiten können, benötigen jüngere Kinder weniger abstrakte Vorstellungshilfen. Statt bei einem Ortstermin eine Lageskizze vorzustellen, ist es angebracht, ein Gelände zu begehen, die Grenzen abzuschreiten, sich an den Orten aufzustellen, an denen bestimmte Planungen vorgesehen werden. Auch die Darstellung von Räumen in Modellen, besonders wenn sie selbst hergestellt werden, erleichtert Kindern das „Begreifen“.

In der Folge Piagets wurden umfangreiche Studien zur Raumwahrnehmung und zum Raumverhalten von Kindern durchgeführt, welche seine Thesen und Theorien teils korrigierten, teils ergänzten (vgl. zum folgenden Schröder 1996: 32 ff.). Das Konzept „kognitiver Landkarten“ bezeichnet diejenigen geistigen Vorgänge, mit denen Menschen sich in Räumen orientieren[8]. Kognitive Landkarten können auch als „mentale geistige Repräsentationen umweltlicher Gegebenheiten“ (vgl. May 1992, zitiert nach Schröder 1996: 45). bezeichnet werden. Sie unterscheiden sich von geografischen Landkarten dadurch, daß sie mehr als eine geistige Tätigkeit anzusehen und stets subjektiv bedingte Ausschnitte der Wirklichkeit sind. Sie verändern sich prozeßhaft als Ergebnis von „Erfahrungen“. Auch hier zeigt der Begriff die physische und psychische Doppelbedeutung. Grundelemente einer kognitiven Landkarte sind markante Orientierungspunkte, die als „Anker“ bezeichnet werden. Ankerpunkte sind diejenigen Raumelemente, an denen Kinder sich zunächst orientieren, etwa das Elternhaus, Bäume oder markante Häuser.

Auch die an Piaget anschließenden Studien weisen nach, daß Kinder sich zunächst aus einem egozentrischen Weltbild heraus räumlich orientieren. „Anker“ werden isoliert gespeichert; bestimmte Orientierungsprobleme, z.B. spiegelbildliche Orientierung (auf einem Rückweg), können noch nicht gelöst werden. Mit zunehmendem Alter werden Straßen und Wege als zusammenhängendes System erlebt, zunächst nur auf-

[8] Ausgehend von tierexperimentellen Untersuchungen Ende der vierziger Jahre wurden eine Reihe von Studien im Humanbereich durchgeführt, beispielweise von Siegel, Kirasic und Kail (1978).

grund der benutzten Wege, später auch aufgrund benachbarter Wege. Das führt schließlich dazu, daß Kinder ein Grundverständnis für geografische Zusammenhänge und Prinzipien erwerben. „Durch die Erfassung von Wechselbeziehungen der Wege untereinander wird ein prinzipielles Grundschema, eine Überblickskarte ('Survey map'), erlangt, die es ermöglicht, sich in fremden Umgebungen zurechtzufinden" (Schröder 1996: 46).

Deutlich wurde in den unterschiedlichen Studien, daß das Wissen von Kindern über Räume immer größer ist als ihre Fähigkeit, dieses Wissen darzustellen. So führt die Beschränkung auf das Zeichnen einer Landkarte zum Verlust vieler Informationen; viel besser sind die Ergebnisse, wenn zum Zeichnen ergänzende verbale Beschreibungen erfragt werden. Eine andere gute Möglichkeit stellt die Darstellung von Räumen in einem Modell unter Zuhilfenahme von zeichnerischen Elementen dar. Hilfreich ist es, wenn Landschaftsbestandtteile (Häuser, Bäume, Straßen) als Symbole von Erwachsenen vorgefertigt und Kindern zur Verfügung gestellt werden.

Ein wesentlicher Aspekt des Raumverhaltens und der Raumwahrnehmung von Kindern besteht in der subjektiven Bedeutung der Räume. Neben dem objektiven Wissen über die Struktur eines Raumes „besetzen" Menschen Räume auch mit unterschiedlichen Emotionen, die zudem im Verlauf seiner Entwicklung für den Einzelnen variieren können. Während beispielsweise eine Hauptverkehrsstraße für ein dreijähriges Kind eine unüberwindliche Hürde und einen großen Angstfaktor darstellt, ist diese Straße vielleicht für den Zehnjährigen eine Herausforderung, sie zu überqueren und stellt für den sechzehnjährigen Jugendlichen eine Möglichkeit dar, die Enge seines direkten Umfeldes zu verlassen. Der Prozeß des Erwerbs einer kognitiven Landkarte ist ein „von Natur aus sozialer Prozeß, denn immer handelt es sich um eine Entwicklung mit emotionalen und sozialen Bedeutungen" (ebd.: 49). Je älter Kinder sind und je mehr Erfahrungen sie in einem Umfeld haben, desto größer ist ihre Übersicht über das Gelände. Sie wird in „Übersichtskarten" integriert. Es ist „weniger eine Frage des Alters, ob Kinder bestimmte umweltliche Kompetenzen aufweisen, als vielmehr eine Frage der Schulung oder Erfahrung, die sie bis zu ihrem jeweiligen Alter erlebt haben" (ebd.).

Auch hier zeigt sich, daß eine Kombination von Kommunikationsformen – Sprache, zeichnerische und räumliche Darstellung – die Kommunikationsmöglichkeiten steigert. Kognitive Landkarten können von Kindern z.B. im Rahmen von Kunstunterricht oder Planungsprojekten in Modelle ihrer Umgebung „übersetzt" und so visualisiert werden. Ebenso verleiht die Bedeutung der eigenständigen Bewegung in Wohnumfeld und Stadtteil traditionellen pädagogischen Methoden wie Stadtteilrallyes, Stationsläufen oder Schnitzeljagden einen neuen Sinn. Sie fördern die

Selbständigkeit und soziale Raumaneignung – und tragen so auch zur Intelligenzentwicklung bei.

Geschlechtsspezifische Unterschiede bei der Raumaneignung und Raumnutzung

Daß Kinder Mädchen und Jungen sind, hat für die Raumplanung lange Jahre keine Rolle gespielt. Die Psychologin Antje Flade hat die vielfältigen Forschungsergebnisse zum geschlechtsspezifischen Raumverhalten zusammengetragen und immer wieder auf praktische Probleme einer einseitig jungenorientierten Planung hingewiesen. Ihr Anliegen ist eine Stadt- und Raumplanung, die auch den Bedürfnissen von Mädchen gerecht wird. Jungen haben in der Regel gleichaltrigen Mädchen gegenüber deutlich mehr Kompetenzen in der Raumaneignung, was ausschließlich auf Erfahrungsunterschiede durch häufigere und freiere Bewegung im Freiraum zurückzuführen ist. Bezogen auf das Raumverhalten von Mädchen ist insbesondere die Tatsache von Bedeutung, daß Mädchen ab einem Alter von ca. elf Jahren – bis zu diesem Alter werden Mädchen und Jungen in etwa gleich behütend behandelt – in ihrem Bewegungsdrang stärker eingeschränkt werden, während Jungen ab diesem Alter freizügiger ihre Umwelt entdecken dürfen. Hier wirkt die Angst der Eltern um die körperliche Unversehrtheit ihrer Töchter hemmend und verhindert, daß Mädchen ihren Streifraum genauso erweitern wie Jungen im entsprechenden Alter. Noch immer wirken sich außerdem traditionelle Rollenprägungen, nach denen die Mädchen stärker im Haushalt eingebunden sind und im Unterschied zu den Jungen ein stärker auf Kommunikation und Kontakt als auf Abenteuer, Kräftemessen und sportliche Betätigung ausgerichtetes Sozialverhalten entwickeln. Die verschiedenen Untersuchungen zusammenfassend (vgl. Flade/Kustor 1996: 18ff.) sollten folgende Erkenntnisse berücksichtigt werden:

(1) Mädchen haben im Durchschnitt einen kleineren Bewegungsraum als Jungen. Während die Nutzung von Spielräumen im Wohnumfeld annähernd gleich ist, so ist der „Streifraum“ der Jungen, also gelegentlich aufgesuchte Orte im weiteren Umfeld, erheblich größer. Mädchen nutzen eher wohnungsnahe Spielbereiche oder, wie in einer eigenen Untersuchung deutlich wurde, geschützte Bereiche beispielsweise in einer öffentlichen Kleingartenanlage (Stadt Hamm 1993).

(2) Jungen nutzen öfter das Fahrrad, während Mädchen zu Fuß gehen oder öffentliche Verkehrsmittel benutzen. Damit erhöht sich die Mobilität der Jungen im Wohnumfeld und Stadtteil.

(3) Jungen sind öfter draußen als Mädchen.

(4) Das Spielverhalten von Jungen ist körperorientierter, „rauher“ und raumgreifender als das der Mädchen. Jungen spielen in größeren Gruppen und erobern Spielorte mit größerem Durchsetzungsvermögen. Sie

sind sportorientierter und besetzen damit die typischen Spielraumangebote für die Altersgruppe der Schulkinder (Bolzplätze, Tischtennisplatten, Skateboardanlagen). Mädchen legen dagegen mehr Wert auf Kommunikation und soziales Verhalten. Dementsprechend werden Treffpunkte und Aufenthaltsplätze gesucht und genutzt.
Sollen geschlechtsspezifische Sozialisationsmuster sich nicht verfestigen, so muß zum einen den Sicherheitsbedürfnissen der Mädchen weitestmöglich Rechnung getragen werden, damit diese ohne Angst sich größere Umweltbereiche „erobern“ können – und von ihren Eltern auch die Erlaubnis dazu erhalten. Zum anderen sollten die speziellen Interessen der Mädchen in geeigneter Form in Partizipationsprojekten zur Geltung kommen. Eine Möglichkeit dazu sind spezielle Mädchenprojekte (vgl. Esser-Yildiz/Göckler 1996), nicht weniger wichtig ist es allerdings, in koedukativen Projekten eine in bestimmten Bereichen vorhandene Dominanz der Jungen einzugrenzen bzw. die Mädchen zu unterstützen und zu bestärken.

Modellbau mit Kindern als Forschungs- und Partizipationsmethode

In einer Studie zum Umweltwissen von Kindern setzte der Amerikaner Roger Hart zum ersten Mal bei der Befragung von Kindern Modellbauelemente ein. Sie erhielten zur Lösung der Aufgabe, ihre Lebensumgebung wiederzugeben, neben Papier und Stiften auch Modelle von Autos, Bäumen und anderen Landschaftselementen. Dieser Ansatz wurde Anfang der neunziger Jahre in einem Gemeinschaftsprojekt der Technischen Universität Berlin und der Stadt Herten aufgegriffen. In dieser Studie, die sich auf drei Wohnbezirke der Stadt Herten bezog, ergänzten sich das psychologische Forschungsinteresse an der Entwicklung des kindlichen Raumverständnisses und das praktische Interesse der Stadt Herten, die Anhaltspunkte für eine kinderfreundliche Stadtgestaltung suchte (Schröder 1996).
Bei dieser Studie erhielten 68 Kinder in drei Altersgruppen (4/5 Jahre, 8/9 Jahre und 12/13 Jahre) aus drei ausgewählten Wohnbereichen die Möglichkeit, ihre Wohnumgebung als Modell auf einer Papiergrundfläche von 3x5 m aufzubauen. Neben Stiften wurde differenziertes Modellmaterial angeboten, z.B. maßstabsgetreue Modellhäuser und Garagen ihrer Siedlung, Bäume, Autos, Menschen, Spielplätze und Spielgeräte. Durch die Auswertung dieser Versuche wurden die wichtigsten Erkenntnisse über kindliches Raumverständnis bestätigt und vertieft. Gleichzeitig wurden die praktischen Interessen der Kinder bezogen auf ihre Umwelt dokumentiert, und es ergaben sich konkrete Vorschläge für und Anforderungen an zukünftige Stadtplanung.
Zunächst wurde noch einmal das mit dem Alter sich differenzierende Raumverständnis dokumentiert. Während die Modelle der jüngsten Kin-

der eine Mischung aus einigen realen „Ankerpunkten" und vielen erfundenen Modellteilen darstellten, bildeten die Modelle der Ältesten die Realität sehr genau ab. Ebenso wurden unterschiedliche alters- und geschlechtsspezifische Interessen durch die unterschiedliche Häufigkeit der Verwendung bestimmter Modellteile nachgewiesen: Während die jüngste Altersgruppe mehr Spielgeräte und Spielplatzmodelle benutzte, setzten die Acht- bis Neunjährigen oft Garagen, Bäume und Schuppen ein. Während Autos, Garagen, Wiesen, Bänke und Spielgeräte praktisch gleich häufig oder selten von den Geschlechtern benutzt wurden und auch Bäume und Büsche einen relativ geringen Unterschied aufwiesen, benutzten die Jungen durchschnittlich mehr als doppelt so viele Häuser, das Vierfache an Schuppen und zeichneten fast doppelt so viele Straßen auf. Die Mädchen verwendeten dagegen fast das vierfache an Menschenfiguren beim Aufbau ihrer Wohnumgebung (vgl. Schröder 1996: 108). Auch die konzentrische, vom eigenen Haus ausgehende Raumwahrnehmung bildete sich deutlich ab: „59 von 68 Kindern bauten unter den ersten zehn Gegebenheiten ihr eigenes Haus auf, 44 Kinder dieses sogar als allererstes" (ebd.: 115).

Mit dieser Studie wurde eine Richtung eingeschlagen, die für die Praxis von Kinderbeteiligung eine große Bedeutung hat. Mit dem Modellbau wurde ein Forschungsinstrument gleichzeitig als Partizipationsmethode eingesetzt, und die Ergebnisse zeigten, daß sie eine für Stadtplanung sehr aussagekräftige Methode der Interessenerhebung darstellt. Kinder benannten Problempunkte im Verkehr, kritisierten Bebauungsformen und machten Vorschläge für Verbesserungen auf Spielplätzen. Frühere Studien hatten dagegen das Verhalten und die Fähigkeiten von Kindern lediglich als ein wissenschaftliches Problem begriffen und mit unterschiedlichen Methoden wissenschaftliche Erkenntnisse gewonnen; die Ergebnisse besaßen aber keine praktische Relevanz für eine Verbesserung oder Umgestaltung der Umwelt der Kinder. Diese blieben „wissenschaftliche Ojekte", der Forschungsprozeß wurde nicht als Möglichkeit begriffen, das Raumverhalten der Kinder positiv zu beeinflussen und ihre Interessen in die Gestaltung dieser Räume miteinzubeziehen.

In ähnlicher Weise wie der Modellbau verbindet die von Apel und Pach entwickelte Methode der Fotostreifzüge Erkenntnisinteresse und handlungsrelevanten Praxisbezug. Hier führen Kinder erwachsene Begleiter durch ihren Stadtteil und zeigen diesen so ihre subjektiven Bedeutungen der verschiedenen Orte. Beide Methoden motivieren die teilnehmenden Kinder zu einer aktiven Auseinandersetzung mit ihrer Umwelt und machen nicht zuletzt Spaß. Insofern werden die theoretische und kommunalpolitische Relevanz ergänzt um die pädagogische Bedeutsamkeit. (Zum Modellbau und zu den Fotostreifzügen als wichtige Bausteine sinnvoller Kinderbeteiligung vgl. auch *Kap. 7)*

Partizipation von Kindern soll sich auf alle kinderrelevanten gesellschaftlichen Bereiche erstrecken, nicht nur auf die Einbeziehung von Kindern in die Gestaltung städtischer Räume. Der Begriff der Teilhabe bezieht sich auf materielle Güter, gesellschaftliche Entscheidungen und individuelle Rechte. Er hat aber ebenso die Perspektive des Miteinanders, der Einigung, des Interessenausgleichs. Partizipation besteht nicht aus einer eindimensionalen Konfrontation von Kinderinteressen auf der einen und gesamtgesellschaftlichen Erwachseneninteressen auf der anderen Seite, auch wenn vielfach dieser Eindruck erweckt wird (ganz entsprechend dem David-Goliath-Muster, das in den Medien gern aufgegriffen wird). Auch Kinder sind sich uneinig, es bestehen Interessenunterschiede, die aus Alter, Geschlecht und aus subjektiven Neigungen entspringen. Bei der Kinderbeteiligung geht es um ihre Einbeziehung in alle Fragen, die das „gute und richtige Leben" betreffen. Und damit handelt es sich um Fragen in der Beziehung der Kinder untereinander genauso wie zwischen ihnen und den Erwachsenen und zwischen den Erwachsenen untereinander.

Damit ist Partizipation auch eine Frage der Moral, und zwar nicht im Sinne einer bestimmten Morallehre oder als Gehorsam gegenüber einer absoluten Autorität, sondern in dem allgemeinen Sinne einer Übereinkunft über Normen und Regeln für das gesellschaftliche Zusammenleben. Meyer hat darauf hingewiesen, daß die politische Lösung gesellschaftlicher Probleme auch dadurch blockiert wird, daß Ansprüche und Leistungen kumulativ erfüllt werden sollen: Es soll „zur freien Fahrt für die Autobürger auf allen Straßen das perfekte Nahverkehrssystem hinzukommen, damit man es vorbehaltlos unterstützen könnte. So soll zum Massenkonsum die saubere Umwelt hinzukommen, damit man ökologische Politik vorbehaltlos akzeptieren kann" (Meyer 1994: 46). Notwendig wäre es stattdessen, zwischen unvereinbaren Alternativen abzuwägen und sich für Lösungen zu entscheiden, die moralische Ansprüche im genannten Sinne erfüllen. So gesehen ist politische Partizipation von Kindern als ein Teil der Moralentwicklung anzusehen.

Für den Bereich der Moralentwicklung wurden die Studien Piagets vor allem von dem Sozial- und Entwicklungspsychologen Lawrence Kohlberg weitergeführt (Kohlberg 1974; Lind 1987). In seinen Studien geht er davon aus, daß sich das moralische Urteil in Abhängigkeit von der Intelligenzentwicklung, wie sie von Piaget beschrieben wurde, stufenweise verändert. Von einer egozentrischen Weltsicht ausgehend verläuft die Entwicklung hin zu einer ausdifferenzierten universalen Moral. Kohlberg wies durch Befragung von Kindern und Jugendlichen verschiedener Kulturen und Schichten[9] sechs Stufen der Moralentwicklung nach (vgl. Schaubild), indem er die Urteile dieser Kinder zu hypothetisch konstruierten moralischen Dilemmata nach einem festen Auswertungsschema klassifizierte. Kohlberg bestätigt die von Piaget übernommene Stufentheorie durch seine Studien als Kern der Moralentwicklung (vgl. Tab. 1).

Moralisches Argumentieren und Moralisieren

Zunächst ist es wichtig zu unterscheiden zwischen einer moralischen Struktur und dem Inhalt eines moralischen Urteils. Kohlbergs Forschungsergebnisse sagen nichts darüber aus, zu welchen Ergebnissen Kinder in ihren moralischen Urteilen kommen, da diese von kulturellen und subjektiven Werten abhängig sind. Anhand der Urteile von Kindern zu einem moralischen Dilemma[10] verdeutlicht Kohlberg die Unterscheidung von Inhalt und Struktur eines moralischen Urteils: „Die vom Befragten gutgeheißene Wahl (stehlen oder nicht stehlen) nennen wir den Inhalt seines moralischen Urteils. Die Art, wie er diese Wahl begründet, definiert die Struktur seines Urteilens." Diese Unterscheidung ist deshalb wichtig, da es Kohlberg nicht darum ging, eine bestimmte Morallehre zu unterstützen; Moralerziehung nach seinem Verständnis bedeutet nicht, Lehrsätze einer konkreten Morallehre zu lernen und anzuwenden. Vielmehr ist damit gemeint, in einer bestimmten Art und Weise moralisch denken und argumentieren zu lernen.
Die Differenz von Struktur und Inhalt eines moralischen Urteils hat eine Reihe praktischer Konsequenzen für die pädagogische Arbeit, da sich die Welt eines Kindes in vieler Hinsicht von der des Erwachsenen unterscheidet: Kinder haben für ihre Interessen und für ihre Wahrnehmung in jeder Stufe unterschiedliche Bedeutungen. Diese Bedeutungen sind für sie evident und unterscheiden sich zumeist von den Bedeutungen der Erwachsenen für die gleichen Gegenstände und sozialen Sachverhalte. Nirgendwo ist begründet, daß die Bedeutung des einen oder des anderen wichtiger ist als die des anderen. Vielmehr stehen die Bedeutungen der Kinder denen der Erwachsenen gleichberechtigt gegenüber. In der Auseinandersetzung um die praktischen Konsequenzen für den Schulunterricht weist Fritz Oser berechtigterweise darauf hin, daß in moralischen Argumentationen Erwachsene immer in der Gefahr stehen, ihre eigene Auffassung von Moral für absolut zu halten und in der Durchsetzung

---

[9] U. a. in USA, Taiwan, Indien und Formosa.

[10] Das von Kohlberg immer wieder verwandte Dilemma ist als „Heinz-Dilemma" bekannt: Sollte man ein Medikament, daß der einzig im Besitz dieses Medikamentes befindliche Apotheker für einen völlig überhöhten Preis verkaufen will, stehlen, um das Leben eines anderen zu retten, da man das Geld für den Kauf nicht hat?

dieser Moral in einem negativen Sinne moralisierend zu sprechen. „Moralisierende Moralerziehung ist immer eine Ausblendung rationaler Vernunft, so kindlich der Partner auch sein mag“ (Oser 1987: 47).
Aus diesem Blickwinkel erhält die allgemeine Forderung, Kinder ernst zu nehmen, eine neue Bedeutung. Das Konzept der Stufentheorien ermöglicht es Erwachsenen, Kinder in ihren Bedeutungen besser zu verstehen, setzt aber eine Fachlichkeit in dem Sinne voraus, strukturell fördernd zu argumentieren, ohne auf der inhaltlichen Ebene dominieren zu wollen. Diese gerade in der Partizipationsdebatte immer wieder erhobene Forderung wird hier konkret, da es nicht (nur) um ein moralisch begründetes und gefühlvoll gemeintes Verstehen geht, sondern um das Bemühen, die Gedankengänge der Kinder zu verstehen, sie einzuordnen und ihnen eine angemessene Antwort zu geben.

Praktische Beispiele für die Stufen moralischen Urteilens

Kohlberg hat die Stufen der moralischen Entwicklung in drei Ebenen differenziert (Kohlberg 1987: 26f.). Er unterscheidet eine präkonventionelle Ebene, auf der Moral sich auf einzelne Personen bezieht, eine konventionelle Ebene, auf der von den Erwartungen einzelner Personen unabhängige allgemeine Konventionen zur Richtschnur des Handelns werden, und eine postkonventionelle, autonome oder prinzipiengeleitete Ebene. Jede dieser Ebenen ist in zwei Stufen aufgeteilt:

> *Stufe 1:* Kinder orientieren sich an Bestrafung und Gehorsam. Maßgeblich sind nicht Moralvorstellungen, sondern die Angst vor physischen Konsequenzen eines Verhaltens.
> *Stufe 2:* In einer instrumentell-relativistischen Orientierung ist maßgeblich, ob Handlungen die eigenen Bedürfnisse – manchmal auch die anderer – befriedigen. Es herrscht eine pragmatische Marktorientierung im Sinne von „eine Hand wäscht die andere“ vor.
> *Stufe 3:* Orientierung an personengebundener Zustimmung: Es werden auf der Basis von individuellen Erwartungen und Reaktionen allgemeine Vorstellungen eines „guten Jungen“ oder eines „guten Mädchens“ aufgebaut.
> *Stufe 4:* Orientierung an Recht und Ordnung: allgemeine Autoritäten und die durch sie vorgegebenen Normen werden handlungsleitend.
> *Stufe 5:* Eine legalistische Orientierung ermöglicht es, die soziale Natur von Werten und Normen zu durchschauen und demokratische Wege der Begründung von Rechten als Weg der Normenfindung zu begreifen.
> *Stufe 6:* Auf dieser Ebene werden Normen und Werte aus allgemeingültigen ethischen Prinzipien abgeleitet und beruhen auf der freien Entscheidung für Prinzipien wie Gerechtigkeit, Gegenseitigkeit und Menschenwürde.

Die Stufen des moralischen Urteils sollen an einem Beispiel aus der Praxis verdeutlicht werden, mit dem ich Kohlbergs Theorie zu veranschaulichen versucht habe. Bezogen auf die Frage „Kann ein Kind auf dem Weg zur Schule durch die Fußgängerzone fahren, weil es sonst zu

Tab. 1: Stufenmodelle der kindlichen Entwicklung

Stufenmodell der Intelligenzentwicklung nach Piaget	Entwicklung des kindlichen Raumverständnisses nach Piaget	Stufen der moralischen Entwicklung nach Kohlberg	
Sensumotorische Stufe (0-2 Jahre): Prozeß der Dezentrierung des Weltverständnisses, an dessen Ende die Ausbildung des Objektbegriffs und die Entwicklung des symbolischen Denkens steht. **Präoperative Stufe (2-7 Jahre):** Entwicklung von Symbolfunktionen (Gegenstände können durch Wörter oder andere Dinge repräsentiert werden). Denken ist irreversibel.	**Stadium 1 (bis etwa vier Jahre):** *Periode 1:* Wahrnehmung ist völlig egozentrisch. Sehen und Greifen sind noch nicht koordiniert. Im Wechselspiel mit Bewegung werden Aktivitäten raumbezogen. *Periode 2:* Sehen und Greifen wird koordiniert, Formen und Größen werden erfaßt. Die Permanenz von Gegenständen wird erfaßt. Durch Sinneskoordinierung wird Wahrnehmung zunehmend differenzierter. *Periode 3:* Egozentrische Perspektive wird aufgegeben. Der Raum kann - unabhängig von der eigenen Person - symbolisch wahrgenommen und dargestellt werden. **Stadium 2 (bis ca. 7Jahre):** Geometrische Formen werden noch nicht begriffen, sondern z.B. im Zeichnen nachgeahmt.	**Vorkonventionelle Phase:** Moralische Wertung beruht auf den äußeren, quasi-physischen Geschehnissen, schlechten Handlungen, oder auf quasi-physischen Bedürfnissen statt auf Personen und Normen.	**Stufe 0:** Vormoralische Phase: Orientierung an Lust und Möglichkeiten. **Stufe 1:** Orientierung an Bestrafung und Gehorsam. Egozentrischer Respekt vor überlegener Macht oder Prestigestellung bzw. Vermeidung von Schwierigkeiten. Objektive Verantwortlichkeit. **Stufe 2:** Naiv-egoistische Orientierung. Richtiges Handeln ist jenes, das die Bedürfnisse des Ich und gelegentlich die der anderen instrumentell befriedigt. Bewußtsein für die Relativität des Wertes der Bedürfnisse und der Perspektive aller Beteiligten. Naiver Egalitarismus und Orientierung an Austausch und Reziprozität.

Konkret-operative Stufe (7-11 Jahre): Auf dieser Stufe ist das Kind in der Lage, konkrete Operationen selbständig auszuführen und zu begründen. Mehrere Aspekte einer Situation können erfaßt, einfache Transformationen können vorgenommen, Richtung des Denkens kann verändert werden. Komplexere Zusammenhänge zwischen verschiedenen Dingen wie Ursachen, Folgen oder Zuordnungen können noch nicht richtig oder vollständig erfaßt werden. Die sprachliche Kompetenz ist geringer als die praktischen Fähigkeiten.	**Stadium 3:** In dieser Phase beginnt die operative Koordinierung. Es wird die Fähigkeit ausgebildet, Dinge und Orte in ihren Beziehungen zueinander zu verstehen und darzustellen. Geometrische Figuren werden als solche verstanden und können konstruiert werden.	**Konventionelle Phase:** Moralsiche Wertung beruht auf der Übernahme guter und richtiger Rollen, der Einhaltung der konventionellen Ordnung und den Erwartungen anderer.	**Stufe 3:** Orientierung am Ideal des „guten Jungen". Bemüht, Beifall zu erhalten und anderen zu gefallen und ihnen zu helfen. Konformität mit stereotypischen Vorstellungen vom natürlichen oder Mehrheitsverhalten, Beurteilung aufgrund von Intentionen. **Stufe 4:** Orientierung an Aufrechterhaltung von Autorität und sozialer Ordnung. Bestrebt, „seine Pflicht zu tun", Respekt vor Autorität zu zeigen und die soziale Ordnung um ihrer selbst willen einzuhalten.
Formal-operative Stufe (11 Jahre und älter): Der Jugendliche kann abstrakt und hypothetisch denken, sein Denken ist reversibel. Er entwickelt ausführliche Theorien, Pläne und Vorstellungen über physische, psychische und soziale Fragen.		**Postkonventionelle, prinzipiengeleitete Phase:** Moralische Wertung beruht auf Konformität des Ich mit gemeinsamen (oder potentiell gemeinsamen) Normen, Rechten und Pflichten.	**Stufe 5:** Legalistische Vertragsorientierung. Anerkennung einer willkürlichen Komponente oder Basis von Regeln und Erwartungen als Ausgangspunkt der Übereinstimmung. Pflicht definiert als Vertrag, allgemein Vermeidung der Verletzung von Absichten oder Rechten anderer sowie Wille und Wohl der Mehrheit. **Stufe 6:** Orientierung an Gewissen oder Prinzipien. Orientierung nicht nur an zugewiesenen sozialen Rollen, sondern auch an Prinzipien der Entscheidung, die an logische Universalität und Konsistenz appellieren Gewissen als leitendes Agens und an gegenseitigem Respekt und Vertrauen.

spät kommt, obwohl die Durchfahrt mit Fahrrädern verboten ist?" sind in Tab. 2 inhaltlich gegensätzliche Antworten auf den sechs Stufen dargestellt.
Schon hier zeigt sich die praktische Relevanz dieser Ergebnisse, denn in der Auseinandersetzung mit Kindern über sie betreffende Fragen können sowohl die Kinder im Gespräch mit Erwachsenen als auch untereinander neben der inhaltlichen Auseinandersetzung auf der strukturellen Ebene völlig aneinander vorbeireden. Nicht jeder kann jede Argumentation auf jeder Stufe verstehen.

Tab. 2: Konkretisierung von Kohlbergs Stufen an einer Beispielfrage

Moralisches Problem: „Darf ein Kind auf dem Weg zur Schule durch die Fußgängerzone fahren, obwohl es verboten ist, sonst aber zu spät kommt?"		
Antworten:	*pro*	*contra*
Stufe 1: Bestrafung/ Gehorsam	Ich muß ja pünktlich zur Schule kommen, weil sonst der Lehrer böse ist	Das darf man nicht tun, sonst wird man von der Polizei bestraft
Stufe 2: instrumentell-relativistisch	Ich will nicht zu spät kommen, weil ich das doof finde. Die anderen fahren ja auch durch die Fußgängerzone	Ich fahre lieber außen herum, weil ich keinen Ärger haben will. Es ist unangenehm, von der Polizei erwischt zu werden.
Stufe 3: Netter Junge, Nettes Mädchen	Ich bemühe mich, pünktlich in der Schule zu sein, weil der Lehrer mich sonst blöd findet. Ich will nicht unangenehm auffallen.	Wenn ich von der Polizei erwischt würde, würde ich mich furchtbar vor meinen Freunden schämen. Darum riskiere ich das lieber nicht.
Stufe 4: Recht und Ordnung	Regeln müssen eingehalten werden. Darum bemühe ich mich, pünktlich zu kommen.	Die Verkehrsregeln sind für alle da und müssen von allen eingehalten werden; darum halte ich mich auch daran.
Stufe 5: legalistisch	Das Verbot, nicht Fahrrad fahren zu dürfen, obwohl Autos zum Be- und Entladen fahren dürfen, ist ungerecht. Darum fahre ich durch die Fußgängerzone	Solange es das Verbot gibt, sollte es auch eingehalten werden. Ich finde es aber sinnvoller, es zu ändern, weil es nicht auf die Bedürfnisse von Schulkindern Rücksicht nimmt.
Stufe 6: ethische Prinzipien	Für eine soziale Gemeinschaft ist es wichtig, daß alle sich bemühen. Darum ist es mir auch wichtig, pünktlich in die Schule zu kommen; wichtiger, als einen Strafzettel zu riskieren.	Es passieren immer wieder Unfälle in der Fußgängerzone, und für die Sicherheit gerade von Alten und Kindern ist das Verbot notwendig. Darum halte ich mich auch daran. Wenn ich zu spät in die Schule komme, geschieht niemandem etwas.

Systematische Verständigungsgrenzen

Die Stufen moralischen Urteilens sind als strukturierte Ganzheiten zu verstehen. Für ein Kind, das eine bestimmte Stufe erreicht hat, stellt diese ein „umfassendes Denksystem“ dar; es denkt und fällt sein moralisches Urteil in der Systematik dieser Stufe. Kohlberg hat nachgewiesen, daß mehr als 50% der Denkleistung eines Individuums jeweils auf einer Stufe liegen, die restlichen Antworten auf den beiden nächstliegenden darunter. Die Stufen bilden eine invariante Sequenz, das bedeutet, daß die Entwicklung sich bei allen Kindern in der gleichen Richtung und Reihenfolge vollzieht. In Längsschnittuntersuchungen zeigte sich, daß die Entwicklung eindeutig progressiv war. Entwicklung geht stets zur nächsthöheren Stufe hin. Es zeigte sich ferner, daß Individuen alle Aussagen verstehen konnten, die auf der gleichen oder einer tieferen Stufe lagen als ihrer eigenen, nicht aber Aussagen, die mehr als eine Stufe darüber lagen. Das Erreichen einer bestimmten Stufe bedeutet nicht, daß ein Kind fortan nur noch auf dieser Stufe denkt und argumentiert. Es werden in moralischen Argumentationen immer verschiedene Stufen parallel genutzt. Diese Erkenntnisse treffen auf alle Kinder unabhängig von kulturellen und sozialen Unterschieden zu; die Stufenentwicklung ist also eine universelle Entwicklung. Unterschiede zeigten sich lediglich hinsichtlich des Entwicklungstempos und ihrem Ende.
Aus Kohlbergs Erkenntnissen läßt sich lernen, daß Erwachsene im besten Bemühen, Kinder durch gute moralische Argumente zu überzeugen, völlig unverstanden bleiben müssen, wenn sie nicht das Argumentationsniveau der angesprochenen Kinder treffen. Es mag sein, daß das häufige gegenseitige Unverständnis zwischen Kindern und Erwachsenen (auch!) in diesen strukturellen Diskrepanzen begründet ist. Den meisten in der Arbeit mit Kindern und Jugendlichen Tätigen ist jedenfalls die Erfahrung vertraut, mit aus eigener Sicht moralisch überzeugenden Argumenten wenig zu erreichen, während ein klares Aufzeigen von „Recht und Ordnung“ wirksam ist und bei den Jugendlichen nicht einmal Widerstand hervorruft, vielmehr scheinen sie damit „viel besser umgehen zu können“ (Kohlberg 1987: 32).

Krisen als Lernanreiz

Kohlbergs Theorie der moralischen Entwicklung gewinnt über die Stufendifferenzierung hinaus auch praktische Bedeutung für die Frage, welche Erfahrungen die moralische Entwicklung fördern und welche Erfahrungen Regression oder Stillstand in der Entwicklung zur Folge haben. Der Übergang von einer Stufe zur anderen ist krisenhaft. Kinder erfahren Verhaltensweisen und Argumentationen, die eine Stufe über ihrem Niveau liegen, als Konflikt. Sie spüren, daß sie auf ihrem Niveau nicht in der Lage sind, alle Probleme zu bewältigen. Argumentationen zwei

Stufen über dem Niveau werden dagegen nicht einmal als Konflikt erlebt, sondern überhaupt nicht wahrgenommen. Kohlberg geht daher davon aus, daß ein „gemäßigter Konflikt" die Entwicklung optimal stimuliert. Die Stufenentwicklung ist wichtig aber vor allem auch unter der Perspektive, daß Konflikte durch Argumentationen auf der nächsthöheren Stufe Auseinandersetzung und Reifung ermöglichen. Erst derartige von Kindern als Krise erlebte Konflikte bewirken eine Weiterentwicklung des moralischen Urteils zur nächsten Stufe. Diese Erkenntnis ermöglicht es Erwachsenen, ihre Argumentationsebenen in der Auseinandersetzung mit Kindern zielgerichtet auszuwählen und einzusetzen.

Moralisches Urteil, die Rolle von Gefühlen und moralisches Handeln als praktische Demokratie

Kohlberg erforschte zunächst vor allem die moralische Urteilsfähigkeit. Diese hält er für die notwendige Bedingung moralischen Handelns und geht davon aus, daß für ihre Entwicklung die kognitiven Fähigkeiten eines Kindes ausschlaggebend sind. So bringt er eine Reihe von Belegen, nach denen der Intelligenzquotient eine der stärksten nachweisbaren Faktoren des moralischen Urteilens und Handelns ist.
Die mit moralischem Denken und Handeln verbundenen Emotionen, vor allem grundlegende Gefühle wie Mitleid oder Empathie, haben einen natürlichen Ursprung. Sie müssen nicht anerzogen werden, sondern die Sozialisation ist allein entscheidend für die Organisation und Interpretation dieser Gefühle in konkreten und konsistenten Verhaltensweisen. Die Deutung dieser Gefühle ist aber abhängig von den kognitiven Definitionen der Situationen, in denen diese Gefühle entstehen. Dabei machen diese Definitionen die der kognitiven Entwicklung entsprechende stufenartige Entwicklung durch. Die sich auf unmoralische Verhaltensweisen beziehenden Gefühle stellen sich z.B. auf den ersten beiden Stufen vor allem als Angst vor Strafe dar, auf Stufe drei und vier als Scham vor der normbegründenden Institution, und auf Stufe fünf und sechs als mehr und mehr reifes Schuldgefühl, das Ausdruck einer rationalen Selbstbeurteilung ist. Ängste und Unsicherheiten in unbekannten oder bedrohlich wirkenden Situationen können eine Regression auch des moralischen Urteils bewirken. So findet in Gruppen vor allem in der Anfangsphase einer Gruppenentwicklung eine Orientierung an den Autoritätspersonen statt, die sich im weiteren Prozeß abbaut.
Im Verlauf seiner Forschungen ist Kohlberg immer mehr zur praktischen Anwendung moralischer Argumentation übergegangen, weil sich herausstellte, daß theoretische Diskussionen über moralische Dilemmata zwar eine Veränderung der moralischen Urteilsfähigkeit mit sich brachten, jedoch nicht notwendigerweise moralisches Handeln förderten. „Wir gingen davon aus, daß Moralerziehung am besten in einem System par-

tizipatorischer Demokratie vor sich geht: ein Mensch – eine Stimme, ob Schüler oder Lehrer. (...) Die Verantwortung dafür, Regeln aufzustellen und ihnen Geltung zu verschaffen, bewirkt echte Verantwortlichkeit, die mehr ist als das Nachvollziehen der Blickwinkel von anderen – aber bereits dieser Rollenübernahmeprozeß ist wesentlich für das Wachstum eines Sinns für Fairneß" (ebd.: 39).

Moralerziehung und Moralphilosophie

Ein Vergleich von Kohlbergs Stufentheorie der Moralentwicklung mit philosophischen Ethikkonzepten zeigt, daß die letzte Stufe in seinem Modell mit zeitgenössischen aktuellen philosophischen Moraltheorien im Einklang steht. „Die Vorstellung, daß eine im eigentlichen Sinne moralische Entscheidung eine in Begriffen von Moralprinzipien getroffene Entscheidung ist, steht in einem Zusammenhang mit der Behauptung liberaler Moralphilosophie, moralische Prinzipien seien letzten Endes Prinzipien der Gerechtigkeit" (Kohlberg 1987: 32).

Die Entwicklung politischer Urteilsfähigkeit setzt die Entwicklung einer autonomen, prinzipiengeleiteten Moral voraus. In wichtigen moralischen Konflikten kann nicht der Staat oder eine andere Institution als letzte Autorität gelten, denn nur eine an allgemeinen Prinzipien der Gerechtigkeit orientierte Moral ist in der Lage, sich auch zu Rechtsbrüchen staatlicher oder religiöser Institutionen kritisch zu verhalten. Auf dem Hintergrund der politischen Analyse und dem darauf entwickelten Ziel einer allgemeinen Demokratisierung wird die Anforderung an politische Bildung insofern konkreter, daß die Entwicklung einer autonomen politischen Urteilsfähigkeit korreliert mit der Fähigkeit zu autonomem moralischen Denken und Handeln. Die vorgestellten Forschungen zur Moralentwicklung sind in der Bundesrepublik vor allem im Bereich schulischer Erziehung aufgegriffen worden. Aus den vorangegangenen Überlegungen ergeben sich aber auch ganz konkrete Perspektiven für die Praxis von Kinderbeteiligung. Im kommunalpolitischen Bereich lassen sich Handlungsfelder aufzeigen, in denen eine so fundierte Partizipation möglich und sinnvoll ist.

Wenn Partizipation von Kindern nicht nur bedeutet, ihre Interessen in Form eines Wunschkataloges aufzunehmen und möglichst umfassend zu erfüllen, sondern wenn es um die Äußerung von Interessen und deren Ausgleich mit anderen Interessen geht, so handelt es sich um ein moralisches Problem und eine moralische Aufgabe. Was Gertrud Nunner-Winkler für die Schule sagt, gilt ebenso für die Politik mit Kindern: „Kohlbergs Theorie wird fruchtbar, wenn sie dem Lehrer hilft, Argumentationsstrukturen zumal jüngerer Schüler besser im Kontext ihrer gesamten soziokognitiven Entwicklung verstehen zu können; wenn sie es ermöglicht, daß Lehrern und Schülern ihre eigene Argumentationsstruktur in moralischen Diskussionen durchsichtiger wird; sie wird fruchtbar, wenn sie dazu beiträgt, das intuitive Vorverständnis – auch über moralische Urteile lasse sich mit Gründen streiten und einige moralische Argumente seien besser und angemessener als andere – auch auf theoretischer Ebene abzusichern und vor dem totalen Relativismus zu schützen; und schließlich, wenn sie dazu beitragen könnte, daß in mehr Lebensbereichen mehr Mitbestimmung für die Betroffenen durchgesetzt werden könnte" (Nunner-Winkler 1987: 23).

Alle entwicklungspsychologischen Forschungen betonen die große Bedeutung der kindlichen Aktivität, des „agierenden Umgangs mit den Dingen" für alle Bereiche der Entwicklung. So ist der Schluß naheliegend, daß auch die Entwicklung einer politischen Urteils- und Handlungsfähigkeit nur durch Aktivität und Handlungsräume erworben werden kann. Sie beginnt nicht mit der Erlangung der Wahlberechtigung aufgrund des Lebensalters, sondern muß in allen Lebensbereichen systematisch gefördert werden. Die kommunalpolitischen Handlungsfelder bieten vielfältige Handlungsräume für Kinder und Jugendliche, die im Sinne einer praktischen Demokratie intensiver genutzt werden sollten.

Schließlich zeigen die Erkenntnisse über die „Stufen" der Intelligenz- und Moralentwicklung, wie mit Kindern zu sprechen ist, um sie zu verstehen und sich ihnen verständlich zu machen. Ohne eine auf Verständlichkeit und Verständigung ausgerichtete Kommunikation auf Seiten der Erwachsenen ist jede Partizipationsanstrengung zum Scheitern verurteilt.

4. Erziehung und Partizipation von Kindern: Welche Rolle spielen die Erwachsenen?

Viele Pädagoginnen und Pädagogen träumen von motivierten, bewußten und lebendigen Kindern, die unverdorben vom gesellschaftlichen Frust aktiv und engagiert für ihre Rechte eintreten, so daß man ihnen mit wenigen organisatorischen Hilfen den Weg zu eigenverantwortlicher Aktivität bahnen kann. Wenn sich schon unter Erwachsenen Frust und Politikverdrossenheit breit machen, so sollen wenigstens die Kinder bereit sein, sich unverdrossen für ihre Interessen einzusetzen. Solche Vorstellungen klingen auf vielen Fachtagungen und Seminaren, die sich mit dem Thema „Kinder in der Politik" beschäftigen, immer wieder an. In der Realität wird die Partizipation von Kindern dagegen fast ausschließlich von Erwachsenen angeregt und gesteuert. Kinderparlamente, Planungsprojekte oder Kinderforen entstehen in den seltensten Fällen aufgrund einer Initiative von Kindern, sondern sie finden als von Erwachsenen organisierte Veranstaltungen statt.

Welche Rolle spielen die Erwachsenen bei der Partizipation von Kindern? Sind sie Pädagogen, die Kindern die notwendigen Fertigkeiten beibringen, damit diese später in der politischen Welt zurechtkommen? Sind sie „Organisationsberater" für selbständig handelnde politische Akteure, die zufällig noch einige altersbedingte Defizite ausgleichen müssen? Pädagogisch gewendet: Stellt Partizipation von Kindern den Beginn mündigen Handelns dar oder handelt es sich um eine Strategie der Erwachsenen zur Integration der Kinder in die politischen Verhältnisse?

Erwachsene „betreiben" Kinderbeteiligung in unterschiedlichen Rollen. Oft sind es ausgebildete Sozialarbeiter, Pädagogen, Lehrer oder Erzieher, aber ebenso schlüpfen Kommunalpolitiker, Bürgermeister, Landtagspräsidenten, Kinderbeauftragte oder Eltern in die Rolle derjenigen, die Kinder am politischen Geschehen beteiligen wollen. Wie dabei das Verhältnis zwischen Kindern und Erwachsenen aussieht und wie es sinnvollerweise aussehen sollte, wird kaum hinterfragt. Stereotyp tauchen bestimmte Aussagen immer wieder auf: „Kinder sollen ernstgenommen werden." „Kinder sollen nicht zu Zwecken der Erwachsenen mißbraucht werden." „Veranstaltungen sollen kindgemäß gestaltet werden." „Toleranz und ein gemeinsames Miteinander soll für alle Beteiligten in den Mittelpunkt gestellt werden."

Die grundlegenden Probleme in den Beziehungen zwischen Kindern und Erwachsenen sind allerdings nicht durch solche moralisierenden Appelle zu lösen. Wie eine professionelle Kompetenz im Bereich der Kinderpartizipation aussehen sollte, darüber gibt es wenige Aussagen. Zu klären wäre dabei zunächst die Frage, ob Kinderbeteiligung pädagogisches oder politisches Handeln bedeutet.

4.1 Kinder und Politik: Politik mit Kindern ist Pädagogik

Die zentralen Begriffe, mit denen die Praxis der Kinderbeteiligung näher bestimmt wird, sind *Politik für Kinder*, *Politik mit Kindern* und *Politik von Kindern*. Während *Politik von Kindern* und *Politik für Kinder* eindeutig als politisches Handeln zu verstehen sind, ist fraglich, wie das gemeinsame Handeln von Kindern und Erwachsenen in einer *Politik mit Kindern* zu definieren ist. Das Selbstverständnis der verantwortlichen Erwachsenen besteht darin, im Feld der Politik tätig zu sein und mit Kindern zusammen konkrete politische Ziele zu verfolgen. Zwar sollen diese dabei auch etwas lernen, doch wird die Arbeit nicht im eigentlichen Sinne als erzieherische verstanden. Ob das Reklamieren der Partizipation von Kindern als ausschließlich politisches Handlungsfeld gerechtfertigt ist, läßt sich allerdings mit guten Gründen bezweifeln. Zwar wäre Kindern prinzipiell eine Teilhabe an politischen Entscheidungen möglich, und in Einzelfällen verschaffen sie sich auch entsprechende Zugänge. Der Anspruch, Kinder Politik (mit-)gestalten zu lassen, ist unter den gegebenen politischen Entscheidungsstrukturen und Institutionen allerdings eher frommer Wunsch (oder bewußte Augenwischerei...) als realistische Zielsetzung. Alle Bedingungen und Voraussetzungen der

Partizipationsprojekte sind vielmehr so, daß sie dem allgemeinen Verständnis pädagogischen Handelns entsprechen.
(1) Es handelt sich um Beziehungen zwischen Erwachsenen und Kindern mit dem typischen Gefälle von Wissen, Macht und Kompetenzen.
(2) Das Handeln der Erwachsenen ist intentional und zielgerichtet, sie wollen mit ihrer Arbeit etwas erreichen; viele Zielsetzungen bringen sie a priori in die Arbeit ein und sind nicht bereit, mit den Kindern über diese Ziele zu verhandeln (z.B. *daß* Kinder ihre Meinung äußern, *daß* sie sich beteiligen *sollen*).
(3) Partizipationsprojekte zielen auf positive Beeinflußung der Kinder, und sei es durch die Veränderung ihrer Lebensumwelt, damit diese sozusagen anstatt der unmittelbaren erzieherischen Handlung positiv auf das Kind einwirkt und sein Wohl des Kindes auf diese Weise befördert wird.
(4) Es werden klassische erzieherische Mittel eingesetzt; zum Erziehungsrepertoire gehören nicht nur Tadel, Strafen, Verbote oder Drohungen, sondern auch positiv erscheinende Mittel wie Geschenke und Lob, die als Ausdruck der Überlegenheit und als freundliche Form der Ermahnung eingesetzt werden (vgl. Gruschka 1988: 250).

4.2 Erziehung und Partizipation

Es geht also bei der Partizipation von Kindern an Politik *auch* um eine erzieherische Aufgabe, also die Wahrnehmung einer pädagogischen Rolle durch Erwachsene. So soll in einem nächsten Schritt der Zusammenhang von Erziehung und Partiziation in den unterschiedlichen pädagogischen Konzeptionen aufgezeigt werden. Was unter Partizipation zu verstehen ist, hängt nicht zuletzt vom zugrunde gelegten Erziehungsbegriff ab .

Erziehung als zielgerichtete Beeinflussung

Erziehung läßt sich nach dem Verständnis einiger Konzeptionen sozialtechnologisch als gezielte Beeinflußung verstehen: „Unter Erziehung werden soziale Handlungen verstanden, durch die Menschen versuchen, das Gefüge der psychischen Dispositionen anderer Menschen mit psychischen und (oder) sozialkulturellen Mitteln in irgendeiner Hinsicht dauerhaft zu verbessern oder seine als wertvoll beurteilten Komponenten zu erhalten“ (Brezinka 1971: 567 ff.). Der Erwachsene als Erzieher ist nach einem solchen Erziehungskonzept derjenige, der weiß, was richtig ist, und mit geeigneten Mitteln versucht, Kinder in diese von ihm bestimmte Richtung zu bewegen. Nach diesem Verständnis von Erziehung haben Kinder keine eigenen Bedürfnisse, Wünsche oder Wertvorstellungen, bzw. gelten diese nicht im gleichen Maße wie die der Erwachsenen. An politischen Entscheidungen können sie folglich nicht teilhaben. Eine Einbeziehung in politische Abläufe dient, sofern sie überhaupt stattfindet, ausschließlich der Einübung und Vorbereitung auf den Erwachsenenstatus. Ein solches Modell, das letztlich auf den Versuch hinausläuft, das naturwissenschaftliche Technikverständnis auf das Handeln mit und zwischen Menschen zu übertragen, ist nicht nur moralisch höchst angreifbar, sondern ignoriert grundlegende Einsichten über menschliche Kommunikation. Entsprechende Kritiken haben bereits eine lange Tradition, und heute hat sich weitgehend die Einsicht durchgesetzt, daß Erziehung scheitern muß, wenn Menschen andere Menschen als Objekte ihres Handelns instrumentalisieren und einseitig zu beeinflussen versuchen.

Erziehung als konservative Reaktion der Gesellschaft

Im Jahr 1925 beschrieb Siegfried Bernfeld Erziehung als die Reaktion der Gesellschaft auf die Tatsache, daß sich Kinder und Jugendliche entwickeln (müssen). Die Sozialisation in einem bestimmten Gesellschaftssystem sei von der ökonomischen und sozialen Struktur der Gesellschaft determiniert und nicht durch noch so wohlgemeinte Erziehungsmaßnahmen zu beeinflussen. Die Erwartung, daß der Erzieher durch erzieherisches Handeln seinen Traum einer besseren Gesellschaft realisieren kann, in dem besser erzogene Kinder als Erwachsene eine neue, bessere Gesellschaft herbeiführen, weist er in den Bereich der Phantasie: „Die Organisation der Erziehung ist aufs Genaueste bestimmt. An ihr ist auf keinem anderen Weg auch nur das Mindeste zu ändern als ausschließlich durch eine vorausgegangene Änderung dieser Struktur. (...) Die Erziehung ist konservativ. Ihre Organisation ist es insbesondere. Niemals ist sie Vorbereitung für eine Strukturveränderung der Gesellschaft gewesen. Immer – ganz ausnahmslos, war sie erst die Folge der vollzogenen“ (Bernfeld 1979: 119). Bernfeld bestreitet nicht, daß Ideen und Wertvorstellungen Leitbilder für Handeln und gesellschaftliche Veränderungen abgeben. Doch die Veränderungen selbst erfolgen nicht durch die Macht der Ideen, sondern durch die handelnden Menschen. Sein am Sozialismus orientiertes Ideal einer besseren, humanen Gesellschaft könnte nach seiner Auffassung sehr wohl gesellschaftliche Umwälzungen herbeiführen – wenn die Erwachsenen entsprechend handeln. „Aber was soll die Propaganda für Sittlichkeit bei Kindern?“ (ebd.: 124).

Erziehung ohne Autorität

„Für einen Teil der in der Studentenbewegung Engagierten war es (...) klar, daß die Verhältnisse nicht ohne die Personen – und umgekehrt – verändert werden können; ohne das Problem der gesellschaftlichen Verhältnisse zu vernachlässigen, wollten sie versuchen, Sozialisationsbedingungen herzustellen, von denen man annehmen konnte, daß die Menschen psychisch unabhängiger werden. Mit der Erziehung, die zu größerer Selbstbestimmung und zur Unabhängigkeit von irrationaler Autorität führen, zu rationaler Kritik und politischem Handeln befähigen sollte, fing man bei sich selber an“ (Horn 1972: 30). Die „antiautoritäre Erziehung“ dient heute oft als Schreckbild einer Pädagogik ohne Orientierung, geprägt durch Chaos und Kinder, die auf den Tischen (und den Nasen der Erwachsenen...) herumtanzen. Dabei wird übersehen, daß hier der Versuch unternommen wurde, das Machtgefälle zwischen Kindern und Erziehern abzubauen, Kinder als Subjekte ihrer eigenen Entwicklung ernstzunehmen und gleichzeitig die Erzieher in die Verantwortung zu stellen, ihre eigene Entwicklung zu mündigen Subjekten zu betreiben. Wenn heute in vielen Familien und in pädagogischen Institutionen ein partnerschaftlicher Umgang mit Kindern herrscht, der Kindern mit ihren Interessen, Ideen und Bedürfnissen ernstnimmt und ihnen Entfaltungsmöglichkeiten bietet, dann ist diese Entwicklung nicht zuletzt dieser zunächst in Auflehnung gegen traditionelle Autoritäten betriebenen Pädagogik zu verdanken. Politische Handlungsfähigkeit ist in dieser Konzeption ein Ziel, das nur durch vorbildhaftes Verhalten der Erwachsenen zu erlangen ist, auf deren Politisierung eindeutig der Schwerpunkt liegt; Kinder in politische Aktionen einzubeziehen, erschien aber durchaus denkbar und wurde beispielsweise in der Anti-Atombewegung auch mit großer Selbstverständlichkeit praktiziert.

Erziehung als unbewußte Übertragung

Die Diskussion um die „hilflosen Helfer“ hat seit Mitte der siebziger Jahre zu der Erkenntnis geführt, daß alle helfenden Berufe Gefahr laufen, ihre Patienten, Klienten oder eben die ihnen zur Erziehung Anvertrauten unbewußt die eigenen Wünsche realisieren zu lassen und durch die helfende Tätigkeit eigene innere Defizite zu verschleiern. So gilt insbesondere für die Erziehung, daß „jeder Erzieher eine Fülle von unbewußten, nicht nur erotischen Besetzungen gegenüber den Kindern entwickelt und daß er allzuoft versucht, sich aus dem Sumpf des eigenen Erziehungsschicksals durch die Erziehung von Kindern herauszuziehen“ (Gruschka 1988: 267). Dieser Falle ist nur durch Selbstreflexion, meist nicht ohne professionelle Hilfe, zu entkommen.

Die Frage nach unbewußten Motiven – den undurchschauten Übertragungen – ist auch für die politische Partizipation von Kindern zu stellen. Kinder können für Ziele und Zwecke von Erwachsenen benutzt werden, ohne daß dies den Beteiligten bewußt ist. Gerade überhöhte Erwartungen an politische Wirksamkeit von Kinderbeteiligung können in Zusammenhang mit der eigenen Wirkungslosigkeit im politischen Alltagsgeschäft stehen. Die Kinderpolitik erscheint dann als ein neuer Hebel zur Veränderung der gesellschaftlichen Wirklichkeit, ohne daß diese Hoffnung eingelöst werden könnte.

Erziehung als engagierte Zuwendung und alltagsorientierte Konfliktbearbeitung

In der Jugendarbeit sind in den letzten dreißig Jahren unterschiedliche pädagogische Ansätze, von der antikapitalistischen über die emanzipatorische bis hin zur bedürfnisorientierten Jugendarbeit, aufeinander gefolgt. In ihrer Bewertung der herrschenden gesellschaftlichen Verhältnisse wiesen diese Ansätze große Unterschiede auf, doch liegt allen ein emanzipatorisches Verständnis von Erziehung zugrunde. Götz Aly machte bereits Ende der siebziger Jahre darauf aufmerksam, daß dabei die gesellschaftlichen Rahmenbedingungen nicht ausgeblendet werden dürfen: „Erziehung ist auch Anpassung an die gesellschaftlichen Verhältnisse, aber ohne das Träumen zu verlernen und das Hoffen vergessen zu machen. Das erfordert Erzieher, öffentliche Väter und Mütter, die bereit sind, den Konflikt mit den Jugendlichen zu suchen, und nicht, wie heute üblich, diesen Konflikt mit Tricks von Mitbestimmung und Selbstverwaltung zu umschiffen" (Aly 1977: 38). Aly, damals in der Offenen Jugendarbeit mit benachteiligten Jugendlichen tätig, versuchte ihnen bei ihren praktischen Alltagsproblemen zu helfen und gerade diese Schwierigkeiten als Ausgangspunkt der Arbeit zu nehmen. Es ging ihm zunächst nicht um die Veränderung der gesellschaftlichen Verhältnisse, sondern um das Erwachsenwerden der Jugendlichen durch die Bewältigung gerade dieser alltäglichen Schwierigkeiten und Konflikte. Autonomie bedeutet nach einem so gefaßten Erziehungsverständnis Unabhängigkeit nicht *gegen*, sondern *in* den gegebenen gesellschaftlichen Verhältnissen. Solange die Jugendlichen zu einer eigenständigen Lebensweise nicht in der Lage sind, ist es utopisch, mit ihnen die Veränderung der gesellschaftlichen Verhältnisse zu planen. Aly wandte sich gegen Varianten einer antikapitalistischen Jugendarbeit, in denen die Politisierung von Kindern und Jugendlichen überzogen und der Alltag mit politischen Aktionen überfrachtet wurde. Doch es gab ein breites Spektrum politischer Aktionen in der Jugendarbeit, in denen Kinder und Jugendliche ernst genommen wurden und die in pädagogisches Handeln integriert waren, es aber nicht dominierten. Leider haben diese in Jugendzentren, auf Abenteuerspielplätzen und in der Spielmobilarbeit entwickelten und praktizierten Partizipationsformen (Jugendzentrumsräte, basisdemokratische Ansätze wie Vollversammlungen, Projekte zu den verschiedensten Themen) nur geringen Einfluß auf aktuelle Formen der Kinderbeteiligung gewinnen können. Im Gegenteil: Man wird den Verdacht nicht los, daß man von diesen „linken" Erfahrungen politisch verstandener Jugendarbeit nicht nur nichts mehr weiß, sondern auch nichts mehr wissen *will*.

Erziehung ohne Erziehung

Mit dem Gestus radikaler Kritik an allen Erziehungskonzepten meldete sich in den siebziger Jahren die „Antipädagogik" zu Wort. Ihre Kernthese lautete: „Pädagogisch eingestellte Erwachsene können Kinder nicht unbefangen annehmen, wie sie sind und sein wollen. Sie verhalten sich Kindern gegenüber nicht spontan, echt, ehrlich (authentisch, real). Sie tragen wie einen Stachel in sich das ständige Bedenken, die ständige Sorge, wie dieses Ereignis, jenes Spielzeug, diese Freundschaft, jener Plan, wie alles, was geschieht oder geschehen könnte, auf Kinder wirken, in welcher Weise sie beeinflussen, in welche Richtung sie lenken wird oder würde (...). Die pädagogische Einstellung ist ängstlich, mißtrauisch, intolerant, letztlich totalitär, machtlüstern, freiheitsmordend und lebensgefährlich. Gegen sie, gegen ihre Hintergründe, ihre Befürworter und Verteidiger richtet sich der antipädagogische Freiheitskampf" (v. Braunmühl 1975: 91). Die Antipädagogen (von Braunmühl, Neill, Kupfer, von Schönebeck u.a.) gehen von der „guten" Natur des Kindes aus, das vor den durch die oft gewaltförmigen und gewalttätigen Formen der Erziehung vermittelten Zumutungen der Erwachsenengesellschaft geschützt werden soll, damit es sich zu friedfertiger Sozialität entwickeln kann. In Anlehnung an die Psychoanalytikerin Alice Miller wird als Ursache des Elends die Erziehung der Erzieher gesehen, die ihre eigenen Erfahrungen mit allem daraus folgendem Leid unverarbeitet an ihre Kinder weitergeben. Problematisch ist die implizite optimistische Anthropologie der Antipädagogen, die suggeriert, eine gelungene Entwicklung sei stets möglich, wenn nur die schädlichen Einflüsse der Erwachsenen von den Kindern ferngehalten würden. „Die bei Freud als triebhaft gedachte Psyche des Kindes wird bei Miller zur geist- und naturlosen Seele verdünnt. Eine kindliche Entwicklung sui generis ist beim Kind nicht mehr aufzufinden" (Gruschka 1988: 333). Wenn nur das Gute den Kindern zugerechnet, aber gleichzeitig verleugnet wird, daß diese auch böse, ungerecht oder aggressiv sein können, wenn negative Eigenschaften einseitig den Eltern bzw. den Erwachsenen zugeschrieben werden, wird Kindern die Möglichkeit eines freien Willens und eigenständigen Handelns bestritten – auch einer Entscheidung gegen die Normen und Werte der Erwachsenen – , die ja gerade die Grundlage dafür sind, auch politisch zu partizipieren.

Antipädagogen befürworten eine gleichberechtigte Beziehung zwischen Kindern und Erwachsenen und suggerieren, diese sei möglich. In ihrer Folge entstand die Kinderrechtsbewegung, die sich vor allem für eine verbesserte Rechtsstellung von Kindern einsetzte und die völlige Gleich-

stellung von Erwachsenen und Kindern forderte, z.B. die Aufhebung der Volljährigkeitsgrenze, Herabsetzung oder Abschaffung des Wahlberechtigungsalters oder die Aufhebung der Elternrechte. Partizipation ist hier eine rein politische Angelegenheit und bedeutet vollständige Teilhabe am gesellschaftlichen Leben, aber auch den Verlust eines pädagogischen Schonraums und des Schutzes und der Sorge durch verantwortungsvolle Erwachsene.
Der Versuch der Antipädagogen, in der Negation von Erziehung alternative Verhaltensmuster für Erwachsene im Umgang mit Kindern zu entwerfen, krankte daran, daß lediglich neue Bezeichnungen eingeführt wurden (Beziehung statt Erziehung, Unterstützen statt Erziehung), die strukturellen Grundlagen aber nicht geändert werden konnten, weil sie nicht verfügbar waren. „Dagegen bleibt festzustellen, daß unter den historischen Gegebenheiten des Lernens, der Entwicklung, der Sozialisation (...) Eltern und Kinder weitgehend gefangen sind in dem System der Reproduktion durch Erziehung, gefangen in dem Sinne, daß Erziehung nicht ohne Zwang auskommt (und von daher ist der Kritik der Antipädagogik zuzustimmen), gefangen aber auch, weil sich von daher keine praktischen Alternativen angeben lassen, wie es die psychologisierten Antipädagogen suggerieren“ (ebd.: 334).

Negative Pädagogik

„Negative Pädagogik“ (Gruschka 1988) kritisiert die erziehungswissenschaftlichen und pädagogischen Theorien für ihren impliziten Idealismus. Sie suggerieren, so der Vorwurf, aus der Theorie lasse sich eine bessere Praxis ableiten – und müssen genau daran scheitern. Jede Form der Erziehung findet in einem gesellschaftlichen Umfeld statt, dessen grundlegende Rahmenbedingungen es nicht erlauben, daß das Kind sich gemäß seiner natürlichen Impulse entwickelt. So hat Erziehung immer die Funktion, Kinder auf die gesellschaftlichen Verhältnisse hin zu formen, sie ist „Teil des zivilisatorischen Prozesses, der alle Menschen ergreift und von dem diese in ihrem Überleben abhängig sind. Ohne Strafe kann der Mensch dem Zwang zur Zivilisierung nicht ausweichen. Solange innere und äußere Natur auch in der Entwicklung des Kindes und Jugendlichen nicht versöhnt werden (und zwar auf der Grundlage eines gesellschaftlichen Zustandes, der der Natur keinen Zwang antut), kann Erziehung strukturell nicht ohne Zwang auskommen, ja, muß Erziehung vom Zwang beherrscht werden. Variabilität ergibt sich mit dem Gewicht der Folgen, nicht aber als Alternative: Mündigkeit oder Zwang“ (ebd.: 309). Es kann also keine „richtige“ Pädagogik und keine „richtige“ Erziehung geben. Wenn eine Erziehung völlig frei von Druck, Zwang und jeglicher Repression illusorisch ist, bleibt es daher Aufgabe „negativer Pädagogik“, über die Widersprüche wissenschaftlicher wie praktischer positiver Erziehungskonzeptionen aufzuklären, d.h. heißt vor allem: ihre Einbindung in die gesellschaftlichen Verhältnisse zu reflektieren.

Bezogen auf die Partiziption von Kindern hieße „negative Pädagogik“ vor allem Kritik der Illusionen und Ideologien, die sich an die Politik für, mit und von Kinder(n) heften. Bei allem Bemühen kann es kein Rezept geben, Kindern optimale (im Sinne von perfekten) Möglichkeiten gesellschaftlicher Partizipation einzuräumen. Vielmehr findet jede Form der Partizipation unter den gesellschaftlichen Zwängen und Widrigkeiten statt, hat sich mit Widerstand, drohender Wirkungslosigeit, Vereinnahmung und Mißbrauch für andere Zwecke auseinanderzusetzen. Das ist alles andere als ein Grund, die eigenen Anstrengungen einzustellen. „Die Alternative: Verweigerung oder Schuldig-Werden besteht in Wirklichkeit nicht. (...) Zu bestimmen bleibt der relativ humanste Weg, um in den pädagogischen Alltagssituationen zu bestehen“ (ebd.: 10).

4.3 Rechtsstellung und Klärung von Verantwortlichkeit

Die Beziehungen zwischen Erwachsenen und Kindern sind nicht mehr dem Belieben der Erwachsenen anheimgestellt, sondern rechtlich reglementiert. Eltern können mit ihren Kindern nicht tun, was sie wollen; die Rechtsstellung von Kindern ist gesetzlich bestimmt und strukturiert die Beziehungen zwischen Kindern und Erwachsenen. In den letzten Jahren kreiste die Kinderrechtsdebatte um die UN-Kinderrechtskonvention und ihre materielle Umsetzung in der Bundesrepublik und führte zu einer Koalition vieler Verbände und Institutionen. Eine Debatte um eine Grundgesetzänderung wurde in Fachkreisen mit großem Engagement geführt. Letzter Höhepunkt war die Verabschiedung des neuen Kindschaftsrechts mit einer Verbesserung der Rechtsstellung der Kinder z.B. in Scheidungsverfahren.

Im Frühjahr 1997 wurde während einer großen Tagung des Ministeriums für Arbeit, Gesundheit und Soziales von Nordrhein-Westfalen gefragt, ob Kinder nicht neben Rechten auch Pflichten hätten (MAGS 1997). Das Tagungsthema „Kinderrechte! Kinderpflichten?“ war provozierend gemeint, doch der berechtigte Anlaß war die Frage, welche Verantwortlichkeiten auf Seiten der Kinder bestehen. In der erziehungswissenschaftliche Diskussion spielten die Kategorien „Recht“ und „Verantwortung“ über lange Jahre kaum eine Rolle. In einem „Wörterbuch der Erziehung“ (Wulf 1978) vom Ende der siebziger Jahre findet sich weder ein Artikel über „Kinderrechte“ noch zum Thema „Verantwortung von Kindern“. Rechte werden als Stichwort lediglich unter der allgemeinen Frage abgehandelt, wie die Rechtssstellung des Bildungssystems im Verhältnis zu anderen gesellschaftlichen Teilsystemen definiert ist. Der

Begriff der Verantwortung taucht im Zusammenhang der Schülermitverwaltung im Kapitel Mitbestimmung auf und wird als „ideologisch" problematisiert.

Rechtsstellung und Subjektwerdung

„Die Würde des Menschen ist unantastbar. Sie zu achten und zu schützen ist die Verpflichtung aller staatlichen Gewalt. (...) Jeder hat das Recht auf die freie Entfaltung seiner Persönlichkeit, soweit er nicht die Rechte anderer verletzt und nicht gegen die verfassungsgemäße Ordnung oder das Sittengesetz verstößt." War nach Verabschiedung des Grundgesetzes zunächst fraglich, ob die in Art. 1 und 2 definierten Grundrechte auch für Kinder gelten, so hat das Bundesverfassungsgericht hier frühzeitig eine Klärung herbeigeführt (vgl. Derdeler 1997: 53). „Bei der Interpretation des Art. 6 GG, dessen Abs. 1 den besonderen Schutz des Staates für Ehe und Familie voranstellt und dessen Abs. 2 die Pflege und Erziehung der Kinder als das natürliche Recht der Eltern und die ihnen zuvörderst obliegende Pflicht bezeichnet, wird das Kindeswohl jedoch von Jahrzehnt zu Jahrzehnt mehr zum entscheidenden verfassungsrechtlichen Prinzip aufgewertet. Das Elternrecht wird zunehmend nur noch als Elternpflicht und -verantwortung verstanden" (ebd.: 53). Eine Stärkung der Kinderrechte bei der letzten Grundgesetzänderung, wie von der Konferenz der Jugendministerinnen und Jugendminister vorgeschlagen, erfolgte allerdings nicht.[1]

Generell lassen sich in der Diskussion über Kinderrechte zwei konträre Positionen feststellen: Auf der einen Seite erscheint die Tatsache, daß Kinderrechte überhaupt für notwendig gehalten werden, als Mangel. Sven Borsche beispielsweise weist darauf hin, eigene Kinderrechte wären überflüssig, „wenn man Kindern Menschen gleichstellen würde. Dann stünden ihnen nämlich ohnehin die Menschenrechte zur Verfügung." (Borsche 1991: 47). Dementsprechend läßt sich an vielen Gesetzen aufzeigen, daß Interessen anderer, vor allem die der Eltern, vorrangig Berücksichtigung finden. Auf der anderen Seite wird die Auffassung vertreten: „Während Kinder und Jugendliche früher eher als Objekte staatlicher Fürsorge oder Inobhutnahme gesehen wurden oder der Schutz vor Gefahren im Vordergrund stand – und damit nicht zuletzt die Perspektive „öffentliche Sicherheit und Ordnung" –, hat sich in den letzten Jahren schrittweise ein Wandel hin zu einem Verständnis vom Kind und Ju-

---

[1] So sollte der neue Art. 6 Abs. 2 lauten: „Jedes Kind hat ein Recht auf Entwicklung und Entfaltung. Pflege und Erziehung der Kinder sind das natürliche Recht der Eltern und die zuvörderst ihnen obliegende Pflicht. Über ihre Betätigung wacht die staatliche Gemeinschaft. Sie schützt und fördert die Rechte des Kindes und trägt für kindgerechte Lebensbedingungen Sorge" (Beschluß der Konferenz der Jugendministerinnen und Jugendminister am 12. Juni 1992 in Potsdam).

gendlichen als Träger eigener subjektiver Rechte und als eigene Persönlichkeit vollzogen“ (Wabnitz 1996: 339).
Die UN-Kinderrechtskonvention, die in der Kinderrechtsdebatte im Vordergrund steht, wird der Tatsache, daß Kinder sich entwickeln, durch unterschiedliche Rechtsebenen gerecht, von denen die Partizipationsrechte in der Diskussion im Vordergrund stehen. Die kinderpolitische Substanz der Konvention kann durch „Protection – Provision – Participation“ (vgl. Sünker/Swiderek 1997: 14). gekennzeichnet werden; es stehen also neben den Partizipationsrechten eher traditionelle Rechte auf Schutz und Versorgung im Vordergrund, die auch in der Bundesrepublik angesichts von Vernachlässigungs- und Gewalterscheinungen ihre Berechtigung haben. „Letztlich betrachtet die Konvention (...) die Rechte von Kindern mehr aus dem Blickwinkel des Schutzbedürfnisses von Kindern und weniger unter dem Gesichtspunkt, ihre Rechtsstellung als eigenständige Persönlichkeiten zu stärken“ (Borsche 1991: 51).
Das Kinder- und Jugendhilfegesetz (KJHG) als eines der für Kinder wichtigsten Gesetzeswerke regelt auch nach seiner Novellierung noch in erster Linie Elternrechte und erst in zweiter Linie subjektiv bedeutsame Rechte von Kindern. Kinder haben gemäß KJHG ein Recht auf Förderung und Erziehung (§ 1 Abs. 1), und diese Erziehung bestimmen die Eltern (Abs. 2). Beteiligungsrechte von Kindern ergeben sich vor allem aus § 8, der analog zum Art. 12 der Kinderrechtskonvention Anhörung und Beteiligung von Kindern und Jugendlichen in allen sie betreffenden Fragen vorschreibt. Allerdings bezieht sich dieser Paragraph explizit auf die Angelegenheiten der öffentlichen Jugendhilfe und Fragen der Erziehung und Entwicklung. So ist eine Beteiligung an allgemeineren politischen Fragen nur über den Kunstgriff auf § 1 Abs. 3 möglich, der die Jugendhilfe beauftragt, sich für eine kinder- und familienfreundliche Umwelt einzusetzen. Es gibt also einen rechtlichen Rahmen, der es erlaubt (aber nicht gebietet), Partizipation von Kindern zu praktizieren (vgl. Schröder 1995: 26ff.; MAGS 1995). Ein einklagbares Beteiligungsrecht ist daraus allerdings nicht ableitbar.
Der Begriff des „Kindeswohls“, der noch heute die rechtliche Sonderstellung von Kindern begründet, trägt der Tatsache Rechnung, daß diese in einem Entwicklungsprozeß stehen, in dem sie nicht von Anfang an eigenverantwortlich leben und handeln können. Bei allem Bemühen um eine verbesserte Rechtsstellung von Kindern wird eine völlige Gleichstellung und Gleichbehandlung mit Erwachsenen dieser Tatsache nicht gerecht. Die Frage ist: soll man das bedauern? In der Analyse von Erziehungswirklichkeit wird deutlich, daß eine solche Rechtsposition nur konsequent ist. Eine stärker an Autonomie orientierte Rechtsstellung von Kindern ist, wenn man sie denn für begrüßenswert hielte, mit den gesellschaftlichen Rahmenbedingungen kaum zu vereinbaren. Selbst vorhan-

dene rechtliche Spielräume[2], gerade innerhalb der pädagogischen Institutionen, werden bei weitem nicht ausgenutzt.
Die Zwiespältigkeit gegenüber einer rechtlichen Gleichstellung von Kindern und Erwachsenen findet im pädagogischen Alltag ihre Parallele: Einerseits wird die Gleichberechtigung einfach behauptet, andererseits gar nicht der Versuch unternommen, Kindern einen eigenen Rechtsstatus zuzugestehen. So ist es problematisch, wenn bei der Einbeziehung von Kindern in politische Entscheidungen das gesellschaftliche Machtgefälle geleugnet und der Eindruck erweckt wird, Kinder seien gleichberechtigt und ihre Interessen würden gleichwertig berücksichtigt. In der Praxis zerplatzt diese Illusion spätestens dann, wenn es konkret wird. In den allermeisten Formen der Kinderbeteiligung, seien es Planungsprojekte oder Kinderparlamente, besitzen die Kinder keine ausgewiesenen Rechte und damit keinen geklärten Einflußrahmen. Vielmehr sind sie auf den guten Willen der Erwachsenen angewiesen, die diese Projekte organisieren und durchführen. Sobald Kinder aber weitergehende Forderungen stellen als im Rahmen des geplanten Projektes vorgesehen, erfahren sie – wie viele andere Menschen in dieser Gesellschaft auch –, daß ihre Einflußmöglichkeiten mehr als beschränkt sind.
Nicht weniger problematisch ist es, wenn Kinder Demokratie als etwas von oben Gegebenes kennenlernen, das sie im Schulunterricht als Stoff durchnehmen. Der Lehrplan des dritten Grundschuljahres in Nordrhein-Westfalen sieht beispielsweise für den Sachkundeunterricht das Thema „Unsere Stadt“ und in diesem Zusammenhang das Kennenlernen des kommunalpolitischen Systems vor. Dieser Unterricht wird in allen Grundschulen durchgeführt, doch gibt es im Rahmen des Unterrichts praktisch keinerlei konkrete Umsetzungen im Sinne von Aktionen, in denen Kinder ausprobieren könnten, ihre Interessen gegenüber den politischen Institutionen und Repräsentanten zu artikulieren. Wenn das politische System für die Kinder etwas Fernliegendes bleibt, auf das sie keinerlei Einflußmöglichkeiten haben, dann können Kinder auch nicht lernen, vorhandene Handlungsmöglichkeiten auszunutzen und entsprechende Fähigkeiten zu entwickeln.

Die Klärung von Verantwortlichkeit

Kinderbeteiligung hat den Anspruch, den gesellschaftlichen Kontext in Richtung Kinderfreundlichkeit zu verändern. Die (erwachsenen) kinderpolitischen Akteure laufen dabei Gefahr, in ihrem Bemühen für eine kinderfreundliche Umwelt die Verantwortung für Entwicklungen zu übernehmen, die sie nicht zu verantworten haben. Wenn kinderpolitische

[2] „Ganz offensichtlich mangelt es nicht an rechtlichen Grundlagen, eine Beteiligung von Kindern und Jugendlichen zu ermöglichen“ (Schröder 1995: 35).

Aktivitäten mit einem übersteigerten Wirkungsanspruch in das Vakuum eindringen, das Politik insgesamt im Hinblick auf strukturelle Gestaltung einer menschenfreundlichen Umwelt hinterlassen hat, ist das Scheitern vorprogrammiert, und es entsteht leicht der Eindruck, die Kinderpolitiker hätten nicht genug oder das Falsche getan. Erst recht bedeutet es ein grobes Verschieben von Verantwortung, Kindern die Rolle eines Motors der gesellschaftlichen Veränderungen zuzuweisen, während Erwachsene als Helfer oder Unterstützer dabeistehen. Politik mit Kindern, Kinderbeteiligung hat einen „Einmischungsauftrag", die Verantwortung für Entscheidungen können jedoch nur die Entscheidungsträger tragen.

Der Begriff der Verantwortung zählt nicht zu den traditionellen pädagogischen Kategorien. Mißverstanden, teilweise mißbraucht wurde er beispielsweise im Rahmen der Schülermitbestimmung, die lange Zeit als Schülermitverantwortung (SMV) bezeichnet wurde. „Die zentrale Kategorie der Verantwortung hat deutlich ideologischen Charakter; darin besteht Übereinstimmung zwischen dem Schulsystem und Arbeitsorganisationen: Erstens soll gemeinsame Verantwortung für das System als ganzes Interaktionspartner miteinander verbinden, die tatsächlich sehr unterschiedliche Kompetenzen, Interessen und Einflußmöglichkeiten haben; bestehende Macht- und Herrschaftsverhältnisse werden verdeckt (disziplinierende Funktion). Zweitens dient der Begriff der Verantwortung der Legitimation von Unterschieden in Macht und Einflußmöglichkeiten" (Wellendorf 1978: 424).

Dem hält der Leiter des Essener Kinderbüros, Jürgen Schroer, zu Recht entgegen, daß der völlige Verzicht auf „Inpflichtnahme" von Kindern und Jugendlichen zu einer Orientierungslosigkeit führt, die inakzeptable Verhaltensweisen zur Folge hat. Sachzerstörungen auch gerade in Einrichtungen für Kinder, Verschmutzung und Vandalismus im öffentlichen Bereich, Rücksichtslosigkeit gegen Erwachsene werden immer mehr beklagt. Bisher hat das System der Jugendhilfe solche Verhaltensweisen häufig als ein zwar unakzeptables, aber für die Kinder und Jugendlichen subjektiv sinnvolles Verhalten (z.B. im Sinne eines Signals an die Erwachsenen) zu deuten versucht, diese aber nicht mit den Folgen ihres Handelns konfrontiert. „Die normative Ebene wird von der Jugendhilfe ausgeblendet, hierfür sei die Jugendhilfe nicht zuständig" (Schroer 1997: 165). Schroer warnt davor, die Auseinandersetzung um Recht und Ordnung reaktionären Kräften zu überlassen, die daraus politisches Kapital zu schlagen versuchten. Unter Bezug auf Erikson verweist er darauf, daß die aktive Teilhabe und die Übernahme von Verantwortung ein natürliches Bedürfnis in der kindlichen Entwicklung seien.

Der Kern des Problems liegt in der Frage, wer die Verantwortung zuschreibt. Der Begriff der Pflicht, wie er auf der oben genannten Tagung thematisiert wurde, kennzeichnet die Zuschreibung von Aufgaben durch die Erwachsenen und ist nicht an die Zustimmung der Kinder gebunden.

Zu Recht wird kritisiert, daß er der Problemverschleierung dient: „Die Rede von der Pflicht wird lauter in einer Zeit, da der Zusammenhalt der Gesellschaft sich aufzulösen scheint; da, wie manche meinen, Egoismus und Selbstverwirklichungsdrang der Kinder, Jugendlichen und Eltern die Grundlagen des Zusammenlebens zerstören. Gleichzeitig wird die Pflicht als Lösungsangebot hervorgeholt, ohne daß von ihren furchtbaren Folgen, die sie pädagogisch und gesellschaftlich in unserer Geschichte anrichtete, die Rede wäre" (Mietz 1997: 128). Es zeigt sich, daß mit dem Begriff der Pflicht instinktiv eine aktuelle Schieflage des gesellschaftlichen Zustands bezeichnet wird, zugleich aber das zugrundeliegende Problem mit der Konstruktion neuer Pflichten nur ungenügend gelöst werden kann. „Schon hier zeigt sich, daß Rechte und Pflichten nicht einfach voneinander abhängig gemacht werden können. Vermutlich meinen diejenigen, die mehr Pflichten fordern oder Rechte und Pflichten als zusammengehörig interpretieren, auch etwas anderes, nämlich die in unserer Gesellschaft überhandnehmende Anspruchshaltung. Vielleicht wollen sie ausdrücken, daß wir unsere Ansprüche zurücknehmen und uns auf das besinnen sollten, was wir selber zum Gemeinwohl beitragen können. Möglicherweise ärgern sie sich über eine verbreitete Mentalität, die vom Mangager bis zum Schulkind darauf hinausläuft, dass jeder nur noch an sein eigenes Fortkommen denkt und die Solidarität aus dem Auge verliert. Dann wäre das, was sie eigentlich wollen, mehr eine 'moralische' Reform als eine Fixierung von Rechten und Pflichten" Kupffer 1998: 4).
Demgegenüber stehen Verantwortlichkeiten, die sich aus konkreten Vereinbarungen ergeben, denen Kinder aus freiem Willen zustimmen. Das betrifft den Bereich der Familie, aber auch die Schule und den öffentlichen Bereich. Verantwortung in diesem Sinne ist als wichtiger Teil der Erziehung von Kindern anzusehen. Dabei darf es nicht zu einer Überforderung oder einer Verlagerung von Erwachsenenverantwortung auf die Kinder kommen. Für die bestehende – kinderfreundliche, kinderunfreundliche oder wie auch immer definierte – Gesellschaft sind die Erwachsenen verantwortlich, die sie schaffen, nutzen, tolerieren oder durch die unterschiedlichsten Verhaltensweisen mittragen. Die Verantwortung für eine kinderfreundliche Gestaltung dieser Gesellschaft tragen alle, die Verantwortung für Kinder tragen: Eltern, Großeltern, Sozialarbeiter und Pädagogen, Lehrer und Erzieher, aber auch alle anderen, deren Wohl in der Zukunft von den Entwicklungsmöglichkeiten der Kinder heute abhängt. Kinderfreundlichkeit ist als gesamtgesellschaftliche Aufgabe anzusehen, die nicht allein durch erzieherisch Tätige erledigt werden kann.
Die Übernahme von politischer Verantwortung durch Kinder hängt nicht zuletzt vom Vorbild der Erwachsenen ab: „Selbstverständlich sind Familie und Schule gefragt. Doch nicht als Erziehungsinstanzen, die dem

Kind etwas beibringen, sondern sie leisten diesen „Belehrungsprozeß“ (nur), wenn sie selbst – und zwar im Alltag – Verantwortlichkeit, Konsequenz und Rechtschaffenheit praktizieren. Es ist eine Frage des alltäglichen Umgangs, ob sich Kindern dies mitteilt“ (Eichholz 1997: 91). Kinder tragen Verantwortung im Rahmen ihrer Möglichkeiten. Sie können ihre Meinung sagen, Vorschläge machen oder eigene Ideen für ihre Zukunft entwickeln und diese äußern; sie können sich an Planungen beteiligen oder ihren Stadtteil gestalten; sie können schließlich gegen Mißstände und Fehlplanungen protestieren. Die Verantwortung für die Konfrontation der Ideen mit den gesellschaftlichen Realitäten, ihre Vermittlung gegenüber den Entscheidungsträgern, die politische Umsetzung und Realisierung können nur Erwachsene tragen, das ist ihre Aufgabe.

4.4 Entwicklung von Rechtsräumen für Kinder

Konkrete Vereinbarungen zwischen Erwachsenen und Kindern bzw. Jugendlichen schaffen einen verbindlichen rechtlichen Rahmen. Dabei geht es nicht nur um von Erwachsenen großzügig eingeräumte Mitbestimmungsrechte, sondern um autonome Forderungen von Kindern und Jugendlichen, wie sie in allen pädagogischen Handlungsfeldern immer wieder artikuliert werden. Genau an dieser Stelle ist auch der Übergang von Erziehung zu Politik zu markieren, bilden doch die diskursive Verständigung in der Lebenswelt über gemeinschaftliche Fragen und daraus resultierende Vereinbarungen die Basis des Politischen. „Das Politische verschafft sich Geltung, auch wenn die Vereinbarungen, zu denen es in der Lebenswelt durch Verständigung kommt, nicht die zwangsgestützte Dauer und Formalität gewinnen, zu denen es kommt, wenn der institutionelle Weg gewählt wird“ (Meyer 1994: 218).
Das beginnt in der Familie. Unter dem Begriff „Familienkonferenz“ hat der Erziehungsberater Thomas Gordon Anfang der siebziger Jahre ein Modell eingeführt, in dem Eltern unter Verzicht auf Elternrecht als Elterngewalt mit Kindern in den lebenspraktischen Fragen Vereinbarungen treffen, ohne daß diese Vereinbarungen zu Lasten des einen oder anderen gehen (niederlagelose Methode). Es geht darum, in Konflikten Kinder als gleichberechtigte Partner zu behandeln und so lange auf eine Lösung hinzuarbeiten, bis ein für alle Seiten tragbarer Kompromiß gefunden wird. Nicht ohne Grund stellt Gordon sein Modell in den Zusammenhang von Demokratieentwicklung. „Zu den Kämpfen zwischen Kind und Eltern über Haarlänge und andere Verhaltensweisen, von denen Kinder das Gefühl haben, daß sie ihre Eltern weder greifbar noch konkret berühren, gehört die Frage nach dem Bürgerrecht Jugendlicher. (...) Kindern Bürgerrechte oder bestimmte, unveräußerliche Freiheiten

zuzugestehen, hat zur Voraussetzung, Kinder als Einzelmenschen oder unabhängige Persönlichkeiten zu betrachten, die ein eigenes Leben haben. Nicht viele Eltern sehen ihre Kinder so“ (Gordon 1989: 290ff.).

Ein ebenso wichtiger Bereich ist der der Schule. Die Schülermitverwaltung ist ein institutionell geregelter Bereich der Partizipation. Generell kann man sagen, daß die derzeit praktizierten Ansätze zwischen reiner Beschäftigungsaktivität und Anleitung zum politischen Handeln liegen (vgl. Braun 1997: 117). Es gibt Modelle wie das „Gewaltfreie und selbstverantwortliche Streitschlichtung durch Schülerinnen und Schüler“. In diesem Programm werden Schülerinnen und Schüler ausgebildet, in Konfliktsituationen zwischen anderen Schülerinnen und Schülern zu vermitteln. Als Mediatoren ausgebildet, in Gesprächen ohne Sieger und Verlierer alltägliche Konflikte und Gewalttaten aufzuarbeiten. „Dieser Weg trägt dazu bei, daß sich die Kontrahenten wieder in die Augen sehen können“ (ebd.: 111). Derartige Mediatoren- und Streitschlichterinnenprogramme sind in einen pädagogischen Gesamtzusammenhang zu integrieren, in dem die Beteiligung der Schülerinnen und Förderung der Eigenverantwortung die Basis bilden. „Es entsteht eine positive Wechselwirkung zwischen dem Mosaikstein Mediation und den Aktivitäten und Maßnahmen in der Schule“ (ebd.: 113).

Auch im Bereich der Jugendarbeit gibt es eine Vielzahl entsprechender Ansätze. Jugendverbände entwickeln Mitbestimmungsgremien, Jugendfreizeitstätten wählen Hausräte oder führen regelmäßig Vollversammlungen durch. Eigenverantwortung der Kinder und Jugendlichen entstehen aus den Vereinbarungen über Programmgestaltung und Hausregeln. „Die Mitgestaltung und Mitbestimmung durch die Besucherinnen und Besucher der offenen Jugendfreizeitstätten innerhalb der konzeptionellen Rahmenfestlegungen stellt eine wenigen praktischen Möglichkeiten für Jugendliche dar, in einer weitgehend – insbesondere rechtlich – vorbestimmten Umwelt praktizierte Verantwortung zu übernehmen“ (Stadt Hamm 1992a: 23f.).

Nicht zuletzt wird in Kindergärten und Tageseinrichtungen mit Formen geregelter Mitbestimmung experimentiert. Kinder können Vorschläge für die Alltagsgestaltung, Raumgestaltung und für größere Projekte machen, und sie werden in alle Schritte der Umsetzung dieser Entscheidungungen mit einbezogen (vgl. z.B. Braun 1997; Fidler 1998).

Auf der Grundlage von Absprachen übernommene Verantwortung von Kindern ist etwas anderes als eine moralische Inpflichtnahme nach Regeln, über die die Kinder nicht verfügen können. In einem so verstandenen Sinn wird die Übernahme von Verantwortung durch Kinder zu einer Basis politischer Beteiligung. Die Aufgabe der Erwachsenen besteht darin, zu beraten und die Interessen und Ziele der Erwachsenen in die Verhandlung einzubringen und damit die gesellschaftlichen Herausforderungen zur Übernahme von Verantwortung zu formulieren. Dabei besteht sicher manchmal ein schmaler Grat zwischen nachdrücklicher Herausforderung zur Eigenverantwortung und der Anwendung von Zwang und Gewalt, der eine sorgfältige Selbstreflexion notwendig macht.

4.5 Entwicklung professioneller Kompetenz

Welche Kompetenzen sollte jemand mitbringen, wenn er oder sie beruflich oder ehrenamtlich mit Kindern arbeitet, insbesondere, wenn es um politische Beteiligungsprojekte geht?

Vorauszusetzen ist zunächst *Beziehungskompetenz*. Dabei geht es nicht nur darum, gut zuhören, Kinder verstehen oder kindgerecht sprechen zu können. Das sind allgemeine kommunikative Fähigkeiten, über die jeder Mensch verfügen sollte. Bestehende Kommunikationsdefizite, die in politisch organisierten Veranstaltungen deutlich werden, stören nicht nur die Beziehungen zwischen Kindern und Erwachsenen, sondern auch zwischen Politikern und Bürgern oder Verwaltungsmitarbeiterinnen und Behördenbesuchern. Um professionelle Beziehungen zu Kindern aufzunehmen, braucht es über eine allgemeine Kommunikationsfähigkeit hinaus auch grundlegende Kenntnisse über kindliche Entwicklung und die sich daraus ergebende sprachliche, soziale und intellektuelle Beziehungskompetenz. Weiterhin sind Fähigkeiten notwendig, Kommunikationsprozesse zwischen Kindern und Politikern oder Medienvertreterinnen zu qualifizieren und beiden Seiten notwendige Hilfestellungen zu geben. Der Begriff der „Moderation" mit seinen methodischen, aber auch sozialpsychologischen Implikationen kennzeichnet diesen Aspekt einer professionellen Beziehungskompetenz

Wichtig ist ebenso die *Fähigkeit zur Selbstreflexion* hinsichtlich der eigenen persönlichen Neigungen, Bedürfnisse und Interessen, die nicht unreflektiert das Handeln bestimmen sollten. Leider werden diese Fähigkeiten in pädagogischen Ausbildungsgängen nur sehr begrenzt vermittelt; berufsbegleitende Selbsterfahrungstrainings, Zusatzausbildungen und Supervision gehören zu den Möglichkeiten, diese Fähigkeiten zu erwerben und zu verbessern.

Notwendig ist drittens *methodische Kompetenz*. Sozialpädagogische Methoden anzuwenden, lernt man vor allem durch Erfahrung. Auch für diesen Bereich gilt, daß in der Ausbildung eher über Methoden unterrichtet wird, als daß sie eingeübt und trainiert werden. Die methodische Ausbildung in manchem Jugendverband ist gründlicher als vieles, was in pädagogischen Studiengängen gelehrt wird. Auch hier gibt es gute Möglichkeiten, sich berufsbegleitend weiterzubilden und in der Anwendung konkreter sozialpädogischer Methoden einzuüben. Die Beteiligung von Kindern sollte nicht dauerhaft ein Experimentierfeld bleiben. Grundle-

gende Methoden und deren Bedeutung für die Partizipation von Kindern werden im nächsten Kapitel dargestellt.
Als vierter Baustein ist schließlich *Institutionskompetenz* zu fordern. Jede Beteiligung von Kindern findet in einem komplexen Institutions- und Interessengefüge zwischen Öffentlichkeit, Politik, Verbänden und Verwaltung statt. Wer Kinderinteressen durchsetzen will, muß in diesem Gefüge erfolgreich agieren können und kann nicht ohnmächtig zuschauen oder sich widerwillig distanzieren. Zu einer Institutionskompetenz gehören rechtliche Kenntnisse über Verfahrensregelungen und Dienstbeziehungen in Behörden und dem politischen System, Wissen und Erfahrungen über die realen Wirkungsweisen von Politik und Verwaltung, die unter der Oberfläche von bürokratischen Regeln und politischen Satzungen stattfinden, und strategisches Geschick, um Ziele im Interesse von Kindern möglichst effektiv realisieren zu können (vgl. dazu weiter *Kap. 5.4*).

5. Kommunale Selbstverwaltung und Partizipation von Kindern

Die Beteiligung der Bürgerinnen und Bürger an kommunalen Entscheidungen ist eine der originären Aufgaben kommunaler Selbstverwaltung. Die entsprechenden gesetzlichen Vorschriften sind in den Gemeindeordnungen und verschiedenen anderen Gesetzen (Baugesetzbuch, KJHG) festgeschrieben. Wie Partizipation konkret geschieht, wenn sich Kinder mit einem Anliegen „an die Stadt" wenden oder die Kommune zu aktiver Beteiligung einlädt, läßt sich durch die Beschreibung der kommunalen Institutionen zeigen (5.1). Ein besonderes Problem bei der Durchsetzung von Kinderinteressen besteht in der Segmentierung von Politik und Verwaltung in Fachbereiche und Ämter, die oft nicht auf die Problemlagen und Interessen von Kindern passen. Daraus ergibt sich die Notwendigkeit, quer zu diesen Strukturen zu denken und zu handeln, und es hat sich der Begriff des Querschnittshandelns eingebürgert. Zu diesem Handeln gibt es einen gesetzlichen Auftrag (5.2). Die rechtlich geregelten Zugänge zu Politik und Verwaltung stellen jedoch nur einen Ausschnitt der Partizipationsmöglichkeiten dar. Politik findet nicht nur in den offiziellen Institutionen und nach festen Prozeduren statt, sondern in einem vielfältigen Spektrum von Gremien, Initiativen, Absprachen und öffentlichen Aktionen. Es gibt unterschiedliche Kooperations- und Handlungsmöglichkeiten, um Kinderinteressen besser durchzusetzen und der Partizipation von Kindern mit einem „Netzwerk Kinderinteressen" den geeigneten Rahmen zu geben (5.3). Schließlich setzt das erfolgreiche Agieren unter den institutionellen Rahmenbedingungen von Politik und Verwaltung geeignete Strategien im Umgang mit Behörden voraus. Neben den offiziellen bürokratischen Vorschriften wirken hier Verhaltensregeln einer „heimlichen Verwaltungsgeschäftsordnung", die kennen sollte, wer Kinderinteressen wirkungsvoll vertreten will (5.4). Abschließend werden Hinweise gegeben, welche Konsequenzen sich ergeben, wenn die kommunalen Verwaltungen mit der Bürgerinnenorientierung ernst machen und neue Steuerungsmodelle etablieren (5.5).

5.1 Partizipationsrechte und ihre Realisierung

Es gibt folgende gesetzliche Grundlagen der Partizipation von Kindern an Kommunalpolitik, die im Überblick dargestellt werden. Vor allem auf Länder- und Kommunalebene gibt es derzeit eine Reihe von Initiativen auf Gesetzesänderungen, so daß es im Einzelfall notwendig ist, sich über den Stand der Gesetzgebung im eigenen Bundesland zu informieren:

Grundgesetz: Ein Anhörungsrecht ist schon durch Art. 17 GG gegeben: „Jedermann hat das Recht, sich einzeln oder in Gemeinschaft mit anderen schriftlich mit Bitten oder Beschwerden an die zuständigen Stellen und an die Volksvertretung zu wenden."

Gemeindeordnungen: Entsprechende Festsetzungen finden sich in den von den jeweiligen Landesregierungen beschlossenen Gemeindeordnungen. Am weitesten geht zur Zeit die Gemeindeordnung des Landes Schleswig-Holstein, die die Beteiligung von Kindern und Jugendlichen an allen kommunalen Planungen vorschreibt (§ 47f):

> „(1) Die Gemeinde soll bei Planungen und Vorhaben, die die Interessen von Kindern und Jugendlichen berühren, diese in angemessener Weise beteiligen. Hierzu soll die Gemeinde ... geeignete Verfahren entwickeln.
> (2) Bei der Durchführung von Planungen und Vorhaben, die die Interessen von Kindern und Jugendlichen berühren, soll die Gemeinde in geeigneter Weise darlegen, wie sie diese Interessen berücksichtigt und die Beteiligung nach Absatz 1 durchgeführt hat."[1]

Ähnliche Regelungen befinden sich zur Zeit in Hessen, Rheinland-Pfalz, Brandenburg und Sachsen-Anhalt im Gesetzgebungsverfahren oder sind beantragt (vgl. Tiemann 1998: 2). Weiterhin hat Schleswig-Holstein eine Rechtsgrundlage für Beiräte geschaffen, auf deren Basis die Einrichtung von Kinder- und Jugendräten möglich ist:

---

[1] Ein guter Überblick über alle für Schleswig-Holstein gültigen Rechtsvorschriften ist in DKHW u.a. 1997 dokumentiert.

§ 47 d Sonstige Beiräte
(1) Die Gemeinde kann durch Satzung die Bildung von Beiräten für gesellschaftlich bedeutsame Gruppen vorsehen.
(2) Die Satzung bestimmt die Anforderungen an die Mitgliedschaft im Beirat, die Zahl der Beiratsmitglieder, das Wahlverfahren und die Gründzüge der inneren Ordnung.

Die Stellung des Beirates zu den politischen Gremien und Entscheidungsabläufen ist in weiteren Bestimmungen geregelt, die gegenüber dem Gemeinderat ein Antragsrecht und Anhörungsrecht festschreiben.
In Nordrhein-Westfalen trat 1994 eine neue Gemeindeordnung in Kraft, die zum Ziel hatte, Beteiligungsrechte zu stärken. Kinder werden hier nicht ausdrücklich genannt. Für sie gelten die Einwohnerrechte, nicht aber die Bürgerrechte, denn diese setzen die Wahlberechtigung voraus. Kinder haben die folgenden Möglichkeiten:

§ 23 Unterrichtung der Einwohner: (1) Der Rat unterrichtet die Einwohner über die allgemein bedeutsamen Angelegenheiten der Gemeinde. Bei wichtigen Planungen und Vorhaben (...) sollen die Einwohner möglichst frühzeitig über die Grundlagen sowie Ziele, Zwecke und Auswirkungen unterrichtet werden. (2) Die Unterrichtung ist in der Regel so vorzunehmen, daß Gelegenheit zur Äußerung und Erörterung besteht. (...)
§ 24 Anregungen und Beschwerden: „(1) Jeder hat das Recht, sich einzeln oder in Gemeinschaft mit anderen schriftlich mit Anregungen oder Beschwerden in Angelegenheiten der Gemeinde an den Rat oder die Bezirksvertretung zu wenden. (...) Die Erledigung von Anregungen und Beschwerden kann der Rat einem Ausschuß übertragen.Der Antragsteller ist über die Stellungnahme zu den Anregungen und Beschwerden zu unterrichten.
§ 25 Einwohnerantrag: (1) Einwohner, die seit mindestens drei Monaten in der Gemeinde wohnen und das 14. Lebensjahr vollendet haben, können beantragen, daß der Rat über eine bestimmte Angelegenheit, für die er gesetzlich zuständig ist, berät und entscheidet.

Dieser Einwohnerantrag muß von einer Mindestanzahl von Einwohnern (4-5% der Gesamteinwohnerzahl mit einer Obergrenze von 4.000 bzw. 8.000 Einwohnerinnen je nachdem, ob es sich um eine kreisangehörige Gemeinde oder kreisfreie Stadt handelt) unterschrieben werden, und es werden weitere Verfahrenshürden aufgebaut, bevor der Rat sich mit diesem Antrag befaßt. In § 26 ist das Bürgerbegehren geregelt, das sich vom Verfahren her noch aufwendiger und komplizierter gestaltet als der Einwohnerantrag. Mit dem Bürgerbegehren können die Bürger an Stelle des Rates über bestimmte Fragen selbst entscheiden.

Kinder- und Jugendhilfegesetz (KJHG): Das KJHG schreibt vor: „Kinder und Jugendliche sind entsprechend ihrem Entwicklungsstand an allen sie betreffenden Entscheidungen der öffentlichen Jugendhilfe zu beteiligen.“ In Verbindung mit dem Einmischungsauftrag der Jugendhilfe aus § 1 Abs. 3 (s.u.) läßt sich daraus ein allgemeines Beteiligungsrecht ableiten.

Ebenso ergibt sich ein Beteiligungsrecht aus § 80 (Jugendhilfeplanung): „Die Träger der öffentlichen Jugendhilfe haben im Rahmen ihrer Planungsverantwortung (...) den Bedarf unter Berücksichtigung der Wünsche, Bedürfnisse und Interessen der jungen Menschen (...) zu ermitteln." Es werden allerdings keine konkreten Aussagen darüber gemacht, wie die Interessen der Betroffenen zu ermitteln und einzubringen sind. Der Jurist K. Peter Merk vertritt zu dieser Frage in seiner Expertise zum KJHG die Auffassung: „Die Jugendhilfe hat auf dieser Grundlage dann ein Beteiligungsverfahren durchzuführen und so zu gestalten, daß es geeignet ist, bei den von der Planung betroffenen Kindern und deren Eltern verstanden zu werden" (MAGS 1995: 72).

Jugendförderungsgesetze: Das Jugendförderungsgesetz Schleswig-Holstein konkretisiert als Ausführungsgesetz des KJHG den Auftrag der Gemeinden, Kinder und Jugendliche an „Planungen in Gemeinden in angemessener Weise" zu beteiligen, „soweit ihre Interessen davon berührt werden" (§ 4 Abs. 3). Hamburg, Niedersachsen und Berlin haben ähnliche Regelungen in ihre Jugendgesetzgebung übernommen (vgl. Tiemann 1998: 2).

Baugesetzbuch: Nach dem Baugesetzbuch sind die Kommunen angewiesen, in den Bauleitplanverfahren „die Wohnbedürfnisse der Bevölkerung bei Vermeidung einseitiger Bevölkerungsstrukturen, (...) die sozialen und kulturellen Bedürfnisse der Bevölkerung, insbesondere die Bedürfnisse der Familien, der jungen und alten Menschen und der Behinderten" (§1 BauGB) zu berücksichtigen. Bürgerinnen und Bürger sollen nach § 3 über die Planungen umfassend unterrichtet werden und Gelegenheit zur Äußerung und Erörterung erhalten. In diesem Zusammenhang werden unter dem Begriff Bürger auch Kinder und Jugendliche gefaßt. Es wird allerdings nicht konkretisiert, wie denn die Bedürfnisse der von einer Planung betroffenen Personen herausgefunden werden sollen. Die Ausgestaltung der Beteiligungsverfahren bleibt den Kommunen überlassen.

Kommunale Beschlüsse: Die Kommunen haben im Rahmen der gesetzlichen Landes- und Bundesvorschriften die Möglichkeit, durch Gemeinderatsbeschlüsse für die Kommunen rechtsverbindliche Entscheidungen zu treffen (Beispiele in 5.2).

Die Zusammenstellung zeigt, daß es eine Reihe gesetzlich vorgegebener Möglichkeiten gibt, nach denen Kinder an politischen Fragen partizipieren können. Hinsichtlich der konkreten Ausgestaltung dieser Zugänge zur Kommunalpolitik geht es Kindern allerdings in der Regel nicht anders als allen übrigen Bürgern, die durch die real vorhandenen Beteiligungsmöglichkeiten frustiert sind. Oftmals können Kinder jedoch mit einer größeren Bereitschaft von Politikerinnen oder Verwaltungsmitar-

beitern rechnen, ihnen zuzuhören und sich für ihre Bedürfnisse einzusetzen. Dieter Tiemann, Referatsleiter für Kinder- und Jugendpolitik im schleswig-holsteinischen Jugendministerium, sieht die Rechtsvorschriften seines Landes als guten Gestaltungsrahmen, der es lokalen Initiativen überläßt, diese Rechtsspielräume auszunutzen und zu gestalten. Die Offenheit der Gesetzesregelungen „hat selbstverständlich Vor- und Nachteile. Ein Jugend- und Gemeinderat oder eine Stadtjugendvertretung mit einem überall in Schleswig-Holstein gleichen Wahlmodus wäre sicher für viele Städte und Gemeinden zunächst leichter handhabbar gewesen. Doch die Vielfalt der Mitbestimmungspraxis in Schleswig-Holstein ist erheblich reizvoller als ein Einheitsmodell“ (Tiemann 1998: 4). Auch Richard Schröder, Leiter der Prokids-Beratungsstelle Herten, ist der Auffassung, daß die vorhandenen Rechtsräume bisher bei weitem nicht ausgenutzt werden. Er sieht vor allem Ausbildungsmängel in den verschiedenen Studiengängen, in denen die notwendigen Fähigkeiten, einen Partizipationsprozeß zu organisieren und moderieren, nicht vermittelt werden.
Demgegenüber steht immer noch eine starke Zurückhaltung der Gesetzgeber, Bürger- und Kinderbeteiligung konsequenter vorzuschreiben und durch eindeutige Vorschriften zu konkretisieren. Anhörungsrechte allein reichen nicht aus, wenn Bürgeranregungen, die nicht in die offiziellen Politik- und Verwaltungsvorgaben passen, in der Praxis regelmäßig abgelehnt werden. Die Beteiligungsrechte in Planungsverfahren lassen durch Kann- und Sollvorschriften so viele Möglichkeiten offen, daß jede Kommune ihnen ausweichen kann. Gerade die in der nordrhein-westfälischen Gemeindeordnung als Verbesserung der Beteiligungsmöglichkeiten propagierten Einwohneranträge und Bürgerbegehren bauen so große Verfahrenshürden auf, daß sie ausschließlich von organisierten Interessengruppen genutzt werden können.
Die wichtigsten Institutionen der Kommunalpolitik sind der Gemeinderat und die Stadtverwaltung. In und zwischen ihnen werden alle bedeutsamen Entscheidungen getroffen. Partizipation bedeutet, an diesen Entscheidungen beteiligt zu werden. Im Sinne der staatlichen Gewaltenteilung (Art. 20 Abs. 2 Satz 2 GG) nimmt der Gemeinderat die Aufgabe der Legislative wahr, während die Verwaltung mit der Ausführung der beschlossenen Aufgaben, Richtlinien und Regelungen die Exekutive bildet. Die Beziehungen zwischen Politik und Verwaltung sind keineswegs so eindeutig geregelt, wie es das allgemeine Prinzip der Gewaltenteilung suggeriert. „Innerhalb des politisch-administrativen Systems nimmt die Verwaltung unstreitig die dominierende Rolle ein. Es gibt nicht mehr die streng gesetzesausführende Administration, sondern eine vielfältige Aufgaben bearbeitende, Entscheidungen mitbestimmende, Kompetenzen ausdehnende und ‘politisch orientierte’ Verwaltung, die sogar einen unmittelbaren Auftrag aus der Gesellschaft für sich beansprucht“

(Jäckering 1994: 23). Verwaltung und Politik sind untrennbar verflochtene Handlungsbereiche, die nur schwer analytisch zu trennen sind. So wird verständlich, daß auch der Zugang zu kommunalpolitischen Entscheidungen nicht einfach und gradlinig geregelt ist, sondern daß es verschiedene Zugänge gibt und die Einflußmöglichkeiten oftmals unklar sind. Diese Zugänge bestehen zum einen in gesetzlichen Anhörungs- und Beteiligungsrechten, zum zweiten aber – und ebenso – wichtig in indirekten Beeinflussungsstrategien. In *Abb. 2* (s. S. 95) werden typische Zugangsorte mit dem jeweiligen gesetzlichen Hintergrund dargestellt. Auf der Seite der Politik, also der Gemeinderatsgremien, sind hier zu nennen: Einwohnerfragestunden, Sprechstunden von Bürgermeisterin und Bezirksvorsteher, Anhörungen, schriftliche Anregungen und Beschwerden, Bürgerversammlungen, Beiräte, Kinder- und Jugendparlamente. In die Kommunalverwaltung führt der Weg über schriftliche Eingaben, Besuch innerhalb von Sprechzeiten, Bürgerversammlungen und Planungs- und Beteiligungsprojekte.

Man mag darüber streiten, ob die zugrundeliegenden Rechtspositionen ausreichend sind. Von der Praxis der Bürgerbeteiligung an kommunalem Handeln läßt sich allerdings eindeutig herleiten, daß die Beteiligungsformen in ihrer konkreten Form unzureichend sind und in den traditionellen Formen vor allem Kindern keine geeigneten Einflußmöglichkeiten geben. Wenn als Problem erst anerkannt wird, was durch genügend großen gesellschaftlichen Druck vorgetragen wird, so ist von Kindern kaum vorauszusetzen, daß sie ohne Hilfe von unterstützenden Erwachsenen die bestehenden verwaltungstechnischen Hürden nehmen können.[2] Es ist nicht vorstellbar, daß Kinder ähnlich effektive Pressure-Groups organisieren können, wie Erwachsene das in vielen Bereichen tun. Es wird deutlich, daß zur Schaffung effektiver Partizipationsmöglichkeiten für Kinder mehr notwendig ist als einzelne Anhörungen oder einige modellhafte Beteiligungsprojekte. Eine Politik von Kindern ohne unterstützende Erwachsene wird in den meisten Fällen folgenlos bleiben.

Alle Formen der Kinderbeteiligung beruhen auf den bisher dargestellten Zugängen und wandeln sie für Kinder in geeigneter Form ab. Daraus ergibt sich die Konsequenz, die für die jeweiligen Bereiche verantwortlichen Politiker und Verwaltungsmitarbeiterinnen im Umgang mit Kindern und Jugendlichen zu schulen und die jeweiligen Partizipationsformen methodisch zu verbessern.

---

[2] „Wenn Probleme als Probleme empfunden werden sollen, so müssen drei Schwellen überwunden werden: – Die Artikulationsschwelle – Die Organisationsschwelle – Die Druckschwelle (...). In der parlamentarischen Demokratie ist die Größe einer Gruppe und ihre Kohärenz damit auch determinierend, in welchem Umfang oder Ausmaß politischer Druck erzeugt werden kann. Ist der Druck ausreichend genug, wird die vollziehende Gewalt dann letztlich darauf reagieren müssen“ (Schwebbach 1994: 42).

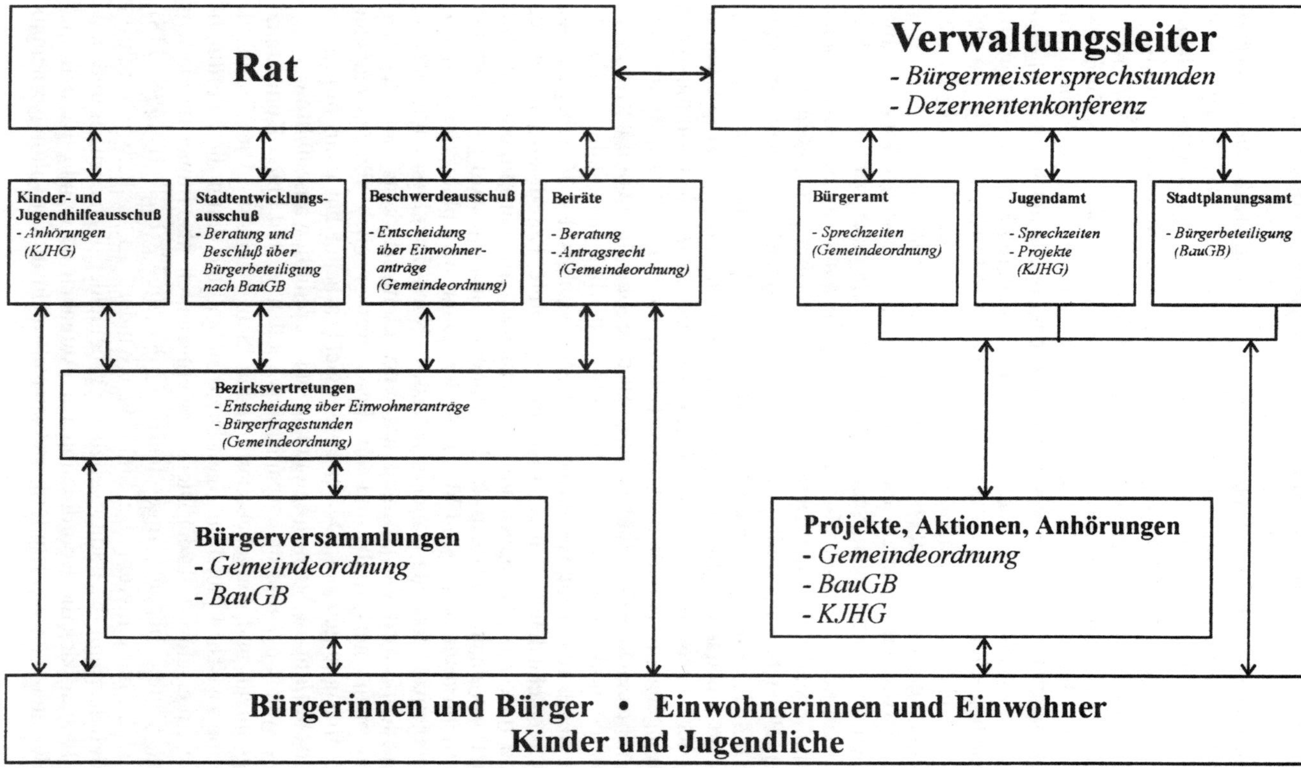

Abb. 2: Zugänge zu Politik und Verwaltung

Querschnittshandeln meint abteilungs-, ämter- und fachbereichsübergreifendes Arbeiten an Fragen und Problemen, die über einzelne Zuständigkeiten hinausgehen. Als Hintergrund des im KJHG definierten Auftrags zu „Querschnittsdenken und Querschnittshandeln" an die Jugendhilfe ist ein grundlegendes Organisationsproblem aller öffentlichen Verwaltungen und der Kommunalpolitik zu sehen. Es gibt in der Verwaltung traditionell keine Stelle, die für alle Fragen zuständig ist, die Kinder, Jugendliche und Familien betreffen. Auch das Jugendamt hat nur sehr begrenzte Zuständigkeiten und ist in vielen wichtigen Kinder und Jugendliche betreffenden Fragen nicht zuständig. *Tab.* 3 (s.S. 97) zeigt, an welchen Stellen einer Verwaltung Kinderinteressen berührt sind, die dort unabhängig von den Jugendämtern bearbeitet werden.
Da Verwaltung hierarchisch organisiert ist, gibt es normalerweise zwischen den zuständigen Sachbearbeiter von einander berührenden Problemen keine direkten Kontakte, vor allem dann, wenn die Probleme grundlegender Art sind. Denn Kommunalverwaltungen sind in den meisten Bereichen noch als „Einlinienorganisationen" aufgebaut. Sie gliedern sich in bestimmte Zuständigkeiten und Aufgaben, die von einem Sachbearbeiter ausgeführt werden. Jedem Sachbearbeiter ist ein Vorgesetzter zugeordnet. Dieses Prinzip wird bis in die Verwaltungsspitze durchgehalten. Natürlich ist allen Beteiligten klar, daß es zwischen den verschiedenen Arbeitsfeldern viele Bezüge gibt, die koordiniert werden müssen, und daß das konkrete Handeln einheitlich ausgestaltet sein muß. So gibt es im Alltag vielfältige Kontakte zwischen den Mitarbeiterinnen der verschiedenen Ämter, und für bestimmte Koordinationsaufgaben sind feste Arbeitsgruppen und Koordinationsgremien eingerichtet. Das zugrundeliegende Prinzip der Einlinienorganisation wird jedoch immer dann wirksam, wenn Konflikte auftreten. Dann wird plötzlich das dienstrechtgemäße formale Handeln gefordert. Nach der klassischen Verwaltungslehre wird die „Einheit des Verwaltungshandelns" auf der Leitungsebene hergestellt, und auf dieser werden auch alle auftretenden Konfliktfälle geregelt. Der einzelne Sachbearbeiter hat dann mit dieser Entscheidung nichts mehr zu tun, er hat sie lediglich auszuführen.
Das System der Einlinienorganisation hat den Vorteil klarer Kompetenzregelungen und Aufgabenzuordnungen. Sein Nachteil: „Die Kommunikation zwischen gleichrangigen Dienststellen und damit die Koordination wird erschwert, da der Dienstweg eingehalten, also immer mindestens eine weitere Instanz eingeschaltet werden muß" (Freibert 1994: 118). Eine Sachorientierung im Sinne von Kindern ist deshalb nur schwer möglich, wenn die traditionellen Aufgabenfelder überschritten und neue Aufgaben oder die Koordination von Aufgaben notwendig werden. Gerade Interessen von Kindern sind aber oft nicht in Verwaltungsschemata

Tab. 3: Übersicht über Kinderinteressen in den verschiedenen Bereichen einer kommunalen Verwaltung

Allgemeine Verwaltung	Finanzverwaltung	Recht, Umwelt, Ordnung	Schule und Kultur	Jugend, Gesundheit und Soziales	Bauverwaltung	Wirtschaftsförderung
Presseamt • Öffentlichkeitsarbeit für Kinder **Bezirksamt** • Bürgerämter: Anregungen, Beschwerden	**Kämmerei** • Haushaltsplan • Finanzielle Mittel für kinderrelevante Aufgabengebiete • Verschuldung als Belastung der folgenden Generation	**Rechtsamt** • Klagen gegen Spiel- und Bolzplätze **Umweltamt** • Umwelterziehung **Straßenverkehrsamt** • Verkehrserziehung • kinderfreundliche Gestaltung des Straßenverkehrs	**Schulverwaltungsamt** • Schule • Öffnung und • Gestaltung der Schulhöfe und der Schulräume **Kulturamt** • Kinderkultur • Museumspädagogik • Musikschule • Volkshochschule: Familienbildung	**Sozialamt** • Sozialhilfe • Verhinderung von Obdachlosigkeit von Familien • Familien in Asylbewerberunterkünften **Jugendamt** • Hilfen zur Eriehung • Jugendförderung • Kinder- und • Jugendschutz • Tageseinrichtungen **Gesundheitsamt** • Vorsorgeuntersuchung • Gesundheit von Kindern, Gesundheitsberichterstattung **Chemisches Untersuchungsamt** • Schadstoffbelastungen • Bodenproben von Spielplätzen	**Planungsamt** • Kinderinteressen bei der Flächennutzungsplanung, Bebauungsplanung, Stadterneuerung **Bauordnung** • ordnungsgemäße Ausstattung von Mehrfamilienhäusern mit Spielflächen **Wohnungsförderungsamt** • Schaffung von kinderfreundlichem Wohnraum **Hochbauamt** • Bau von Kindergärten **Tiefbauamt** • Kinderinteressen bei der Straßenausbauplanung • Vekehrstechnik **Grünflächenamt** • Planung und Pflege von öffentlichen Spielplätzen und öffentlichen Grünflächen	**Wirtschaftsförderung** • Beschäftigungspolitik • Maßnahmen gegen Jugendarbeitslosigkeit

zu pressen: Überlegungen zur Verkehrsberuhigung etwa erfordern sowohl verkehrsrechtliche Lösungen (Straßenverkehrsamt) als auch bautechnische Lösungen (Tiefbauamt). Spielplatzprobleme betreffen Beaufsichtigung (Jugendamt), Pflege (Grünflächenamt-Pflegeabteilung) oder Sicherheitsfragen und grundlegende Veränderungen (Grünflächenamt-Planungsabteilung). „Es fällt schwer, Politikbereiche ausfindig zu machen, die für Behinderte, Kinder oder Ausländer nicht relevant sind" (Hopp 1993: 97).

Kinderinteressenvertretungen, also institutionalisierte Formen der Unterstützung von Kindern in politischen Fragen, sind hauptsächlich bei Kommunen angesiedelt, nur im Ausnahmefall bei freien Trägern (Arnold/Wüstendörfer 1993: 14). So wichtig unabhängige Initiativen und Gremien außerhalb von Verwaltung sind, so begrenzt ist deren Einfluß auf verwaltungsinterne Entscheidungen und Abläufe. „Die Information der Beteiligten wie der interessierten Öffentlichkeit geschieht meist zu einem Zeitpunkt, in dem die wichtigsten Vorentscheidungen schon gefallen sind" (Jäckering 1994a: 59).

Verwaltung hat im Regelfall mit sich selbst, also den notwendigen Abstimmungen untereinander, und mit Problemdruck aus bestimmten Bereichen (Haushaltsdefizite, Wirtschaftsförderung, Stadtentwicklungsprobleme) so viel zu tun, daß übergreifende Fragen z.B. nach konkreter Ausgestaltung einer kinderfreundlichen Stadt, kaum eine Rolle spielen. An den Stellen, an denen auf Leitungsebene die Einheitlichkeit des Verwaltungshandelns wieder hergestellt werden soll, kommen diese Fragen selten zur Sprache, es sei denn als Möglichkeit der Selbstdarstellung.

Der gesetzliche Auftrag an die Jugendhilfe zu einem alle Verwaltungs- und Politikbereiche übergreifenden Querschnittsdenken und -handeln ist aus dem KJHG abzuleiten. Der § 1 Abs. 3 Nr. 4 des KJHG spiegelt die Einsicht wider, daß für die kindliche Entwicklung das strukturelle Umfeld ebenso wichtig ist wie die familiären und sonstigen sozialen Beziehungen. Desolate Verhältnisse im Stadtteil können Anstrengungen von Eltern und Erzieherinnen zunichte machen; Gewalt gegen Kinder und Jugendliche äußert sich nicht nur in Verhalten, sondern auch in gebauter Umwelt. So läßt sich aus dieser zentralen Vorschrift des KJHG der Auftrag an kommunales Handeln ableiten, „eine kinder- und familienfreundliche Umwelt und positive Lebensbedingungen für junge Menschen und ihre Familien zu schaffen und zu erhalten" (§1 Abs. 3 KJHG). Umstritten ist, ob sich dieser Auftrag auf die Jugendhilfe allein oder auf die Kommune insgesamt bezieht (MAGS 1995: 20f.). Jedenfalls wird der Jugendhilfe eine Einmischungs- und Initiativfunktion im Sinne von Kinderinteressen zugeschrieben.

Das Jugendamt hat den gesetzlichen Auftrag, die Querschnittsfunktion wahrzunehmen. Doch sind auch andere organisatorische Anbindungen denkbar und werden praktiziert. Auf diesem Hintergrund ist die Einrich-

tung von Querschnittsstellen zur Vertretung von Kinderinteressen zu verstehen. Eine notwendige Voraussetzung für deren Arbeit ist die verwaltungsinterne Absicherung ihres Auftrags durch eine Rechtsstellung. Die Einrichtung von Querschnittsstellen ist kostenintensiv, weil sie die Einrichtung neuer Planstellen verlangt. Deshalb wird sie nur zögernd umgesetzt und scheint zur Zeit zum Stillstand gekommen zu sein. Ca. 15% aller kreisfreien Städte und Landkreise in der Bundesrepublik hatten 1994 derartige Einrichtungen (vgl. Arnold/Wüstendörfer 1993: 12).
Meist werden Querschnittsstellen als Stabsstellen eingerichtet, die einer Leitungsebene zugeordnet werden. „Durch Stäbe wird die Leitungsebene sowohl hinsichtlich ihrer Koordinierungsaufgaben, als auch hinsichtlich einer intensiven fachlichen Kontrolle entlastet. Spezialisierte Stäbe führen der Leitungsebene eine erhöhte Sachkompetenz zu" (Freibert 1994: 120f). Die Position der Querschnittsstellen in der Verwaltungshierarchie ist abhängig davon, welcher Leitungsposition sie zugeordnet werden. So bedeuten Zuordnung zum Jugendamtsleiter, zum Sozialdezernenten[3] oder zur Verwaltungsleiterin[4] eine unterschiedlich starke Ausgangsposition. Für die Kinderinteressenvertretung gibt es hauptsächlich zwei Modelle, um Querschnittsstellen einzurichten. Beauftragtenstellen haben sich an dem Modell der Gleichstellungsbeauftragten orientiert, während Kinderbüros die Idee einer Anlauf- und Beratungsstelle in den Vordergrund stellen:

Beauftragtenmodell: Zur Lösung ressortübergreifender Probleme wurden und werden in den Verwaltungen Beauftragte eingesetzt. Dazu sind Verwaltungen immer dann bereit, wenn sie hoffen, mit der Schaffung einer Stelle oder der Beauftragung einer Person gesellschaftlichem Druck begegnen und Handlungsbereitschaft demonstrieren zu können.
Helmut Hopp zeigt in einer Untersuchung über das Beauftragtenwesen allerdings auf, daß die Einrichtung von Beauftragten für Politik und Verwaltungen die billigste Lösung sein kann, um Druck abzuwehren. „Motiv für die Einsetzung von Beauftragten auf Seiten des Staates kann die tatsächliche oder vermeintliche Erwartungshaltung gesellschaftlicher Gruppen sein. 'Mit geringerem Aufwand als durch die Bestellung eines Beauftragten, lassen sich in derartigen Fällen Gruppeninteressen wohl kaum befriedigen, zumal unter dem Deckmantel organisatorischer Änderungen auch gänzlich andere Motive, wie politische Versorgungsgesichtspunkte, noch mit einem einigermaßen rationalen Anstrich versehen werden können'" (Hopp 1993: 23; zitiert wird Fuchs 1986: 370). Zur Bewertung der Effektivität von Beauftragten gehören zwei zentrale Fragen: die materielle Ausstattung und die rechtliche Stellung. Weder ehrenamtliche Beauftragte noch die Beauftragung von vorhandenen Mitar-

---

[3] Z.B. in Essen.
[4] Viele Gleichstellungsbeauftragte sind hier angesiedelt.

beitern bei Beibehaltung der Sachbearbeitungsaufgaben können eine befriedigende personelle Lösung darstellen.[5] Der Vergleich der vorhandenen Kinderbeauftragtenstellen zeigt, daß zwischen diesen hinsichtlich von Ausstattung und Rechtsstellung große Unterschiede bestehen.

Kinderbüros: Mit Kinderbüros sind hier Verwaltungseinheiten bezeichnet, die diese Querschnittsfunktion wahrnehmen sollen. Sie stellen sich als Anlaufstellen für Kinder, Jugendliche und Familien dar und haben den Anspruch, im Einzelfall Unterstützung zu geben. Auch wenn Kinderbüros nicht immer als Querschnittsstellen eingerichtet wurden, so kommen sie doch in der Regel über die Fülle der Einzelfälle und die immer wieder auftretenden Probleme zu einer stärker auf strukturelle Veränderungen ausgerichtete Arbeitsweise. Die Erfahrung zeigt, daß die Bearbeitung individueller Beschwerden viel Zeit in Anspruch nimmt und von einer einzelnen Stelle auf Dauer nicht zu leisten ist, will man nicht die strukturellen politischen Veränderungen außer Acht lassen.

5.3 Einbindung der Partizipation von Kindern in ein „Netzwerk für Kinderinteressen"

Die vorangegangenen Überlegungen haben gezeigt, daß isolierte und vereinzelte Formen der Partizipation von Kindern meist nur geringe Durchsetzungschancen für ihre Interessen eröffnen. Auch die Einrichtung von Kinderbüros und die Einstellung von Kinderbeauftragten stellen Lösungen mit begrenzter Wirkungskraft dar. Immer wieder wurde deutlich, daß unterstützende Rahmenbedingungen sinnvoll und notwendig sind. In diesem Zusammenhang wurde u.a. überlegt, analog der Umweltverträglichkeitsprüfung ein Verfahren zu institutionalisieren, das einen rechtlichen Rahmen zur wirkungsvollen Durchsetzung von Kinderinteressen schafft. Im Verlauf der Diskussion wurde dieser Ansatz aber verworfen, da erstens keine entsprechende Lobby vorhanden war, um eine Kinderverträglichkeitsprüfung rechtlich durchzusetzen und zweitens ein solches Instrument viel zu schwerfällig gewesen wäre (vgl. MAGS 1993; Apel/Pach 1997: 26). So haben Kommunen eigene Verfahrensweisen geschaffen, die dem Anspruch eines Verfahrens zur Prüfung von Kinderfreundlichkeit in kommunaler Planung genügen. Diese Verfahren kombinieren verschiedene Organisationselemente mit dem rechtlichen Rahmen einer Dienstanweisung (vgl. z.B. Schröer 1994). Das wirksamste Vorgehen scheint zu sein, die Partizipation von Kindern in ein „Netzwerk für Kinderinteressen" einzubinden. In einem solchen Netzwerk können Kooperationen und Arbeitsformen aufgebaut und wei-

---

[5] Diese Möglichkeit haben viele Kommunen genutzt, als es Anfang der neunziger Jahre den Trend gab, ein Kinderbüro zu einzurichten oder einen Kinderbeauftragten zu benennen.

terentwickelt werden, die in allen Kommunen vorhanden sind. *Abb. 3* zeigt verschiedene Handlungsansätze und Organisationsebenen, die in ihrer Gesamtheit ein Netzwerk für Kinderinteressen bilden können. Die Partizipation von Kindern bildet ein Kernstück, die anderen Bausteine bilden eine notwendige Ergänzung. Jeder dieser Bausteine hat besondere Wirkungschancen, aber auch Nachteile und Grenzen, wobei man hofft, daß sich die Nachteile gegenseitig aufheben, die Vorteile aber gegenseitig stärken. Die konkrete Ausgestaltung eines solchen Netzwerkes hängt von den Voraussetzungen in jeder Kommune ab und wird sicher ganz unterschiedliche konkrete Formen annehmen.

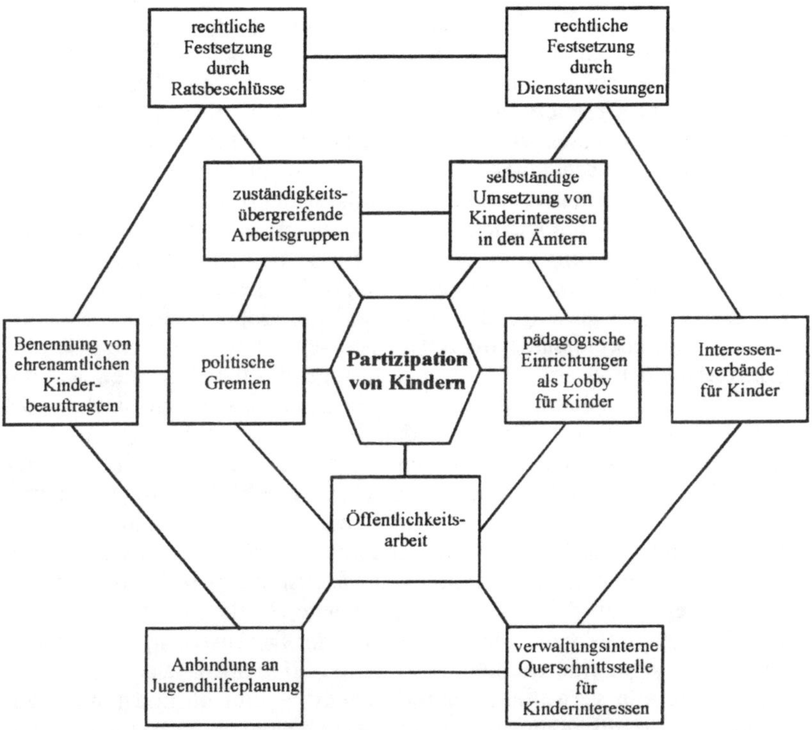

Abb. 3: Das Netzwerk Kinderinteressen

Politische Gremien

Der Jugendhilfeausschuß ist nach dem KJHG das wichtigste Interessenvertretungsgremium für Kinder. Seine Befugnisse und sein Auftrag beziehen sich auf alle Lebensbereiche; „Grundsätzlich kann und hat sich der Jugendhilfeausschuß mit allen Angelegenheiten der Jugendhilfe zu befassen. Der Begriff ist bewußt weit gewählt: (...) Die Aufgaben des Jugendhilfeausschusses umfassen ressortübergreifend z.B. auch Fragen der Arbeitsmarkt-, Umwelt-, Struktur-, Wohnungs- und Planungspolitik – jeweils in Bezug zu Kindern und Jugendlichen" (Münder 1991: 345). In der Praxis zeigt sich, daß dieser Ausschuß mit einer detaillierten Auseinandersetzung in Sachfragen überfordert ist; so haben viele Gemeinden Unterausschüsse für Kinderfragen gebildet. Den Unterausschußvorsitzenden kommt damit eine besondere Rolle eines Anwaltes für Kinderfragen zu.

Interessenverbände

Jugendhilfeausschuß und Unterausschüsse sind allein nicht in der Lage, Kinderinteressen wirkungsvoll umzusetzen. Vielmehr erfolgt die Willensbildung im etablierten politischen System nicht nur über die formalen politischen Gremien. Im Gegenteil, es gilt sogar als erwünscht, durch organisierte Interessenvertretung direkt auf die politischen und verwaltungsinternen Entscheidungen Einfluß zu nehmen. Lobbyisten, Pressure-Groups, Bürgerinitiativen und Verbandsvertreterinnen ringen um den Einfluß auf die politischen Entscheidungen und sind mittlerweile „gegenüber Regierung und Verwaltung als autonome Autorität in die Verfassungswirklichkeit eingetreten" (Jäckering 1994: 50f.).
Für den Bereich der Jugendhilfe ist die Einbeziehung von nichtstaatlichen Interessenverbänden im KJHG geregelt. Wohlfahrtsverbände, Jugendverbände und andere Träger von Jugendhilfemaßnahmen wahren ihre Interessenssphären in festen Arbeitsgemeinschaften nach § 78 KJHG. Dabei nehmen sie neben den Interessen von Kindern und Jugendlichen eigene Trägerinteressen wahr (Absicherung von Maßnahmen, Zuschüssen und Einfluß). Andere Verbände, Vereinigungen und Interessengruppen vertreten ebenfalls Kinderinteressen – manchmal eindeutiger und unabhängiger. Dazu gehören Ortsverbände des deutschen Kinderschutzbundes, Elterninitiativen, Elternräte von Einrichtungen, Fördervereine von Schulen, Umweltverbände, Verkehrsclubs oder Verbraucherorganisationen. Ihnen kommt bei der Durchsetzung der Interessen von Kindern eine wichtige Aufgabe zu. Sie haben den Vorteil, sich unabhängig von verwaltungsinternen Dienstregelungen und politischen Loyalitäten öffentlich äußern und Probleme benennen zu können. Durch Vernetzung und Kooperation dieser Gruppierungen und Verbände kann die politische Durchsetzungsfähigkeit in vielen Fällen gestärkt werden.

Benennung von Kinderanwältinnen und ehrenamtlichen Kinderbeauftragten

Hinter den Bezeichnungen „Kinderanwältin" und „Kinderbeauftragter" stehen unterschiedliche Konzeptionen einer Kinderinteressenvertretung.

Hier sind nicht die hauptamtlich in die Verwaltung eingestellten Kinderbeauftragten, sondern bei freien Trägern angestellte Kinderanwältinnen, ehrenamtlich gewählte Kinderbeauftragte politischer Gremien und benannte Kinderbeauftragte in Verbänden oder Parteien gemeint. Im Unterschied zu Kinderbeauftragten in der Verwaltung stehen diese nicht nicht in einem dienstrechtlichen Loyalitätsverhältnis zu Verwaltung und Politik. Sie haben eine andere Funktion: „Der Beauftragte fungiert als Anwalt, der der Verwaltung klagend gegenübertritt. Dies impliziert einen Konfrontationskurs. (...) Eine derartige Strategie setzt eine verwaltungsexterne und -unabhängige Stellung voraus" (Hopp 1993: 99).

Pädagogische Einrichtungen als Basis von Partizipation und Lobby für Kinder

„Pädagogik kann sich nicht mehr in den Elfenbeinturm der Beziehungsarbeit zurückziehen. Die Prozesse, die das Leben in der Stadt massiv angehen, lassen die traditionelle Trennung in Pädagogik einerseits und Planung andererseits sinnlos erscheinen. Pädagogen sind aufgefordert, sich mit Planungsprozessen aktiv auseinanderzusetzen und sich zu engagieren für eine menschliche Stadt" (Harms 1989, zitiert nach: Apel/Pach 1997: 23). Bei der Partizipation von Kindern in Kindergärten und in der Schule werden die Grundlagen politischer Fähigkeiten vermittelt. Sofern sie gemeinwesenorientiert arbeiten, haben sie schon einen Platz im Netzwerk Kinderinteressen eingenommen. Bei der Durchführung politischer Beteiligungsaktionen bietet sich die Zusammenarbeit mit Kindergärten, Horten und Schulen an. Sie können beratend und unterstützend an kommunalen Planungen mitarbeiten, sie können ebenso als Initiator von Beteiligungsprozessen agieren.
Die Auseinandersetzung mit der Lebensumwelt von Kindern und die Vertretung ihrer Interessen ist keine „zusätzliche" Aufgabe zu den vorrangigen Aufgaben der Betreuung und des Unterrichts; sie gehört in demokratisch orientierten Konzeptionen zu einem wichtigen Bestandtteil pädagogischen Handelns. In einem Netzwerk für Kinderinteressen bekommen die pädagogisch konzipierten Aktionen bessere Durchsetzungschancen und eine Anbindung an politische Prozesse. Ebenso sind die pädagogischen Profis gefordert, sich als Lobbyisten für Kinderinteressen um die Durchsetzung der Interessen zu kümmern, die die von ihnen betreuten Kinder artikulieren. Der situationsorientierte Ansatz stellt diesen Aspekt pädagogischen Handelns in das Zentrum und bietet einen konzeptionellen Rahmen für eine so ausgerichtete Arbeit (s. *Kap. 6.1*).

Rechtliche Festsetzungen durch Ratsbeschlüsse

Rechtliche Festsetzungen werden im kommunalen Bereich durch Ratsbeschlüsse getroffen. Ratsbeschlüsse können von den politischen Gremien, von der Verwaltung oder von einzelnen Bürgern, z.B. über den Jugendhilfeausschuß auch durch Kinder beantragt werden. Normalerweise wird vor einem Beschluß eine Stellungnahme der Verwaltung vorgelegt; der Rat ist aber nicht an diese Stellungnahme gebunden. Zur Durchsetzung eines Antrages an den Rat gehört neben einer guten Begründung strategisches Geschick, Kenntnisse der politischen Konstellationen, Beziehungen zu den Hauptakteuren und eine gute Öffentlichkeitsarbeit.

Rechtliche Festsetzungen durch Dienstanweisungen

Dienstanweisungen und Verfügungen regeln verwaltungsinterne Verfahrensweisen und werden vom Verwaltungsleiter erlassen. „Von besonderer Relevanz für die Glaubwürdigkeit und die Durchsetzungsfähigkeit von Interessenvertretungen für Kinder sind formale Regelungen der Verwaltungsspitze (z.B. eine Dienstanweisung an die Stadtverwaltung), die den Status der Interessenvertretungen für Kinder, die inhaltlichen Zuständigkeiten sowie die Verpflichtungen zur Kooperation regeln" (Arnold/Wüstendörfer 1993: 14). Der Oberstadtdirektor der Stadt Essen hat beispielsweise durch eine Dienstweisung ein Verfahren „Kinderfreundliche Stadt" eingeführt, das für alle Verwaltungsmitarbeiterinnen bindend ist (vgl. Schroer 1992: 98). Dieses Verfahren legt fest, daß das kommunale Kinderbüro in alle Fragen einbezogen wird, in denen Kinderinteressen berührt sind. Durch kontinuierliche Kommunikation und Erfahrungsaustausch sollen die zuständigen Sachbearbeiter in die Lage versetzt werden, Kinderinteressen selbständig zu berücksichtigen. Vorlagen von besonderer Bedeutung sollen dem Kinderbüro zur Kenntnis gegeben werden, so daß von dort aus kinderrelevante Aspekte eingebracht werden können. Derart grundlegende Verfahrensweisen sollten gleichzeitig durch Gemeinderat und Verwaltungsleitung beschlossen werden.

Zuständigkeitsübergreifende Arbeitgruppen und Projektgruppen

Zuständigkeitsübergreifende Arbeitgruppen und Projektgruppen beziehen sich zunächst auf verwaltungsinternes Handeln. Sie setzen sich sachgebiets-, ämter- und dezernatsübergreifend zusammen. Die Beteiligten bringen aus ihrer Fachsicht Wissen und Kompetenzen ein und arbeiten bezogen auf eine bestimmte Aufgabenstellung zusammen.
Arbeitsgruppen arbeiten dauerhaft zu einem festen Thema zusammen. Ein Beispiel ist die gesetzlich vorgeschriebene Unfallkommission, in der Polizei, Straßenverkehrsamt, Tiefbauamt, Planungsamt, teilweise unter Beteiligung von Kinderbüros jährlich Unfallanalysen auswerten und Maßnahmenkonzepte abstimmen. In einer Arbeitsgruppe „kinderfreundliche Stadt" können alle Fragen besprochen werden, die sich aus Partizipationsformen und der Vertretung von Kinderinteressen ergeben. Solche

Querschnittsarbeitsgruppen zum Thema Kinderfreundlichkeit gab es nach Arnold/Wüstendörfer 1994 in 40% der Kommunen in der Bundesrepublik. In der Stadt Hamm arbeiten in einer „Arbeitsgruppe Spielraum“ Grünflächenamt, Jugendamt, Tiefbauamt und Kinderbüro zusammen, um anstehende Fragen der Spielraumentwicklung zu lösen. Wichtig ist jeweils, die Rahmenbedingungen der Arbeitsgruppen transparent zu machen und die Handlungskompetenzen zu klären. „So bestimmen beispielsweise einschlägige Richtlinien, daß die – auf Dauer angelegte – Einrichtung von Arbeitsgruppen durch Änderung des Geschäftsverteilungsplans zu erfolgen hat“ (Vollmuth 1994: 149). Dementsprechend sollten für Arbeitsgruppen formal fixierte Rahmenbedingungen erarbeitet und durch die Leitungsebene festgelegt werden.
Projektgruppen arbeiten im Unterschied dazu zeitlich und sachlich begrenzt an einem bestimmten Projekt. So gibt es Projektgruppen zu Planungsvorhaben, zu konkreten Bauprojekten wie Wohnumfeldgestaltung oder Umgestaltung eines einzelnen Spielplatzes und Projektgruppen zu Großveranstaltungen. „Arbeit in Projektgruppen ist für viele zunächst ein ungewohnter Prozeß; geglückte Ergebnisse sind allerdings äußerst befriedigend. Projektgruppen werden daher oft zu ‘Oasen der Motivation’ in sonst öden Hierarchien“(Heintel/Krainz 1990: 91). Die in einer Gruppe sich möglicherweise entwickelnde Dynamik kann zu einer Qualität der Arbeit führen, die in Einzelarbeiten nicht zu erreichen ist. Dagegen steht immer wieder die Gefahr, daß Widerstände gegen Veränderungen die Arbeit behindern oder sogar zerstören. So kommt denjenigen, die in Arbeits- und Projektgruppen Kinderinteressen stärker realisieren und damit die Partizipationschancen von Kindern erhöhen wollen, die Aufgabe zu, diese Gruppen in Kenntnis der typischen Organisationseffekte zu leiten oder in ihnen zielgerichtet zu mitarbeiten. Die Optimierung von Gruppenarbeit ist ein anerkanntes Thema in der Mitarbeiterqualifizierung und wird mittlerweile auch in Behörden als Aufgabe angesehen (vgl. auch: Kratz 1987; Heintel 1990). So können diejenigen, welche die Querschnittsaufgabe ausführen, neben ihrem eigentlichen Auftrag zur Verwaltungserneuerung beitragen.

Umsetzung von Kinderinteressen in allen Ämtern

Bei der Einrichtung von Kinderbüros und Einstellung von Kinderbeauftragten wurde schnell klar, daß es nicht möglich sein würde, von einer Stelle aus alle kinderrelevanten Planungen und Entscheidungen zu prüfen. Kinderfreundlichkeit ist eine Aufgabe, die sich neben den gesetzlichen Vorschriften und dienstrechtlichen Regelungen auch als Frage der Fachlichkeit jedes Mitarbeiters ausdrückt und von ihm ausgefüllt werden muß. Das notwendige Fachwissen ist dazu in den meisten Disziplinen vorhanden. In der Stadtplanung gibt es seit der Studien von Muchow (vgl. *Kap. 3*) Gruppen von Stadtplanern, die sich intensiv um die Belange von Kindern in ihrem Fachgebiet kümmern und Methoden der Beteiligung erarbeitet haben. Auf Tagungen in den achziger Jahren wurden weitgehende Forderungen gestellt. „Eine der Hauptforderungen bestand darin, Strategien einzulösen, mittels derer Stadtplanung auf die Lebenswirklichkeit von Kindern bezogen wird und die dazu beitragen, ihre Interessen an einer lebenswerten Stadt zu einem Leitbild von Planungen zu machen“ (Apel/Pach 1997: 23). Diese Ansätze blieben allerdings in Ausbildung und Arbeitspraxis bisher eher randständig. Die Bedürfnisse von Kindern und Familien, deren Berücksichtigung in Planung und die Anwendung von Partizipationsmethoden kommen in den entsprechenden Ausbildungsgängen zu kurz. Insofern besteht Aus- und Fortbildungsbedarf. Das ist eine der Leistungen, die spezielle Kinderinteressenvertretungen in Verwaltungen durch Seminare, in Kooperationen und Projekten zu erbringen haben.

Querschnittsstelle für Kinderinteressen in der Verwaltung

Querschnittsstellen werden als Kinderbüros eingerichtet oder von Kinderbeauftragten, Jugendhilfeplanern, Jugendschützerinnen und Jugendpflegern wahrgenommen; es gibt Hauptämter, sogar Jugendamtsleiter, die diese Aufgabe für sich reklamieren.[6] Grundlegende Anforderungen an die Einrichtung einer Querschnittsstelle sind:

(a) Eine feste Anbindung an die Jugendhilfe sollte durch die Einbindung in die Arbeitsstrukturen der Jugendhilfe und in den Jugendhilfeausschuß gewährleistet sein.
(b) Eine verwaltungsinterne Rechtsstellung durch Dienstanweisung erlaubt die Querschnittstätigkeit und erfordert frühzeitige Einbindung in Kinder betreffende Planungen durch alle Ämter.
(c) Die hierarchische Stellung in der Verwaltung sollte dem Querschnittsauftrag angemessen sein und das selbständige Agieren auf den Leitungsebenen ermöglichen. Sehr ungünstig ist eine Sachbearbeiterposition in einem Sachgebiet.
(d) Zu einer ausreichenden Ausstattung gehören eine finanzielle Ausstattung, die Nutzungsmöglichkeit personeller und sachlicher Ressourcen für Projekte und die Freistellung von Sachbearbeitung.

Anbindung an die Jugendhilfeplanung

Zwischen Kinderinteressenvertretung und Jugendhilfeplanung gibt es enge Berührungspunkte. Sie stehen sich nicht unvermittelt als Betroffenen- und Institutionsperspektive gegenüber, vielmehr ist Jugendhilfeplanung beauftragt, die Bedürfnisse von Kindern, Jugendlichen und Eltern

---

[6] 1992/3 gab es eine Reihe von Tagungen und Arbeitsgruppen auf Tagungen, die Titel hatten ähnlich wie „Ist der Jugendamtsleiter der geborene Kinderbeauftragte?“; vgl. z.B. DIFU 1995: 11: „Kinderbeauftragter ist das Jugendamt“.

und ihre Interessen in der Jugendhilfeplanung zu berücksichtigen. Umgekehrt kommt Kinderinteressenvertretung nicht ohne die Begründung politischer Forderungen durch statistische Belege aus. So kann Jugendhilfeplanung eingebunden in ein Netzwerk für Kinderinteressen von diesem sowohl profitieren als auch zu seiner Wirksamkeit beitragen.

Öffentlichkeitsarbeit

Öffentlichkeitsarbeit ist ein wichtiges Gestaltungselement innerhalb der gesellschaftlichen Steuerungsmechanismen, das für die Vertretung von Kinderinteressen möglichst genutzt werden sollte. Die Kooperation mit den Medien hat mehrere Funktionen:

(a) Die öffentliche Darstellung von Kinderinteressen, die Kinder in den unterschiedlichen Partizipationsformen äußern, und die Erzeugung von Druck zur Durchsetzung dieser Interessen.
(b) Die Erzeugung eines kinderfreundlichen gesellschaftlichen Klimas und des Bewußtseins, daß eine kinderfreundliche Gesellschaft auch für alle anderen Bevölkerungsgruppen bedeutsam ist.
(c) Die Skandalisierung von Mißständen und Problemlagen von Kindern
(d) Die Darstellung der eigenen Aktivitäten als Nachweis gegenüber der Öffentlichkeit.

Die Medien haben im Rahmen ihrer öffentlichen Kontrollaufgabe gegenüber Politik und Verwaltung darüber hinaus die Möglichkeit, Mißstände bei der Partizipation von Kindern aufzudecken und öffentlich zu machen. Diese Aufgaben und Funktionen von Öffentlichkeitsarbeit zeigen, wie sehr ein Netzwerk für Kinderinteressen notwendig ist, das korrigierend und unterstützend zusammenarbeitet: Aus der Verwaltungsperspektive ist die Eigendarstellung von Aktivitäten unproblematisch. Jede Verwaltungsleiterin ist erfreut, wenn die Einbeziehung von Kindern in ihrem Verantwortungsbereich gelingt und gute Ergebnisse erzielt. Das gleiche gilt für alle anderen Beteiligten an der Kinderinteressenvertretungsarbeit. Problematisch wird es, wenn Kinder plötzlich Forderungen und Wünsche aufstellen, die Verwaltungsplanungen entgegenlaufen, oder wenn Kinder Entscheidungen des Stadtrates oder der Verwaltung kritisieren, weil z.B. Bäder geschlossen oder Brachflächen bebaut werden, die als Spielflächen genutzt wurden.
Aber auch die Medien bringen bestimmte Probleme mit sich: Aufgrund ihrer besonderen Produktionsbedingungen kommen generell Themen gut an, die mit Kindern zu tun haben. Auch ist immer gut, was neu, außergewöhnlich, besser oder schlechter als in anderen Städten ist. So erhalten spektakuläre Ereignisse eine überproportionale Aufmerksamkeit, während kontinuierliche, unspektakuläre Arbeit in den Medien nur schwer darzustellen ist. Durch geschickte Präsentation kann dieser Selektionsfilter zumindest teilweise außer Kraft gesetzt werden.

Interessenverbände haben gegenüber den Medien eine unabhängigere Stellung als zum Beispiel ein Jugendamtsmitarbeiter. Sie können die Skandalisierungsfunktion von Mißständen übernehmen. Denn sie können unabhängig von einer Behördenleitung agieren und sich auch gegen kommunale Maßnahmen wenden; gleichzeitig stellen sie sich damit in der Öffentlichkeit als Anwältinnen von Kindern dar.
Erst ein Netzwerk für Kinderinteressen schafft optimale Möglichkeiten für eine Öffentlichkeitsarbeit im Sinne von Kindern, die alle notwendigen Aspekte thematisiert und Kinderinteressen damit möglichst optimal zur Durchsetzung verhilft. Ein solches Netzwerk setzt voraus, daß die internen Konkurrenzbedingungen bewußt gemacht und geklärt werden, damit nicht ein Wettlauf um die „beste Interessenvertretung" entsteht.

Kinderbeteiligungsprojekte

Partizipationsprojekte haben im Verbund mit allen hier beschriebenen Instrumenten und Strategien ihren Platz. Angebunden an die politischen Gremien und die laufende Arbeit der Verwaltung, mit gesicherten Rahmenbedingungen, mit reellen Umsetzungschancen, methodisch und fachtechnisch fundiert, können sie Kindern wirksam politische Handlungsspielräume eröffnen (siehe dazu ausführlich *Kap. 6 und 7*).

Zu fast jedem kinderpolitischen Anliegen ergibt sich eine Fülle von Handlungsebenen und Ansatzpunkten. Die Frage „Brauchen wir einen Kinderbeauftragten?", wie sie auf vielen Tagungen gestellt wird, verbaut den Blick für reale Handlungsmöglichkeiten, die in jeder Kommune bestehen. Es gibt keine Einheitslösung, notwendig ist vielmehr ein Handeln, das die kommunalen Rahmenbedingungen und vorhandenen Schwerpunkte berücksichtigt. Ein differenziertes Netzwerk für Kinderinteressen ermöglicht es, bei der Umsetzung konkreter Anliegen unterschiedliche Strategien zu entwickeln, nach dem geeignetesten Weg zu suchen und beim Scheitern von Projekten einen neuen Ansatz zu suchen.
Alle Bausteine eines Netzwerkes für Kinderinteressen sind wichtig. Einzelne Aktionen und Maßnahmen sind ein richtiger Schritt in die richtige Richtung. Doch eine breitere politische und gesellschaftliche Wirkung kann nur erzeugt werden, wenn „kinderpolitische Institutionen sich öffnen und ein breites Bündnis unter Beteiligung aller in einer Stadt vorhandenen Verbände und Einrichtungen hervorbringen" (Apel/Pach 1997: 25). Die einzelnen Elemente des Modells „Netzwerk Kinderinteressen" bedingen einander und ergänzen sich. Nicht alles kann sofort umgesetzt werden, doch ist zu hoffen, daß ein breit angelegtes Handlungsmodell den Blick vor allem dann öffnet, wenn Konflikte festgefahren sind, Blockaden eine Weiterarbeit in bestimmte Richtungen verhindern und Frust die Arbeit zum Erliegen zu bringen droht.

Vorurteile – Verständnisbarrieren: Stolpersteine bei jeder Kooperation

In der Zusammenarbeit mit jemandem, der zu einer anderen Institution gehört, eine andere Ausbildung hat und zu dessen Institution möglicherweise die eigene in Konkurrenz steht, ist es ratsam, sich zu vergewissern, mit welcher Einstellung und Haltung man auf den Kooperationspartner zugeht. Um die Interessen von Kindern wirksam zu vertreten, es ist notwendig, Mitarbeiterinnen anderer Ämter, Politiker aller Parteien und Vertreterinnen unterschiedlicher Institutionen zu überzeugen, Ideen und Inhalte in der Arbeit zu übernehmen und zu realisieren, wozu ihn oder sie kein Gesetz und keine Vorschrift wirksam zwingt. Genauso wichtig ist es, ein Gespür dafür zu entwickeln, was die Mitarbeiter aus den anderen Bereichen über die eigene Person und den eigenen Arbeitsbereich denken.
Die folgenden Einstellungen beschreiben wechselseitige Vorurteile zwischen Mitarbeitern der Jugendhilfe auf der einen und Mitarbeitern anderer Verwaltungsteile auf der anderen Seite. Sie treffen nicht auf alle zu: Ausnahmen gibt es immer. Nach meiner Erfahrung benennen sie dennoch typische Grundhaltungen, die Kooperation oft schwierig oder gar unmöglich machen. Mitarbeiter der Jugendhilfe, vor allem Sozialarbeiter und -pädagogen, haben gegenüber anderen Verwaltungsbereichen oft folgende Einstellungen:

> "Die haben keine Ahnung, wie heutzutage die Lebenswirklichkeit von Kindern und Jugendlichen aussieht."
> "Die interessieren sich nicht für soziale Probleme; die haben ganz andere Interessen."
> "Die betreiben Selbstverwirklichung in Straßen- und Hochbauten, Theater und neuen Steuerungsmodellen."
> "Die sind arrogant und werden besser bezahlt als wir."

Mitarbeiter anderer Ämter wiederum lassen in Gesprächen häufig durchblicken, was sie von Sozialarbeitern und -pädagogen halten:

> "Das sind linke und soziale Spinner, die keine Ahnung von der gesellschaftlichen Realität haben."
> "Sozialarbeiter sind besserwisserisch und arrogant."
> "Die sehen immer nur ihre eigene Klientel und akzeptieren keine anderen Interessen."
> "Die arbeiten sowieso nicht, sondern trinken den ganzen Tag nur Kaffee."
> "Die haben keine Ahnung von wirtschaftlichen und finanziellen Fragen und sägen an dem Ast, auf dem sie selbst sitzen."

Solange solche Stereotype vorherrschen, wird eine Kooperation kaum funktionieren. Aussagen und Widerspruch der anderen zu eigenen Aussagen können nur ernstgenommen werden, wenn eine Haltung grundsätzlicher Akzeptanz existiert, in der jeder den anderen ernst nimmt und ihm eine fachlich fundierte Haltung zugesteht. Die Vorurteile werden normalerweise nicht offen ausgesprochen, viele würden auch bestreiten, so zu denken. Gerade weil sie nur „unter der Hand" verbreitet werden, sind sie jedoch wirksam und verhindern eine offene Auseinandersetzung. Interessenvertretung von Kindern setzt voraus, andere überzeugen zu können, es sei denn, man will ein andauerndes Verhältnis von Druck und Kontrolle aufbauen, um die eigenen Forderungen durchzusetzen. Der wirksamste Weg ist der Weg der Überzeugung. Wenn der Gesprächspartner von der Notwendigkeit der Berücksichtigung von Kinderinteressen überzeugt ist, wird er sie in seinem Handeln berücksichtigen, soweit es in seiner Macht liegt und soweit er die notwendigen Kenntnisse dazu hat. Und er wird dies möglicherweise dauerhaft fortsetzen und eigenständige Aktivitäten entwickeln.

Interessenkollisionen bei der Bürgerbeteiligung – Erfahrungen von Stadtplanern

Für eine gute Zusammenarbeit ist es wichtig, eine realistische Einschätzung über die jeweiligen sachlichen Notwendigkeiten und Zwänge zu gewinnen, unter denen die Kooperationspartner arbeiten. Gerade wenn es um die Einbeziehung von Kindern geht, sollte man wissen, unter welchem Druck die betroffenen Behördenmitarbeiter arbeiten. So sind die planenden und bauenden Ämter ständig mit der Organisation von Bürgerpartizipation beschäftigt. Zu übergeordneten Planungsvorhaben, zu jedem Bebauungsplan und Straßenausbauplan werden Bürgerversammlungen, Planauslegungen und Anhörungen durchgeführt. Auch wenn die Mitarbeiter mit der Partizipation von Kindern keine Erfahrungen haben, so besitzen sie doch ein breites Erfahrungswissen über Regeln, Strategien und Techniken der Bürgerbeteiligung. In den genannten Bereichen ist die Beteiligung von Anwohnern und Interessengruppen gesetzlich vorgeschrieben, und dieser Anspruch wird durchweg, wenn auch mit unterschiedlicher Qualität, realisiert.
Am Beispiel der Ausbauplanung einer Straße sind typische Interessenkonstellationen und Kollisionen zu zeigen, mit der sich ein Straßenplaner im Rahmen einer Bürgerbeteiligung auseinanderzusetzen hat:

> *Anliegergruppe A* (ältere Anwohner, deren Kinder aus dem Haus sind) fordert möglichst freie und zügige Durchfahrt; sie ist gegen verkehrsberuhigende Elemente und gegen eine zu geringe Fahrbahnbreite. Kinder sollten nicht auf der Straße spielen, denn wozu gibt es Hausgärten und Spielplätze?
> *Anliegergruppe B* (junge Familien) schlägt vor, möglichst viele Schwellen auf der Straße zu bauen; am besten wäre noch eine Straßensperre. Sie wollen, daß ihre Kinder sich ungefährdet auf der Straße aufhalten und spielen können. Gleichzeitig soll die Straße übersichtlich sein, damit Kinder und Autofahrer sich frühzeitig sehen können.

Anliegergruppe C (ökologisch orientierte junge Paare) will eine möglichst grüne Straße; sie sollte so eng wie möglich mit vielen grünen Inseln gebaut werden. Auch viele Bäume sind wünschenswert.
Anliegergruppe D (vor allem die alten Menschen, denen viel an einer gepflegten Straße liegt und deren Kräfte schwinden) will nun überhaupt keine Bäume auf der Straße, denn das Laub im Herbst macht ja doch keiner von denen weg, die die Bäume fordern.
Anliegergruppe E hat den Ausbau schon lange gefordert und beklagt sich, daß die Verwaltung alles mögliche mit ihren Steuergeldern tut, nur nicht ihre Straße ausbaut.
Anliegergruppe F hält den Ausbau für überflüssig und zu teuer und ist nicht bereit, die Anliegerkosten zu tragen. Als wenn die Stadt nicht andere Dinge sinnvoller mit dem Geld tun könnte.
Die *Feuerwehr* wehrt sich gegen zu enge Straßen und gegen verkehrsberuhigende Maßnahmen; sie kommt im Notfall sowieso kaum noch durch die Stadt. Absperrungen sollten auf keinen Fall sein.
Ein *Vertreter des Automobilclubs* fordert möglichst freie Straßen, keine Absperrungen und viele Parkplätze.
Die *Umweltverbände* fordern Tempo-30-Zonen, viele Straßenbäume und vor allem gute Radwege mit einer Breite von mindestens 1,50 m.
Die *Polizei* hat zu diesem Zeitpunkt kein besonderes Interesse, aber sie will beteiligt werden.
Das *Straßenverkehrsamt* achtet darauf, daß die Straßenverkehrsordnung zur Geltung kommt.
Die *Gleichstellungsbeauftragte* weist auf mögliche Angsträume hin und plädiert gegen Sichthindernisse und zu dichte Bepflanzung; sie fordert gleichzeitig eine kinderfreundliche Straße.
Die *Bezirkspolitiker* (sie sollen letztlich über den Plan entscheiden) bringen je nach Fraktion unterschiedliche Interessen ein; sie wollen vor allem, daß alle Interessen berücksichtigt werden, daß die Straße schön aussieht und möglichst billig wird.
Und dann kommt die *Kinderbeauftragte* und will auch noch die Kinder mit einbeziehen.

Wer Bürgerversammlungen der bauenden und planenden Ämter mitgemacht hat, hat erfahren, daß Bürgerbeteiligung auf der einen Seite zumeist mit einer großen Ernsthaftigkeit betrieben wird, daß auf der anderen Seite große Frustration herrscht angesichts der Unmöglichkeit, über die meisten Fragen Einvernehmen zu erzielen. Irrationales oder borniertes Verhalten von Bürgern, Interessenorganisationen und Bürgervertretern bis hin zu verletzenden und beleidigenden Angriffen erzeugen bei vielen Planern eine skurrile Form von Humor, manchmal Zynismus. Problematisch ist, daß Planer in der Regel keine Ausbildung für das Management sozialer Konflikte haben und professionelle Formen der Verarbeitung von negativen und verletzenden Erfahrungen fehlen. Sie erleben in manchen Bürgerversammlungen derart aggressive und pauschalierende Konfrontationen, daß eine Weigerung zu jeder weiteren Form der Partizipation als natürliche Reaktion nur zu verständlich wäre. Viele

Planer haben sich statt dessen pragmatische Strategien erarbeitet, die zu passablen Ergebnissen führen. Es ist nicht einmal so, daß Planer die Vorschläge etwa eines Kinderbeauftragten für unsinnig halten, wenn man auf sie zugeht. Aber sie antizipieren sofort die Einwände gegen Spielmöglichkeiten auf der Straße, gegen konsequente Verkehrsberuhigung und gegen mögliche phantasievolle Ideen von Kindern, mit denen sie schon durch ihre Vorgesetzten, spätestens aber in der nächsten Bürgerversammlung konfrontiert sein werden. Aus diesem Grund ist nachvollziehbar, warum ein Kinderbeauftragter oder Jugendamtsmitarbeiter nur ungern in Planungsprozesse eingebunden wird: Er verkompliziert die Sache.

Handlungsmotive und sachgerechtes Arbeiten

Kinderinteressenvertreterinnen gehen in dem Gefühl, für eine lohnende und wichtige Aufgabe zu arbeiten, davon aus, daß alle mit dem gleichen Ernst und der gleichen Motivation an die Arbeit gehen. Es werden Sachbearbeiter in anderen Ämtern angesprochen, zu Arbeitsgruppen eingeladen, es werden gute Konzepte geschrieben und in den Entscheidungsweg gegeben. Sie erwarten, daß alle ihre Ideen gut finden und sie unterstützen, denn sie erscheinen schlüssig. Es geht ja schließlich um die Kinder. Erfahrungsgemäß ist Handeln gerade in öffentlichen Verwaltungen jedoch nicht in erster Linie von der Sache und von rationalen Erwägungen geprägt. Gerade bei der institutionsübergreifenden Kooperation sind eine Reihe von Motiven handlungsleitend, die mit der Sache wenig oder nichts zu tun haben:

Wer hat die Federführung?
Bei jedem Projekt und bei jeder Verwaltungsmaßnahme gibt es die „Federführung", die in einer „Zuständigkeitsordnung" festgelegt ist. Ein Projekt „gemeinsam", also als Teamarbeit zu verantworten, ist kaum denkbar. Die Klärung dieser Frage für sich selbst (sie muß nicht unbedingt immer mit allen besprochen werden) und ein aktives Handeln für die beste Lösung ist wichtig, sofern eine Einflußmöglichkeit besteht: Es kann sinnvoll sein, die Federführung selbst anzustreben; es ist möglicherweise sinnvoller, dafür zu sorgen, daß sie von einem Amt zu einem anderen verlagert wird.

Ressourcen sichern
Bei neuen Projekten stellt sich oft die Frage, wie sie finanziert werden sollen. Ohne Klärung dieser Frage kann über Projektideen ebenso lange wie ergebnislos geredet werden. Wenn durch Zuschüsse neue Haushaltsmittel erschlossen werden, so ist die entscheidende Frage, wer sie verwaltet, das heißt, wer „die Haushaltsstelle bewirtschaftet". Ähnlich diffizil ist die Frage, wo Personal angesiedelt wird, wenn neue Stellen geschaffen werden. Solange z.B. in der Stadt Hamm die Spielplatzmittel

durch das Grünflächenamt bewirtschaftet wurden, war eine Verlagerung der Mittel ins Jugendamt, das Bauherr der Spielplätze ist, nicht zu diskutieren. Für das Grünflächenamt waren diese Mittel die größten Beträge, die sie zu verwalten hatten. Eine sachgerechte Lösung wurde erst möglich, als die Planungsabteilung für Grünflächen ins Tiefbauamt verlagert wurde. Für die Tiefbauer waren neben den hohen Aufwendungen für den Straßenbau die Spielplatzmittel sehr viel weniger bedeutend, zudem verbunden mit viel Verwaltungsarbeit, also schlugen sie selbst vor, die Mittel ins Jugendamt zu übertragen.

Selbstdarstellung und Rechtfertigung

Alle Verwaltungsbereiche stehen insbesondere unter der derzeitigen Haushaltssituation unter einem großen Rechtfertigungsdruck der Politik und der Öffentlichkeit gegenüber. Ohne daß sie offen thematisiert wird, steht bei jeder Planung die Frage im Hintergrund, wie ein bestimmtes Projekt öffentlich und politisch „ankommt“. In der Kooperation wird die Sache noch einmal schwieriger. Dann entsteht die Frage, wer in der öffentlichen Berichterstattung an erster Stelle genannt wird, wer auf dem Pressefoto abgebildet wird, wer das Gespräch mit dem Zeitungsredakteur führt und wer das Radiointerview gibt. Selbst wenn der einzelne Sachbearbeiter versucht, mit der Öffentlichkeitsarbeit „locker“ umzugehen, so gibt es spätestens mit den Vorgesetzten Ärger, wenn der entsprechende Artikel in der Zeitung steht und das betreffende Amt nicht gut genug dargestellt ist. Pressevertreter haben oft keinerlei Interesse, differenzierte Organisationshintergründe eines Projektes zu beschreiben; sie suchen einen oder zwei Ansprechpartner, die sie namentlich zitieren wollen. Alles weitere spielt für sie keine Rolle, da sie berechtigterweise der Auffassung sind, daß die Zeitungsleser keine Organisationsschemata lesen wollen. So setzt Öffentlichkeitsarbeit bei institutionsübergreifenden Projekten eine gute Absprache und Vorbereitung und einen professionellen Umgang mit Medienvertretern voraus.

Sachbearbeiter- und Leitungsebene

Bestimmte Fragen werden auf den verschiedenen Hierarchieebenen sehr unterschiedlich behandelt. Generell sind auf Sachbearbeiterebene eher sachliche Diskussionen zu führen und sachgerechte Lösungen zu finden. Werden die Dinge auf Leitungsebene entschieden, kommen „übergeordnete Gesichtspunkte“ ins Spiel. Wenn man als Kinderbeauftragter an den entsprechenden Leitungsgremien teilnehmen kann, besteht die Möglichkeit, selbst Einfluß auf Entscheidungen zu nehmen. Andernfalls werden die eigenen Interessen von den eigenen Vorgesetzten vertreten, die manchmal andere, konkurrierende oder konfligierende Interessen haben. Für ein Stadtteilprojekt im Norden Hamms wurde die Einbeziehung aller Sachbearbeiterinnen an der „Lenkungsgruppe“, dem Entscheidungsgremium unter Beteiligung aller Dezernenten und dem Oberstadtdirektor, vereinbart. Wenn die Mitarbeiterinnen, die auf der Sachbearbeiterebene einen Konsens ausgehandelt haben, mitreden, können Vorgesetzte sinnvolle Vorschläge nicht mehr so einfach verhindern; sie geraten viel stärker in Begründungszwang, als wenn sie allein oder im internen Kreis der Vorgesetzten entscheiden.

Orientierung an der Sache

Sachorientierung bedeutet: aufgaben- und lösungsorientiert zu denken und im Interesse „des Bürgers", insbesondere von Kindern zu handeln. Bei ämterübergreifenden Kooperationen hat jeder der Beteiligten einen anderen Blickwinkel. Es ist notwendig, auch den Blickwinkel der anderen zu kennen und zu verstehen. Erst dann kann man in der Auseinandersetzung für seine eigene Sicht überzeugen und im Ergebnis sinnvolle Kompromisse erarbeiten. Die Rolle eines Kinderbeauftragten sollte es sein, die Interessen von Kindern in der Auseinandersetzung mit denen der anderen Beteiligten – die oftmals auch im Sinne von Kindern zu handeln meinen – auszugleichen. Hieran sollten Kinder soweit es geht beteiligt sein, denn letztlich können nur sie selbst in eigener Sache Kompromisse eingehen und bejahen und damit ihre Autonomie wahren (vgl. Kap. 2.6). Bei der Planung eines Spielplatzes gibt es beispielsweise neben der pädagogischen Konzeption auch die Sicht des Grünflächen-Planers mit bestimmten Erfahrungen und spezifischem Fachwissen; die Mitarbeiter der Pflege- und Unterhaltungsabteilung müssen den Platz über Jahrzehnte pflegen und wollen ihre Gesichtspunkte schon in der Planung berücksichtigt wissen.

Formale und informelle Strukturen

Verwaltung ist bürokratisch organisiert als System mit festgefügten Handlungsregeln, die jeder zu beachten hat und die bürokratisches Handeln verläßlich und berechenbar machen sollen. Das Grundprinzip der Allzuständigkeit des Oberstadtdirektors oder Oberbürgermeisters soll eine klare Beziehung zum Gemeinderat mit der Rechenschaftspflicht gegenüber der Politik herstellen. Der Verwaltungleiter delegiert Entscheidungsbefugnisse und gliedert die Verwaltung in Aufgabenbereiche und Ämter mit festen Zuständigeiten. Kommunikation läuft nach klar gegliederten Prinzipien auf den unterschiedlichen Dienstwegen ab.

Für Sozialarbeiter, Sozialpädagoginnen oder Erzieher sind diese Verwaltungsstrukturen häufig zunächst ein Buch mit sieben Siegeln, selbst wenn im Studium einige Stunden Verwaltungsrecht zur Ausbildung gehörten. Gerade Verwaltungsfachbücher, die sich an Sozialarbeiter wenden, erwecken den Eindruck, daß Verwaltung so funktioniert, wie sie funktionieren sollte.[7] Gleichzeitig ist man von Anfang an angewiesen,

---

[7] Vgl. z.B. Kuhlbach/Wohlfahrt (1994), die zwar die offiziellen Verwaltungsregelungen darstellen, aber keine Hilfestellung zu Verhaltensstrategien und Durchschaubarkeit der inoffiziellen Organisationsmechanismen geben.

die komplizierten und oft unsinnig erscheinenden Vorschriften einzuhalten, und bemüht sich mehr oder weniger darum. Lernt man Verwaltung besser kennen, so erkennt man hinter der Fassade der formalen Bürokratie ganz andere Handlungsmuster. „In jeder Dienststelle ist neben dem formellen Informationssystem ein zwar nur schwer erfaßbares, nichtsdestoweniger aber recht wirkungsvolles informelles Kommunikationssystem etabliert" (Kratz 1987: 121). So wie es in der Schule einen heimlichen Lehrplan gibt, nach dem Kinder ganz andere Dinge lernen als im offiziellen Curriculum vorgesehen, so hat die Verwaltung einen heimlichen Handlungsplan, den zu kennen notwendig ist, will man erfolgreich in diesem System agieren. Dieser Plan ist beispielsweise nach folgenden Prinzipien aufgebaut:

Wen man gut kennt, für den arbeitet man auch gut.
Wen man nicht mag, der wird so formal wie möglich behandelt.
Zu Arbeitskreisen geht man gerne hin, wenn es dort nett ist.
Wenn man in einen Arbeitskreis geht, ist die wichtigste Regel, keinen Arbeitsauftrag mitzunehmen.
Ist die Zuständigkeit nicht klar, ist man auf jeden Fall nicht zuständig.
Handeln gegen die üblichen Verfahrensweisen ist noch nie gedankt worden.
Wer sich lächerlich machen will, setzt eine Frist.
Selbständiges Denken und Handeln wird in der Regel bestraft.
Auf Frauen braucht Mann nicht zu hören .
Von einem Jüngeren lasse ich mir nichts mehr sagen.

Genauso gibt es einen heimlichen „Verwaltungsgliederungsplan", der anders als nach der offiziellen Ämtergliederung die Beziehungen der Mitarbeiter und Mitarbeiterinnen untereinander strukturiert. So prägen die persönlichen und sozialen Zugehörigkeiten das dienstliche Beziehungsnetz. Dazu gehören Gewerkschafts- und Parteimitgliedschaften, Verwandschaften, Zugehörigkeit zur gleichen Ausbildungsgruppe und Freundschaften aus Nachbarschaft oder Vereinen.

Um erfolgreich zu agieren, ist es notwendig, den heimlichen Verwaltungsplan des eigenen Hauses zu kennen und dieses Wissen für die eigene Arbeit zu nutzen. Die Kunst besteht darin, sich gleichzeitig von illegitimen Formen der Absprachen und Zusammenarbeit zu distanzieren und trotzdem nicht naiv an den formalen Strukturen festzuhalten. Der Zweck – im Interesse von Kindern zu handeln – heiligt nicht jedes Mittel. Doch es gibt viele Möglichkeiten, die Arbeit in Kenntnis und Nutzung der persönlichen Beziehungen zu gestalten. Es ist notwendig, Beziehungstrukturen für die eigene Sache aufzubauen und gleichgesinnte Mitarbeiter zu suchen. Schließlich es gibt eine Reihe von legitimen Vorteilen, die aus erfolgreicher Zusammenarbeit zu schöpfen sind. Dazu gehören Freude an der Zusammenarbeit und guten Arbeitsergebnissen, gegenseitige Weiterbildung und die Möglichkeit, manchmal innovativ arbeiten zu können, und nicht zuletzt berufliche Profilierung.

Handlungsmöglichkeiten

Positiv agieren

Bei fast allen Problemen ist es möglich, positive Ziele zu definieren und für diese Ziele andere zu gewinnen. Wer gegen schlechte Spielplätze agitiert, hat damit den Planern, die es in der Zusammenarbeit besser machen sollen, schon das erste Mal auf die Füße getreten, denn diese haben den Platz irgendwann geplant. Stattdessen kann als Ziel formuliert werden, unter Beteiligung von Kindern naturnahe, kindgerechte und kostengünstige Spielräume neu zu entwickeln. So haben sich Aktionen gegen Raser in Tempo-30-Zonen zu „Aktionen zur Verkehrsberuhigung" entwickelt, die Spaß machen und zu kleinen Straßenfesten werden. Statt „Gewalt in der Schule zu bekämpfen" arbeitet ein Arbeitskreis heute „für positive Lebensbedingungen der Kinder und Jugendlichen im schulischen Umfeld".

Positiv zu agieren bedeutet nicht eine lediglich sprachliche Umformulierung, sondern eine Frage der Arbeitshaltung und der Ausgestaltung der Arbeitsbeziehungen und Arbeitsinhalte. Eine solche Haltung macht Kooperation und Vernetzung überhaupt erst möglich.

Chancen nutzen

Wenn man sich um die vielfältigen Aufgaben kümmert, die sich aus der Vertretung von Kinderinteressen ergeben, so ist dort so viel zu tun, daß man vor allem in der Anfangsphase getrost Bereiche aussuchen kann, die erfolgversprechend sind. Es ist sinnvoller, zu sehen, wo interessierte Mitarbeiter sind oder wo Gelder zur Verfügung stehen, als nach dem Motto „Viel Feind, viel Ehr" sich die größten Problembereiche auszusuchen und damit Gefahr zu laufen, erfolglos zu bleiben. Je gesicherter die eigene Position ist, um so mehr können auch konfliktträchtige Probleme und Projekte angegangen werden.

Strategisches Geschick entwickeln – angemessen handeln

Es reicht nicht aus, sich für die richtigen Inhalte einzusetzen; vielmehr gehört auch die Fähigkeit dazu, organisationsangemessen zu handeln und die Fähigkeit zu entwickeln, in Verwaltungszusammenhängen zu agieren. Das bedeutet manchmal, vorhandene Beziehungen und Kontakte zu nutzen, und manchmal, auf offizielle Verfahrensweisen zu pochen. Es ist notwendig, die einschlägigen Verwaltungsvorschriften und Rechtsgrundlagen zu kennen, denn diese sind im Sinne der eigenen Anliegen auszulegen oder bieten andere Möglichkeiten als allgemein bekannt sind[8]. Ebenso gehört dazu eine Verständigungsfähigkeit mit Mitarbei-

---

[8] Das betrifft z.B. Planungsrecht und Haushaltsrecht und die Möglichkeit, Mittel flexibel zu verwenden: Daß in Hamm Mittel für den Spielplatzbau dazu verwandt werden, pädagogische Bauaktionen durchzuführen, wurde nach Bedenken der Bauverwaltung erst durch eine Absprache mit dem Rechnungsprüfungsamt

tern, die ein anderes Weltbild, eine andere Arbeitsauffassung und ein anderes Wertesystem haben, um mit ihnen gemeinsame Perspektiven zu erarbeiten. Dazu gehört es, ihnen Projekte und Anliegen nach ihren eigenen Wertmaßstäben nahezubringen.

Bündnisse entwickeln
Wenn, wie gezeigt, Verwaltungshandeln in hohem Maße von informellen Strukturen geprägt ist, so ist die Konsequenz, eigene Strukturen und Bündnisse zu entwickeln. Es gibt in jedem Amt interessierte Menschen, häufig junge Väter oder Mütter, die für kinderfeindliche gesellschaftliche Entwicklungen sensibel sind. Sie sind froh, wenn sie in ihrem eigenen beruflichen Feld die Chance erhalten, für eine kindgerechte Stadt einzutreten.

Standbeine und Schwerpunkte entwickeln
Die zu starke Konzentration auf einzelne Arbeitsfelder kann zur Blockierung der Arbeit führen, weil der Fortgang von Projekten nur zum Teil vom eigenen Handeln, oft vielmehr von den Entscheidungen anderer abhängig ist. Es ist also sinnvoll, mehrere Standbeine zu entwickeln, so daß man sich auf die Projekte konzentrieren kann, in denen es gerade vorangeht. Ebenso wichtig ist es, Schwerpunkte zu entwickeln, um sich in der allgemeinen Aufgabenstellung der Kinderinteressenvertretung nicht zu verzetteln.

Kreativität entwickeln
Ein wichtiges Kriterium für eine erfolgreiche Arbeit ist, daß sie für andere interessant ist. Wenn der Kinderbeauftragte stereotyp immer die gleichen Vorschläge wiederholt, so daß die Textbausteine schließlich allgemein bekannt sind, so erzeugt das Langeweile und bewirkt nichts. Gerade freigestellte Kinderbeauftragte haben die Aufgabe, ihr Potential zu nutzen, um neue Perspektiven aufzuzeigen, Arbeit anregend zu gestalten und „unberechenbar“ im positiven Sinn zu sein.

Rechte einfordern
Es ist wichtig, auf vorhandene Rechte zu pochen und ihre Einlösung einzufordern. Auch wenn Erfahrungen frustrierend sind, wenn geschriebenes Recht oftmals nicht durchgesetzt werden kann, ist es immer wieder notwendig, Konflikte einzugehen, um Rechtspositionen von Kindern deutlich und es anderen nicht zu leicht zu machen, Kinderinteressen zu übergehen.

---

möglich, das im Sinne einer sparsamen und sachgerechten Mittelverwendung zunächst probeweise und dann dauerhaft zustimmte.

5.5 Kinderinteressen und neue Steuerungsmodelle

Abschließend bleibt zu fragen, inwieweit die vorausgehenden Überlegungen durch die Einführung neuer Steuerungsmodelle hinfällig werden, wie sie in vielen Kommunen mittlerweile eingeführt sind und in anderen Städten und Kreisen diskutiert werden. Die neuen Steuerungsmodelle, wie sie von der Kommunalen Gemeinschaftsstelle entwickelt wurden (Eichmann 1996: 41), sollen neben dem vorrangigen Ziel der Kosteneinsparung das Problem lösen, daß Verwaltungen wenig Motivation haben, für die Bürgerinnen und Bürger zu arbeiten. Das kommt grundsätzlich auch Kinderinteressen entgegen. Nach den Regeln der neuen Steuerung sollen folgende Grundprinzipien für die Arbeit der Verwaltung gelten:

(1) *Outputorientierte Steuerung:* Verwaltungshandeln wird an der Frage gemessen, welche Leistungen sie für Bürgerinnen und Bürger erbringt.
(2) Dezentrale Fach- und Ressourcen-Verantwortung: Im Rahmen eines festgelegten Budgets und durch Vereinbarungen mit den vorgesetzten Stellen über konkret meßbare Zielvorgaben sollen die einzelnen Dienststellen eigenverantwortlich handeln.
(3) *Budgetierung:* Über die festgelegten Budgets, die Personal, Finanzen und alle anderen Ressourcen betreffen, sollen die einzelnen Arbeitsgebiete selbständig verfügen können, also nicht mehr den üblichen Haushaltsrestriktionen unterliegen. So können Mittel in einem Bereich eingespart und an anderer Stelle sinnvoll eingesetzt werden.
(4) *Kontraktmanagement:* Die Verwaltung soll in einem Kontrakt über genau definierte Zielvorgaben mit den politischen Entscheidungsgremien festlegen, welche Ergebnisse des Verwaltungshandelns erreicht werden sollen. Politik entscheidet also nicht mehr über einzelne Sachfragen, sondern kann die Verwaltung nur über die jährlichen Zielvorgaben steuern. Innerhalb der Verwaltung setzt sich das Prinzip des Kontraktmanangements zwischen den hierarchischen Ebenen fort: Die Ämter oder Fachbereiche erhalten auf der Grundlage einer Zielvereinbarung mit dem Verwaltungsleiter ein festes Budget und können im Rahmen dieser beiden Vorgaben (Zielvereinbarung und Budget) selbständig arbeiten.

Die Auseinandersetzung mit den neuen Steuerungsmodellen ist unausweichlich und notwendig, sollte nicht nur als Zwang betrachtet werden. Eine Orientierung des Verwaltungshandelns an erbrachten Leistungen statt an erfüllten Verwaltungsregeln ist im Sinne von Kindern nur zu begrüßen. Es kommt darauf an, daß in diesem Prozeß Kinder und Jugendliche auch als Rechtssubjekte angesehen, als „Kunden“ der Verwaltung erkannt und als Zielgruppe berücksichtigt werden. Hier kann die Grundsatzdiskussion über die Vor- und Nachteile der neuen Steuerungsmodelle nicht ausführlich behandelt werden, vielmehr sollen einige für die Partizipation von Kindern relevante Aspekte verdeutlicht werden:

(1) Aufgabe einer Kinderinteressenvertretung ist es, im Rahmen einer „Politikberatung“ dem Jugendhilfeausschuß und letztlich dem Rat entsprechendes Fachwissen über die Bedürfnisse von Kindern und Jugendlichen zu liefern und die Politik dabei zu unterstützen, das Verwaltungshandeln kinderfreundlich zu gestalten.
(2) Sowohl bei der Definition der Ziele und Festsetzung der Schwerpunkte bzw. Entscheidung für Einsparungen und beim entsprechenden Controlling sind Kinderinteressen zu berücksichtigen; in diesem Teil des Prozesses muß es jemanden geben, der Ziele und Entscheidungen entsprechend prüft. Die Funktionen einer Querschnittsstelle Kinderinteressen liegen zu Teilen jetzt schon sehr nahe an dem, was Controlling zu sein hat (vgl. Obenhaus 1994: 322). Sie sollte in Zukunft im Sinne von Controlling Einfluß haben und Einfluß nehmen.
(3) Das ebenfalls wichtige Ziel der Stärkung der Eigenverantwortung durch Budgetierung der finanziellen Ressourcen ermöglicht auf der einen Seite notwendige Einsparungen, die im Interesse von Kindern wünschenswert und notwendig sind. Doch führt die Kombination zweier wesentlicher Ziele, anders zu steuern und gleichzeitig zu sparen, meist zu Widerständen und Blockaden. Meist sind die Einsparmaßnahmen mit Personalkürzungen verbunden. „Erwarten Sie von ihren Mitarbeitern nicht, daß sie besonderen Elan bei der Erarbeitung von Vorschlägen zeigen, durch die der eigene Arbeitsplatz wegrationalisiert wird oder die für den einzelnen Mitarbeiter erhebliche Nachteile bringen“ (Kratz 1987: 231). Im Hinblick auf diesen Prozeß kann eine Interessenvertretung von Kindern auf der Basis einer generellen Bereitschaft zur Haushaltskonsolidierung – die Verschuldung der öffentlichen Haushalte findet *auch* auf dem Rücken der Kinder statt – die Auswirkungen konkreter Sparmaßnahmen auf die Entwicklung von Kindern und Jugendlichen thematisieren und unterstützend wirken, diese möglichst sozial verträglich zu gestalten.
(4) Die Stärkung der Eigenverantwortlichkeit der Fachbereiche wird die Rechte von Querschnittsstellen in der praktischen Arbeit in Zukunft eingrenzen. Kinderinteressenvertretungen werden sich stärker als verwaltungsinterne Servive- und Beratungsstellen profilieren müssen, die anderen Ämtern im Hinblick auf deren Aufgaben, kinderfreundlich zu arbeiten, Beratung und Begleitung anbieten. Denn diese müssen z.B. eigenverantwortlich Partizipationsveranstaltungen mit Kindern durchführen. Da sie normalerweise das Fachwissen dazu nicht haben, sind sie darauf angewiesen, Beratung in Anspruch zu nehmen.

Insofern bleibt auch nach der Einführung neuer Steuerungsmodelle und der angestrebten Selbständigkeit der einzelnen Fachbereiche genug zu tun. Gerade im Hinblick auf das Ziel der Bürgerfreundlichkeit verfügt die Jugendhilfe über methodische und praktische Erfahrungsschätze, die sie in Kooperationen einbringen kann. Die Arbeit mit Kindern und Jugendlichen setzt eine Fachlichkeit voraus, die sie als Beitrag in die Zusammenarbeit einbringen kann. Dazu ist es allerdings manchmal auch notwendig, vom moralisch hochstehenden „Roß der Kinderinteressenvertreter" herabzusteigen.

6. Methodische Grundlagen

Kinderparlamente, Zukunftswerkstätten, Spielplatzplanungen, Kinderanhörungen und Ideenwettbewerbe sind typische Arbeitsformen für die Partizipation von Kindern. Entsprechende Praxisdokumentationen und Arbeitsanleitungen stoßen auf breite Resonanz, da diese Arbeitsformen auf dem „Markt der Methoden" aktuell und modern sind. So interessant die meisten Beiträge sind, so wenig wird in der Reflexion deutlich, woher die methodischen Grundlagen stammen.
Das meiste, was heute im Rahmen von Partizipationsprojekten praktiziert wird, wurde nicht für diesen Zweck neu konzipiert. Das ist auch gar nicht erforderlich. Es mag pragmatische, in den politischen Funktionsmechanismen sozialer Arbeit liegende Gründe geben, einen Arbeitsansatz als Innovation darzustellen. Doch für die fachliche Entwicklung und methodologische Diskussion ist es nicht notwendig, „das Rad neu zu erfinden".
Der Begriff „Methode" wird sehr unterschiedlich definiert. Mal wird damit eine konkrete Arbeitstechnik bezeichnet, dann wiederum wird darunter ein komplexes Bündel von Handlungsweisen verstanden. Zunächst einmal sind Methoden „planmäßige Verfahren und Techniken, um zu einem gesetzten Ziel zu gelangen" (Schmidt-Grunert 1997: 46). In diesem Sinne sind damit alle Strategien, Techniken und Arbeitsformen gemeint, mit denen bestimmte Zielsetzungen erreicht werden kön-

nen. Darüber hinaus gibt es grundlegende Konzeptionen für verschiedene Bereiche sozialer Arbeit, die auf der Grundlage von Werten und Grundhaltungen ein konsistentes berufliches Handeln ermöglichen sollen, also eine Übereinstimmung zwischen moralischen Prinzipien, gesellschaftspolitischen Absichten, konkreten Arbeitszielen und den angewendeten Arbeitsformen. Eine solche methodische Grundausrichtung wird hier als *Arbeitsansatz* bezeichnet. Arbeitsansätze sind nicht beliebig für verschiedene Ziele und Zwecke verwendbar, wie es Methoden in einem konkreteren Sinne oft sind.

Hier werden drei Arbeitsansätze vorgestellt, die für die Partizipation von Kindern bedeutsam sind: Der *Situationsansatz* wurde als elementare pädagogische Arbeitsform in der Tradition Paolo Freires entwickelt und wird heute in Tageseinrichtungen für Kinder angewandt, bietet sich aber generell für die Arbeit in Einrichtungen mit Kindern an (6.1); *Projektarbeit* eignet sich, um Planungs- und Gestaltungsprojekte mit Kindern durchzuführen (6.2). *Gemeinwesenarbeit*, das hat schon die einführende Analyse der Politik ergeben, ist die notwendige Konsequenz aus den Defiziten von Politik und schafft einen institutionellen Rahmen für die Partizipation von Kindern insbesondere in benachteiligten Stadtteilen (6.3). Für die Auswahl dieser Arbeitsansätze waren folgende Kriterien maßgeblich:

(a) Fördern sie die Entwicklung individueller Handlungskompetenz zur demokratischen Beteiligung statt der Anpassung des Einzelnen an gesellschaftliche Anforderungen?

(b) Nehmen sie auf alters-, schichten- und geschlechtsspezifische Vorprägungen und Unterschiede Rücksicht und fördern eher Chancengleichheit als Privilegienverfestigung?

(c) Bieten sie Möglichkeiten, nonverbale Methoden zu integrieren und sprachliche Entwicklung zu fördern?

(d) Ist der Aspekt der materiellen Partizipation, also der ausreichenden Teilhabe an materiellen Gütern und Lebensgrundlagen berücksichtigt?

(e) Sind sie genügend differenziert, um das kommunalpolitische Handlungsfeld auszufüllen und die Vernetzungs- und Kooperationschancen in einer Kommune im Hinblick auf die Durchsetzung von Kinderinteressen nutzen zu können?

(f) Machen sie Spaß und ermöglichen lebendiges Lernen?

Die beschriebenen Arbeitsansätze sind keine objektivierten Methoden, die jeder regelgeleitet anwenden kann, sondern auf Werten, konzeptionellen Leitlinien, pädagogischen Zielen und differenziert anzuwendenden Einzelmethoden beruhende Arbeitshaltungen. Daher unterscheidet sich die konkrete Praxis von Einrichtung zu Einrichtung, von Praktiker zu Praktikerin und auch in den theoretischen Veröffentlichungen erheblich.

6.1 PARTIZIPATION VOM KINDERGARTENALTER AN – DER SITUATIONSANSATZ

Der „Situationsansatz“ wurde Ende der sechziger Jahre im Rahmen der Reform der Vorschulerziehung entwickelt. In mehreren großen Modellversuchen in vielen Kindergärten erprobt, sollte der sitatuationsorientierte Ansatz, so wollten es seine Befürworter, „durch permanente Entwickelungs- und Weiterentwicklungsarbeiten“ (Zimmer 1995: 5) für die gesamte Elementarerziehung prägend werden. Er stand damit in Konkurrenz zu Konzepten, die auf systematische intellektuelle Förderung im Sinne einer Vorschulerziehung abzielten, und zu antiautoritär ausgerichteten Arbeitsformen, die davon ausgingen, daß Kinder in einer völlig repressionsfreien und gewaltlosen Umgebung ihre Bedürfnisse selbst regeln könnten (vgl. Krenz 1991: 73).
Der situationsorientierte Ansatz will die Beteiligung von Kindern an der Gestaltung ihres Alltages im Kindergarten und ein lebenspraktisches, ganzheitliches Lernen ermöglichen. Dieses Lernen soll durch die projektartige Gestaltung und Aufarbeitung wichtiger Schlüsselsituationen aus dem Lebensalltag von Kindern erfolgen. Er verfolgt als Ziele (vgl. Krenz 1991: 76 ff.):

(a) Kinder verschiedener sozialer Herkunft sollen zu selbständigem und autonomem Denken und Handeln befähigt werden.
(b) Lernen soll nicht isoliert in den Tageseinrichtungen stattfinden, sondern sich auf die Lebenswelt der Kinder in der Familie und im Stadtteil beziehen.
(c) Sachlernen und die gezielte Förderung von Motorik, Intelligenz, Sprache und Kreativität sollen in den Zusammenhang der Aktivitäten gestellt werden, die der Bearbeitung von Schlüsselsituationen dienen. Lernen soll also nicht funktionalisiert werden, sondern in konreten sozialen Kontexten stattfinden.
(d) Die Interessen, Bedürfnisse und Schwierigeiten des einzelnen Kindes sollen die Aktivitäten bestimmen, nicht globale Lernziele und gesellschaftliche Anforderungen.
(e) Die Aktivitäten zur Bearbeitung von Schlüsselsituationen sollen überwiegend projektartig über einen längeren Zeitraum gestaltet werden.
(f) Der situationsorientierte Ansatz soll generationenübergreifend, multikulturell und sozialisationsübergreifend sein.

Der situationsorientierte Ansatz setzt voraus, daß sich alle Mitarbeiterinnen einer Einrichtung auf die Arbeit nach einem solchen Konzept einlassen. Es ist kaum möglich, traditionelle Konzepte der Arbeit im Kindergarten, in denen feste Tagesabläufe, inhaltlich-didaktische oder jahreszeitlich orientierte Lerninhalte die Arbeit bestimmen, mit dem Situationsansatz zu vereinbaren. Auch Versuche, für den Situationsansatz all-

gemeingültige Materialien zu erarbeiten, in denen typische Situationen für Kindheit didaktisch aufbereitet werden, laufen dem Grundanliegen zuwider. Die Befürworter des Situationsansatzes gehen davon aus, daß eine Gestaltung des Alltags im Kindergarten, der sich aus relevanten Situationen ergibt und in den die Kinder als Mitentscheidende einbezogen sind, zu einem ungleich höheren Maß an Eigenmotivation, Spontaneität und Selbstbestimmung führt als Lernformen, die an theoretischen Lernzielen und allgemeingültigen Lerninhalten orientiert sind.
Als eine der wichtigsten Traditionen, auf die sich der Situationsansatz beruft, ist die „Pädagogik der Unterdrückten" des Brasilianers Paulo Freire zu sehen. Dieser stellte das Prinzip des Dialogs zwischen Erziehern und Schülern gegen das traditionelle „Bankierskonzept", nach dem der Erzieher sein Vorsprungswissen bruchstückweise an seine Schüler weitergibt und so Macht und Unterdrückung reproduziert (Freire 1979). Freire orientierte in seinem pädagogischen Konzept die Bildungsinhalte am Lebensalltag der Menschen. Was in den konkreten Lebenssituationen Lateinamerikas Menschen gegen die allgemeine Unterdrückung zu gesellschaftlicher Emanzipation befähigen sollte, erschien den Vertretern des Situationsansatzes auch als geeignete Methode, Kinder in den reichen Staaten Mitteleuropas zu aktiven Gesellschaftsmitgliedern zu erziehen.
Die Bedeutung des Situationsansatzes ist besser zu verstehen, wenn man den wissenschaftshistorischen Hintergrund sieht. Ende der sechziger Jahre lösten neue Theorien über die Identitätsentwicklung die klassische Rollentheorie ab, die Identität als ein Bündel erlernter fester Rollen ansah, welche man als Erwachsener nur je nach sozialem Kontext anzuwenden brauche. Der Soziologe Lothar Krappmann (1982) hat mit seinem Identitätskonzept auf Basis des symbolischen Interaktionismus aufgezeigt, daß es keine Identität im Sinne eines endgültig erworbenen Besitzes gibt, der nur noch in sozialen Beziehungen benutzt werden braucht. Vielmehr besteht Identität in der lebenslangen Aufgabe jeden Individuums, sich in konkreten Situationen zurechtzufinden, fremde und eigene Erwartungen aufgrund vorhandener Erfahrungen neu zu interpretieren und sich aufgrund dieser Interpretationen zu verhalten. Damit wurden auch die klassischen Bestrebungen von Bildung obsolet, über einen Kanon zu erlernender Fächer ein „Gerüst" zu erwerben, mit dem man als Erwachsener dauerhaft zurechtkommen konnte. Vielmehr erschien es notwendig, die Anwendung von Erfahrungen und Wissen im Lebensalltag praktisch zu erproben, einzuüben und damit gleichzeitig die Fähigkeit zu schulen, in neuen Situationen aktiv zu handeln und nicht nur auf Vorgaben und Erwartungen anderer zu reagieren. Daraus ergab sich folgerichtig ein Modell wie der Situationsansatz. Der Erziehungswissenschaftler Jürgen Zimmer als einer der wichtigsten Protagonisten verwies darauf, daß der Situationsansatz nicht mit dem Verzicht auf Er-

werb und Anwendung von Fachwissen gleichzusetzen sei: „Denn entgegen einigen didaktischen Auffassungen (...) zeigen zahlreiche Beispiele, daß sich wissenschaftliches Wissen auf ein Schlüsselproblem beziehen läßt, auch ohne das gesamte disziplinspezifische 'Davor' und 'Danach' zu kennen und einzubeziehen. Anders ausgedrückt: Um wissenschaftliches Wissen in Situationen verwenden zu können, ist man auf die Berücksichtigung jener *structures of disciplines* nur bedingt angewiesen" (Zimmer 1995: 23). So wird im situationsorientierten Ansatz der Schwerpunkt des Lernprozesses von objektiv begründeteten Lerninhalten hin zum Erwerb situativer Kompetenz verlagert, ohne den Anspruch aufzugeben, auch Wissen und Fertigkeiten zu vermitteln. „Lernen geschieht durch produktives Handeln, setzt auf die Generierung realer Erfahrungen, widersetzt sich dem Bankierskonzept und mithin einer Aneignung fertigen Wissens von oben. Damit sind Kinder und Erwachsene Teil eines Erkenntnisprozesses, der aus Lehrenden und Lernenden der Tendenz nach 'Forschende' in einem engeren 'Theorie/Praxis'-Zusammenhang macht. Dies gilt im Prinzip für fast alle Altersstufen, also nicht nur für ältere Kinder, Jugendliche oder Erwachsene" (ebd.: 32).

Der Situationsansatz in der Praxis

Wie sieht eine Arbeit nach dem Situationsansatz praktisch aus? Grundlegend sind drei Elemente: eine typische Schrittfolge bei der Durchführung von Projekten, konkrete Partizipationsformen wie Kinderkonferenzen und ein ausgeprägter Gemeinwesenbezug.

Schrittfolge des situationsorientierten Arbeitens

Der Sozialpädagoge Armin Krenz, der viele Tageseinrichtungen bei der Einführung des situationsorientierten Arbeitens begleitet hat, listet sieben typische Schritte auf:

> (a) Das Mitarbeiterinnenteam vergegenwärtigt sich die Lebensbereiche der Kinder und ihres Umfeldes. Dazu sind alle Schritte und Methoden sinnvoll, die neue und weitergehende Erkenntnisse über Stadtteil, Familien, soziales, kulturelles und wirtschaftliches Umfeld ermöglichen: Hausbesuche, Exkursionen, Besuche anderer Institutionen und Erfahrungsaustausch und vieles mehr. Wichtig ist die Frage, welche bedeutsamen und typischen Situationen Kinder in diesen Umfeldern erleben.
>
> (b) Diese Situationen werden gesammelt. Krenz bietet praktische Erhebungsbögen an, für jedes einzelne Kind diese besonderen Situationen aufzulisten. „Wahrnehmungsoffenkeit und Beobachtungsfähigkeit der ErzieherInnen sind entscheidende Kompetenzen, die dabei helfen werden, Situationen zu beobachten und zu erfassen" (Krenz 1991: 90). Das gelingt sicher nicht in einem Kinderalltag, der durchstrukturiert ist und in dem die Erzieherin jeden Schritt geplant hat.

(c) Im Mitarbeiterinnenteam werden die Situationen analysiert und besprochen. Die Situationen sollen in ihren Bedeutungen und Zusammenhängen erkannt und eingeordnet werden.
(d) Es werden Situationen ausgewählt, die geeignet sind, in einem folgenden Projekt vertieft zu werden. Grundlage ist eine Bewertung und Analyse dieser Situationen durch die Erzieherinnen hinsichtlich intellektueller, emotionaler, kreativer und sozialer Lernmöglichkeiten in den Situationen.
(e) Zusammen mit den Kindern wird eine Entscheidung für ein Projekt zu einer Schlüsselsituation getroffen. Der Entscheidung geht ein intensives Brainstorming voraus, in das die Kinder ihre Assoziationen, Wünsche, Bedenken und Projektideen einbringen. Aus dem Sammeln, Ordnen und Bewerten der Ideen entwickeln die Erzieherinnen zusammen mit den Kindern eine Projektplanung. Das Projekt kann lang oder kurz sein, drinnen oder draußen stattfinden, mit oder ohne Eltern durchgeführt werden; die Möglichkeiten sind so vielfältig wie die individuellen Bedingungen in der jeweiligen Einrichtung und die Kreativität von Kindern und Erzieherinnen.
(f) Die Durchführung des Projektes ist Bestandteil des Prozesses. Auch in der Durchführung können die Kinder mitgestalten, beeinflussen, verändern. „Erfahrungen haben gezeigt, daß Projekte, von denen Kinder sich im hohen Maße angesprochen fühlen – weil sie direkt mit ihnen zu tun hatten – ‚häufig eine Eigendynamik entwickeln und viele neue Aspekte von den Kindern selbst hineingebracht werden" (ebd.: 100).
(g) Die Auswertung des Projektes macht die Erfahrungen deutlich, hebt sie ins Bewußtsein und schafft gleichzeitig die Basis für neue Projektideen.

Kinderkonferenzen

Für den Situationsansatz sind Mitbestimmungsformen für die Kinder konstitutiv: „Ein wesentliches Prinzip der pädagogischen Arbeit nach dem Situationsansatz ist die Mitsprache, die Mitgestaltung, die Mitbestimmung der Kinder an Prozessen der Planung und Ausgestaltung des Tagesablaufs. (...) Ein wichtiger Fixpunkt ist daher in den regelmäßigen Zusammenkünften aller Kinder einer Gruppe oder auch des ganzen Kindergartens, den Kinderkonferenzen, zu sehen" (Thiel 1995: 51). Kinder tagen regelmäßig im Projektablauf, aber auch zu allen Fragen der Tageseinrichtung, zu denen die Kinder etwas sagen oder zu denen die Erzieher die Meinung der Kinder wissen wollen. Sicher sind die konkreten Mitbestimmungsformen so vielfältig wie die Einrichtungen. Diese Kinderkonferenzen können als moralische Diskurse verstanden werden (vgl. *Kap. 3.3*). Zimmer sieht genau hierin einen Vorteil des Situationsansatzes, der eine Form der Wertevermittlung durch die praktische Einübung in normatives Verhalten in Situationen darstellt. „Die Chance des Situationsansatzes liegt darin, die Wertedebatte nicht abgehoben zu führen oder dem Versuch zu erliegen, Normen 'an sich' zu vermitteln, sondern Normen, soziale Kontexte und technisch-instrumentelle Kompetenz auf situativer Ebene in Beziehung zu setzen" (Zimmer 1995: 27). Die Theorie Kohlbergs kann hier einen die Praxis erhellenden Beitrag leisten, indem die Möglichkeit besteht, Moralentwicklung durch die Art der Argumentation gezielt zu fördern.

Gemeinwesenorientierung

Der situationsorientierte Ansatz hat ausdrücklich die stärkere Partizipation von Kindern auch im politischen Sinn zum Ziel. Denn der Kindergarten bietet nur einen begrenzten Lebensausschnitt. „Diese Abschottung gilt es aufzubrechen, und Kinder wieder partizipieren zu lassen am Leben außerhalb dieser Inseln, und ihnen Möglichkeiten anzubieten, ihre je eigene Lebenssituation zunehmend autonom, sachgerecht und solidarisch anzugehen und zu bewältigen" (Thiel 1995: 41). Insofern impliziert der Situationsansatz eine konsequente Öffnung des Kindergartens auf den Stadtteil hin. Alle Fragen aus der Lebenswelt der Kinder können zum Inhalt von Projekten werden: Verkehrsfragen auf dem Weg zum Kindergarten, Verschmutzung von Spielwiesen mit Hundekot, die nahegelegene Feuerwehr, die Kinder im Asylbewerberheim. Aber auch im Kindergarten sollen die Kinder den Alltag mitbestimmen.

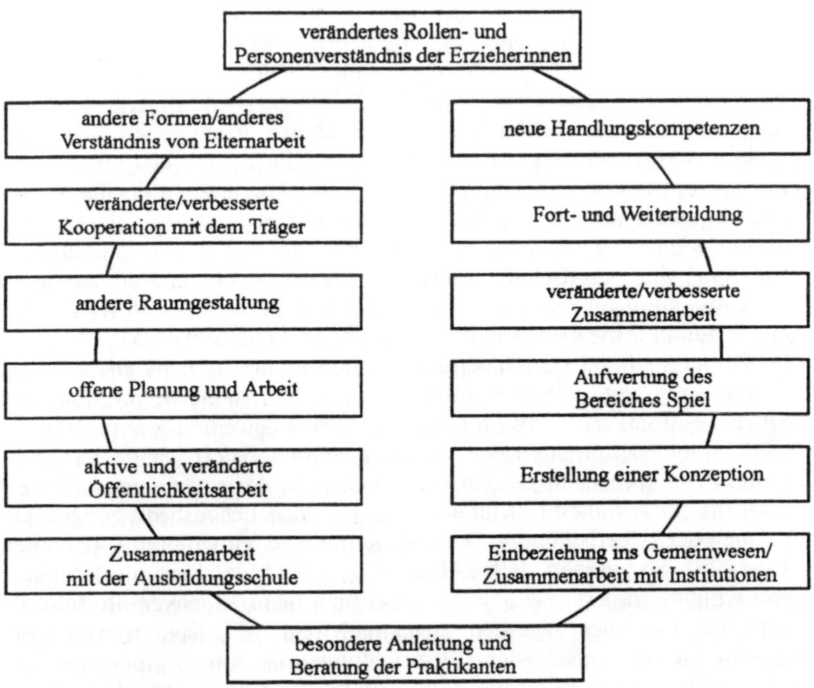

Abb. 4: Voraussetzungen des Situationsansatzes (nach Krenz 1991)

Voraussetzungen des Situationsansatzes

Der Situationsansatz setzt eine Reihe von praktischen Konsequenzen in der Arbeit voraus, die einer Bereitschaft und Entschiedenheit bedürfen, der Mitbestimmung von Kindern und dieser Art des Lernens Vorrang zu geben. Das vorstehende Schaubild (*Abb. 4*) zeigt die verschiedenen Handlungsebenen und komplexen Veränderungsprozesse, die einander bedingen und sich gegenseitig unterstützen:

Der Situationsansatz bietet sich für die Arbeit mit Kindern in festen Einrichtungen an, z.B. auch in Horten oder Jugendzentren. Praktische Bedeutung hat er vor allem im Kindergarten gewonnen. Im Einklang mit familiären Erziehungsbemühungen um eigenverantwortliche und eigenständige Kinder könnte mit dem Situationsansatz im frühen Kindesalter eine bessere politische Partizipationskultur grundgelegt werden. Aus der kritischen Auseinandersetzung um seine Möglichkeiten und Grenzen soll noch auf einige Punkte verwiesen werden:

(1) Die Warnung Gerd Schäfers, Kinder durch die Auswahl der Schlüsselsituationen nicht zu überfordern, verweist auf die Gefahr einer übertriebenen Politisierung. Der Situationsansatz stand aufgrund seiner politischen Optionen immer in der Gefahr, zu einer Ideologisierung des Kinderalltags aufgrund von Erwachseneninteressen mißbraucht zu werden. So läßt sich auch aus globalen gesellschaftlichen Problemlagen wie Arbeitslosigkeit, Umweltzerstörung und Städtezersiedlung eine theoretische Betroffenheit von Kindern konstruieren. „Je jünger ein Kind ist, desto wichtiger dürfte es sein, es darin zu unterstützen, erst einmal seines Sprechens und seiner Sprache sicher zu werden; dann dürfte es aber auch unsinnig sein, dem Kind frühzeitig Verantwortung für Dinge, für andere Menschen oder gar für gesellschaftliche Probleme aufzuladen. Hier muß die Gesellschaft, die soziale Gemeinschaft, erst einmal ihrer Verantwortung für das Kind gerecht werden, bevor sie vom Kind Verantwortung für die Gemeinschaft erwartet“ (Schäfer 1995: 95).

(2) Können Kinder im Kindergarten schon mitbestimmen? Diese Frage ist eindeutig mit „ja“ zu beantworten. Praxisversuche zeigen, daß der Situationsansatz zu realisieren ist (vgl. z.B. Laewen/Neumann/Zimmer 1997; Neue Sammlung 1995). Zimmer charakterisiert vor dem Hintergrund der Lebensbedingungen von Kindern in der sogenannten Dritten Welt die für Kindheit in Mitteleuropa typischen Lebensbedingungen als Formen der „Überbehütung, Domestizierung und Verwöhnung“ (Zimmer 1995: 29). So gesehen stellt sich die Frage nach der Leistungsfähigkeit von Kindern anders: Sie sind zu wesentlich mehr Eigenverantortung in der Lage, als ihnen allgemein zugemutet wird. Je pädagogisierter Kinderalltag in den verschiedenen Einrichtungen ist, um so größer die Gefahr, daß Kinder versorgt und betreut statt zu Eigenverantwortung ange-

leitet und in die ihren Alltag betreffenden Entscheidungen einbezogen werden.

(3) „Ich frage mich, ob die Themen nicht ganz anders lauten würden, wenn man irgendwie die Kinder selbst dazu 'befragt' hätte? Vielleicht: Warum sich der Mond aufbläst, wo die Sonne in der Nacht bleibt, ob Ameisen etwas spüren oder warum Mama immer erst so spät kommt" (Schäfer 1995: 83)? Warum die Kinder nicht gefragt werden, welche Situationen sie für ihre Schlüsselsituationen halten, warum das Aufgabe der Erzieherinnen allein sein soll, ist nicht nachzuvollziehen. Möglicherweise drückt sich darin das Bemühen um berufliche Kompetenz und die Vorstellung aus, daß erst durch die Differenzierungen und Bewertungen der Erzieherinnen Fülle und Tiefe möglicher Lernchancen erreicht wird. Das ist sicher zum Teil richtig. Aber warum erarbeiten sie die Schlüsselsituationen nicht mit den Kindern zusammen? „Wenn Kinder nicht selbst zu Wort kommen, wenn sie sich nicht gegen unsere pädagogischen Absichten wehren, dann bekommen sie von uns Erwachsenen möglicherweise als Schlüsselsituationen auferlegt, was wir für sie für richtig halten" (Schäfer 1995: 83). Es ist fraglich, inwieweit die Erwachsenen in ihren Vorbereitungsgesprächen in der Lage sind, sich in das Denken von Kindern hineinzuversetzen. Zumal gerade das Ungewohnte des Situationsansatzes die Erzieherinnen in Begründungszwänge gegenüber Eltern und Träger über den pädagogischen Sinn des eigenen Tuns bringt, welche die Neigung fördern, möglichst „pädagogische" Schlüsselsituationen auszuwählen.

(4) „Es fällt auf, daß der 'Situationsorientierte Ansatz in der sozialpädagogischen Praxis' es bis heute nicht geschafft hat, sich in der Praxis real durchzusetzen" (Krenz 1991: 14). Das hat sicher damit zu tun, daß er eine konsequente Ausrichtung der gesamten Arbeit auf einen Arbeitsansatz sowie ungewohnte und ungelernte Arbeitsmethoden erfordert und nicht so einfach zu praktizieren ist. Trotzdem stellt er eine lohnende Alternative für Einrichtungen dar, die Partizipation von Kindern praktizieren wollen und einen fachlich geeigneten Arbeitsansatz suchen.

6.2 Projektarbeit

Der Begriff des Projekts ist eines der schillernden methodischen Schlagwörter, dessen Gebrauch in den letzten Jahren in Schule, Jugendarbeit, Wirtschaft und Politik inflationär geworden ist. Zwischen den verschiedenen Unternehmungen, die als Projekt, Projektarbeit, Projektmanegement, Projektmethode oder Projektunterricht bezeichnet werden, gibt es keine inhaltlichen und kaum methodische Gemeinsamkeiten. Prägend für Projektarbeit als pädagogisch-methodischer Ansatz[1] waren philosophisch-pädagogische Studien und Praxisexperimente zu Beginn dieses Jahrhunderts in der Berufsausbildung in den Vereinigten Staaten. So entwickelten John Dewey und William Heard Kilpatrik ausgehend vom Ideal des „demokratischen Staatsbürgers“ eine Alternative zum herkömmlichen Schulsystem. „Im Prozeß der Selbstorganisation ihrer Arbeit“ bestand das Ziel darin, „Planen, Lernen und Handeln zu verbinden (learning by doing)“ (Bonn 1974). Im Zuge der schulreformerischen Bemühungen in den siebziger Jahren wurde Projektarbeit als schulische Methode aufgegriffen, um Schülerinnen stärker in den Unterricht einzubeziehen und Aspekte wie Selbstbestimmung und Selbstorganisation zu fördern. „Projektunterricht“ und „Projektwochen“ wurden in der schulischen Praxis zum selbstverständlichen Bestandteil der Unterrichtsmethodik. Auch in Wirtschaft, Politik und außerschulischer Jugendarbeit fand die Methodik der Projektarbeit Eingang (KJG 1976; Heintel/Krainz 1990; Linnemann 1995).

Projektarbeit ist ein Arbeitsansatz, der Kinder und Jugendliche zur aktiven Auseinandersetzung mit der Lebensumwelt aktivieren und befähigen und reale gesellschaftliche Einflußmöglichkeiten organisieren will. Projektarbeit ist in diesem Sinne eine gleichermaßen pädagogische wie politische Methode. Sie ist gekennzeichnet durch eine klare Handlungsorientierung: Kinder sollen nicht nur aufnehmen und lernen, was Erwachsene ihnen vorgeben, sondern die Umwelt aktiv wahrnehmen und gemäß ihren Bedürfnissen verändern. Projektarbeit steht in enger Beziehung zu den drei Kategorien „Bildung“, „Demokratie“ und „Gemeinwesen“:

(a) Projektarbeit ist mehr als eine Unterrichts- und Lernmethode. Sie ist als ein selbstorganisierter *Bildungsprozeß* zu verstehen, der die Aneignung theoretischen Wissens, sozialer Kompetenzen und politischer Handlungsfähigkeit gleichermaßen beinhaltet. Auf Dewey geht der Begriff der „denkenden Erfahrung“ zurück, der kennzeichnend für Projektarbeit ist. Die Entwicklung eigener Fragen aus den eigenen Interessen, die Suche nach Antworten, die zielgerichtete gesellschaftspolitische Aktion und die bewußte Reflexion des eigenen Handelns macht die spezifischen Bildungsmöglichkeiten der Projektarbeit aus.

(b) Dewey integrierte in der Konzeption seiner Modellschule das Anliegen einer praxisorientierten Bildung mit dem gesellschaftlichen Interesse einer Erziehung zur *Demokratie*. Er verstand Demokratie nicht als Ziel und Ergebnis eines Lernprozesses, sondern war der Auffassung, daß nur durch praktizierte Demokratie die Voraussetzungen zu einer demokratischen Gesellschaft zu schaffen seien.

[1] Aufgrund neuerer historischer Untersuchungen ist der Ursprung des Begriffes ‘Projekt’ weiter zurückverfogt worden. Seine Ursprünge liegen über 300 Jahre zurück. „Zuerst wurde es von Architekten benutzt, die ihre Entwürfe zeichneten und berechneten. Man nannte die Entwürfe in Italienisch „progetti“, in Französisch ‘projets’, später in Deutsch ‘Projekt’“(Frey 1996, 14).

(c) Die Auseinandersetzung mit dem *Gemeinwesen*, allgemeiner gesagt, mit der Lebensumwelt von Kindern und Jugendlichen ergibt sich aus der demokratischen Ausrichtung und konkretisiert sie. Sie ist, so wird von allen Autoren immer wieder betont, bestimmend für Projektarbeit. Dieses Kriterium beinhaltet „den hohen und umfassenden Anspruch von Projektpädagogik, handelnd und wenn möglich verbessernd in gesellschaftliche Prozesse einzugreifen. Dieses Merkmal verleiht dem Lernen Ernstcharakter und begreift es als Methode der Selbst- und Weltveränderung“ (Wolters 1994: 175).

Projektarbeit als Arbeitsansatz der Partizipation von Kindern in der Kommunalpolitik

Aus den bis hierhin vorgenommenen Begriffsbestimmungen ergibt sich, daß Projektarbeit ein in besonderer Weise geeigneter Arbeitsansatz ist, um Kinder in politische Entscheidungen einzubeziehen und ihnen gesellschaftspolitische Mitbestimmungsmöglichkeiten einzuräumen.

Projektarbeiten zur Erkundung und Dokumentation von Kinderinteressen ermöglichen Kindern eine Auseinandersetzung mit ihrer Lebensumwelt. Indem Kinder und Jugendliche methodisch angeleitet werden, durch Stadtteilerkundungen, Institutionsbesuche, Befragungsaktionen und andere geeignete Methoden sich mit ihrer Lebensumwelt zu beschäftigen und Fragen, Probleme und Wünsche zu thematisieren, ergeben sich Ideen für Projekte, die auf Veränderung, Verbesserung und Umgestaltung des eigenen Lebensbereiches zielen. Aus dem Grundsatz der Handlungsorientierung ergibt sich die Besonderheit der Projektarbeit im Unterschied zu anderen Arbeitsformen. Die Themen werden nicht unterrichtlich abgehandelt, im Vordergrund steht vielmehr die Frage „Was können wir aktiv für eine Sache oder gegen einen Mißstand tun?“ Die möglichen Aktionsformen sind vielfältig.

Projektarbeit ist als *Planungsmethode* gut geeignet, Kinder bei unterschiedlichen Formen kommunaler Planungen zu beteiligen. Auf Planungsebenen, auf denen eine direkte Partizipation der Betroffenen oft nicht möglich ist, da die zukünftigen Nutzer noch nicht feststehen und die Realisierung weit in der Zukunft liegt (z.B. in der Bauleitplanung und in einer städtebaulischen Rahmenplanung), können z.B. Kinder einer Schulklasse als Stellvertreter der zukünftigen Nutzer beteiligt werden und Kinderinteressen für diese Planungen geltend machen. „So sind dann auch die Ansprüche an ein solches Verfahren andere als bei der Partizipation von Kindern an Maßnahmen der Stadterneuerung und Sanierung“ (Apel/Pach 1997, 102). Projektarbeiten können die Analyse der bisherigen Nutzung eines Raumes durch Kinder und die Formulierung genereller Nutzungsansprüche und Ideen leisten. Die Kinder einer Projektgruppe planen stellvertretend für die zukünftigen Generationen von Kindern als Nutzer einer Planung.

In der Wohnumfeld- und Spielplatzplanung können die zukünftigen Nutzer selbst in die Planung einbezogen werden. So zeigen detaillierte Erfahrungsberichte, daß mit Kindern so qualifiziert geplant werden kann, daß von ihnen gebaute Modelle direkt in Ausbaupläne umgesetzt werden können (vgl. z.B. Projektgruppe Danziger Straße 1993). Straßenplanung mit Kindern ist vom „Planungsbüro Stadt-Kinder“ realisiert worden. Das Projekt „Gelsenkirchener Straße“ in Herne-Wanne zeigt, daß Kinder auf der Grundlage ihrer Bedürfnisse und mit entsprechender fachlicher Begleitung auch Straßen planen können (Apel/Pach 1997). Kinderprojekte rund um das Thema Wohnen und Bauen dokumentierte 1992 der Ideenwettbewerb „Wohn- und Bauhits für Kids“ des Ministeriums für Bauen und Wohnen NRW (MBW 1993).
Projektarbeiten zur Gestaltung der Umwelt werden schon seit längerem im ökologischen Bereich und beim Schulhofumbau durchgeführt, in denen Kinder ihre Umwelt bepflanzen, bebauen und umgestalten. Die Beteiligung beim Bau von Spielplätzen ist eines der neueren Anwendungsgebiete. Aktives handwerkliches Tun und der Erfolg eines dauerhaften Projektergebnisses machen den hohen pädagogischen Wert der Gestaltungsprojekte aus.

Typische Elemente der Projektarbeit

Die folgenden Kennzeichnungen geben eine grobe Orientierung über Projektarbeit. Sie ersparen es nicht, eigene Versuche zu unternehmen und Erfahrungen in denkender Weise methodisch aufzuarbeiten.

Träger und Gruppenbildung
Als Träger von Projektarbeit eignen sich Horte, Schulen, Jugendverbände und andere Einrichtungen, in denen feste Kindergruppen bestehen. Sie können mit den bestehenden Gruppen jederzeit ein Projekt beginnen und über eine offene Auseinandersetzung mit den Gemeinwesenbedingungen konkrete Projektideen finden.
Bei der Beteiligung von Kindern an einer konkreten Maßnahme – einer Planung oder einem Bauprojekt – sind generell die Kinder aus dem Einzugsbereich als Zielgruppe anzusehen. Wenn Projektarbeiten sich also aus dem Interesse von Jugendämtern oder Planungsämtern als Planungsträger ergeben, die Kinder an einer Planung beteiligen wollen, ist es notwendig, eine Projektgruppe neu zu initiieren. Dazu gibt es verschiedene Möglichkeiten:

(a) Als offene Einladung mit Flugblättern über Hausverteilung und Schule.
(b) Mit vorhandenen Gruppen im Einzugsbereich, also Hortgruppen, Kindergruppen in Jugendverbänden oder Schulklassen, deren Mitglieder überwiegend im Einzugsbereich leben.
(c) Viele Projekte lassen sich nach dem „Hamelner Prinzip“ beginnen, indem man mit einer attraktiven Spielaktion vor Ort beginnt und die Kinder auf der

Straße anspricht. Das ist vor allem in den Stadtbezirken sinnvoll, in denen man Kinder mit schriftlichen Mitteilungen kaum erreicht.
(d) Es kann auch sinnvoll sein, sich mit Planungsprojekten an Projektwochen in Schulen oder an einem städtischen Ferienprogramm zu beteiligen. Gerade Schulen sind froh, wenn sie Unterstützung bei der Gestaltung ihrer Projektwochen bekommen. So kann im Rahmen einer Schulprojektwoche, die sich mit dem Stadtteil beschäftigen soll, ein Spielplatz geplant werden.

Phasen der Projektentwicklung

Phasenmodelle beschreiben einen idealtypischen Ablauf von Projekten und finden sich in allen methodischen Beschreibungen von Projektabläufen in ähnlicher Weise wieder. Die Phasen werden je nach Autorin unterschiedlich gewichtet und differenziert. Allerdings sollten die einzelnen Stufen grundsätzlich vorhanden sein[2] (vgl. z.B. KJG 1976; Frey 1996). Typisch für Projektarbeit ist ein Ablauf, der folgende Schritte umfaßt (*Abb. 5*):

Abb. 5: Projektentwicklungsphasen

(1) Zu Beginn eines jeden Projektes, d.h. sobald die Gruppe feststeht, steht ein *Ausgangskonsens*, sich mit einer Sache zu beschäftigen (einen Spielplatz zu planen, ein Spielgerät zu bauen...), zu einem bestimmten Thema aktiv zu werden (den Stadtteil zu erkunden, das Jugendzentrum zu verbessern, etwas für die Dritte Welt zu tun...) oder ganz allgemein etwas gemeinsam zu tun (nach einer Projektidee zu suchen...). Es ist hierbei nicht entscheidend, wer den Vorschlag macht; die Initiative kann von einem Gruppenmitglied einer vorhandenen Gruppe ausgehen, eben-

[2] Vgl. z.B. Apel/Pach 1997, 41: Eine Entscheidungssituation und eine Reflexionsphase sind hier nicht thematisiert.

so von der Stadtverwaltung, die Kinder an einer Wohnumfeldverbesserung beteiligen will. Dieser Konsens sollte in der Projektgruppe ausdrücklich formuliert werden.

(2) Daran schließt sich eine bewußte *Auseinandersetzung mit dem Projektgegenstand* an. Die Projektleitung hat hier die Aufgabe, methodische und inhaltliche Hilfen zu geben, wobei es nicht um eine veränderte Form von Schulunterricht geht. Vielmehr benötigen Kinder Hinweise auf unbedachte Aspekte des Themas, methodische Hilfen für die Auseinandersetzung mit einer Idee und Hinweise auf mögliche Informationsquellen zur selbständigen Erkundung des Themas. Erst dadurch wird für Kinder eine Entscheidung für oder gegen bestimmte Projektinhalte möglich. Kinder wissen nicht immer und sofort, was sie wollen; sie brauchen Zeit zum Überlegen. Sie kennen nicht die Möglichkeiten, die ein Projekt bietet. Sie benötigen Informationen. Sie phantasieren nicht aus dem Stegreif; methodische Anregungen und Freiräume zur Entwicklung von Phantasie können sie unterstützen. Für eine qualifizierte Partizipation hat in dieser Phase die *„Horizonterweiterung"* eine wichtige Bedeutung, da hiermit die Qualität der Projektergebnisse vorherbestimmt wird. Die Horizonterweiterung wird ermöglicht durch die Hinweise zur Erkundung des Themas durch die Projektleitung, durch die Dynamik der Gruppe, die sich auf den Weg macht, ihre Umgebung zu erkunden, und durch Methoden der Anregung von Phantasie und Kreativität.[3]

(3) Im Laufe eines Projektes sind eine Reihe von Entscheidungen zu treffen:

Die *Entscheidung* des einzelnen Kindes, mitzumachen und sich auf die gegebenen Strukturen einzulassen,
Entscheidungen für bestimmte Arbeitsmethoden und Arbeitsschritte;
die *Entscheidung* für ein bestimmtes Projekt,
Entscheidungen zur Ausgestaltung des Projektes,
die *Entscheidung*, wie es nach dem Abschluß weitergehen soll.

Die *Projektentscheidung* ist sicher eine der wichtigsten Entscheidungen. Von der Art und Weise, wie sie getroffen wird, hängt ab, ob sie von allen getragen wird und ob alle Projektgruppenmitglieder sich mit ihrem Engagement einbringen. Das Bemühen um Konsens sollte im Vordergrund

---

[3] Der Begriff der Horizonterweiterung kenne ich aus der Projektkonzeption der Deutschen Pfadfinderschaft St. Georg (DPSG). „Horizonterweiterung" ist eine der großen Lernchancen für Erwachsenenpartizipation aus den Partizipationsformen der Kinder. Denn dieses Moment fehlt in den üblichen Erwachsenen-Beteiligungsformen fast völlig. Bürgerversammlungen, in denen Planungen ohne Alternativen vorgestellt werden, in denen Kommunikation methodisch nicht gefördert wird, in denen die Entwicklung von Bürgerwillen nicht strukturell unterstützt wird, verfestigt die politischen Probleme und das Desinteresse und den Frust auf der Seite der Bürgerinnen und Bürger.

stehen, da bei Mehrheitsentscheidungen die unterlegene Minderheit sich häufig nur „mit halbem Herzen" beteiligt. Die Qualität der Entscheidung hat Einfluß auf den Gruppenprozeß, gleichzeitig bedeutet das Ringen um die Entscheidung „praktische Demokratie".

(4) Die *Vorbereitung und Durchführung einer Aktion* geschieht normalerweise in relativ selbständiger Regie der Gruppe. Die öffentliche Präsentation von Ergebnissen ist ein wichtiger Bestandteil dieser Projektphase, denn damit werden politische Anliegen von Kindern öffentlich. Die Vorbereitung und Durchführung der Präsentation und der damit verbundene Kontakt zu Verwaltungsmitarbeiterinnen, Politikerinnen und Medienvertretern ist politische Bildung und Medienschulung „en passant". Die Erfahrung zeigt, daß bei der öffentlichen Präsentation von Projektergebnissen die anwesenden „Promis" eine höhere Bereitschaft zum Zuhören zeigen als sonst. Das hat sicher auch damit zu tun, daß die Kinder nicht nur Forderungen stellen, sondern ihre Bereitschaft und Fähigkeit zu gesellschaftlichem Engagement gezeigt haben. Damit haben Forderungen eine andere Qualität und Berechtigung.

(5) Nach Abschluß der Aktion schließt sich die *Reflexionsphase* an. Sie ist ein wichtiger Bestandteil der Projektentwicklung; sie eröffnet den Horizont über das Projekt und seine Rahmenbedingungen hinaus und hebt die Erfahrungen ins Bewußtsein. Neben der selbstkritischen Frage zum Projekt selbst, was man hätte besser tun können, sind wichtige Fragestellungen:

> War das Projekt überhaupt der beste Ansatzpunkt, die Lebenswelt der Kinder zu verbessern? Gäbe es neue, bessere Projekte?
> Was tun mit den gewonnenen Energien und Fähigkeiten zur Umweltgestaltung?
> Welche neuen Ideen haben die Kinder? Wo können sie sich konstruktiv einbringen? Welche politischen weitergehenden Forderungen ergeben sich?
> Welche Widerstände haben den Erfolg des Projektes behindert?

Fixpunkte

Projektgruppen entwickeln ihre Projekte Schritt für Schritt. Darum ist es notwendig, „Fixpunkte" zu schaffen, an denen die gesamte Projektgruppe sich trifft, den Projektstand reflektiert und die nächsten Schritte plant. „Der Fixpunkt ist eine Unterbrechung der Aktivitäten für ein paar Minuten oder auch länger. Am Fixpunkt informieren sich die Teilnehmer gegenseitig über den Stand des Projektes. Sie regeln organisatorische Angelegenheiten. Sie ruhen sich aus, nehmen eine „Auszeit" und versuchen, einer aufkommenden Hektik entgegenzuwirken" (Frey 1996, 152). Fixpunkte können durch eine feste Anfangsrunde und Abschlußrunde zu jedem Treffen geschaffen werden, in denen alle Gruppenmitglieder kurz ihre Meinung zu Projektstand oder Gruppensituation sagen, sollten aber auch jederzeit einberufen werden, wenn eine Kleingruppe oder ein Gruppenmitglied dies anregt oder beantragt.

Metainteraktion: Verständigung über den besten Verlauf eines Projektes
Im Verlauf eines Projektes verständigt sich die Gruppe über die Formen der Zusammenarbeit, über den Projektstand, über mögliche Veränderungen und Verbesserungen. Konflikte können besprochen und sollten gelöst werden. „Die Metainteraktion trägt dazu bei, aus einfachem Tun bildendes Tun zu machen" (Frey 1996, 70). Insbesondere die „Festlegung der Tagesordnung" (vgl. *Kap. 2.6*) ermöglicht, neue Fragen zu stellen, den laufenden Projektprozeß in Frage zu stellen. „Ausdruck von Zugehörigkeit und Gefühl" entsteht durch Riten und Gesten, in denen Gruppengefühl und Gruppenbewußtsein dokumentiert werden (einheitliche T-Shirts, gemeinsame Ansteck-Buttons, Begrüßungsriten). Das Ziel der „Wahrung der Autonomie und Bekenntnis und Ausdruck des Selbst" erfordert Formen der Metainteraktion, damit Willensbildungen und Entscheidungen nicht nach den Mechanismen der Durchsetzungskräftigsten ablaufen. Metainteraktion ermöglicht es zu fragen, ob alle Gruppenmitglieder eine Entscheidung mittragen, ob Minderheiten Entscheidungen durch bestimmte Veränderungen eher zustimmen können. Konsensentscheidungen sind ohne Metainteraktion kaum möglich. Metainteraktion kann durch einfache und bewährte Methoden unterstützt werden:

(a) *Blitzlicht:* Alle Gruppenmitglieder äußern reihum ihre Meinung zu einer bestimmten Frage.

(b) *Fragebogen:* Alle Gruppenmitglieder füllen einen Fragebogen mit Fragen zur Gruppensituation, zum Projektverlauf und zu den Projektinhalten aus. Die Auswertung wird gemeinsam besprochen.

(c) Anfangs- und Abschlußrunden: Alle Gruppenmitglieder teilen ihre augenblickliche Meinung zur Gruppensituation und zum Projektverlauf mit.

(d) *Sprachregeln:* Die Projektgruppe kann Vereinbarungen über bestimmte Sprachregeln treffen. Hierzu gibt es aus Gruppenpädagogik, Themenzentrierter Interaktion und Unterrichtspädagogik eine Reihe von Vorbildern (vgl. Frey 1996: 92; Cohn 1975: 120ff.). Sprachregeln können Gruppenmitglieder dazu nötigen, von der eigenen Person zu sprechen statt von allgemeinen Theorien; sie können die Vermeidung oder Erklärung von Fremdwörtern betreffen; sie können die maximale Länge von Wortbeiträgen regeln, um Vielredner zu begrenzen. Die Vereinbarung und Kontrolle dieser Sprachregeln sind ein wichtiger Teil der Metainteraktion.

(e) *Verhaltensregeln:* Das Finden, der Beschluß und die Kontrolle von Verhaltensregeln ist eine der zentralen Aufgaben von Metainteraktion. Die Projektgruppe sollte diese Regeln begründen und beschließen. Für die erwachsenen Leiter ist es wichtig, in der Diskussion alternative Aspekte und alternative Begründungsformen als Beitrag zu einem moralischen Diskurs (*Kap. 3.3*) zu liefern, um die Entscheidungen zu qualifizieren. Die Verhaltensregeln können in einem Gruppenbuch oder auf einer Tapete für alle sichtbar dokumentiert werden.

Die Entwicklung von Gruppenstrukturen

Der Wechsel zwischen Großgruppe und Kleingruppen ist eine der wichtigsten methodischen Hilfen zur Entwicklung einer Gruppe, die eine Gruppenleitung anregen kann. Dabei sind diesen beiden Gruppenstrukturen folgende Merkmale zuzuordnen:

(a) Die *Großgruppe* als „Plenum" oder „Vollversammlung" ist das Entscheidungsgremium, Diskussionsforum für alle Gruppenentscheidungen und bietet das Erlebnis der Gesamtgruppe und Entwicklung eines Gruppenbewußtseins.
(b) In *Kleingruppen* ist eine überschaubare Kommunikation möglich, alle kommen zu Wort, Nähe und Intimität kann erlebt werden. Zu Beginn einer Gruppensituation wird das Kennenlernen möglich, indem Vertrauen zu einzelnen Mitgliedern gewonnen wird. In Kleingruppen können Absprachen getroffen, Entscheidungen vorbereitet, Koalitionen gebildet werden.
(c) Im Verlaufe eines Projektes ist es oft sinnvoll, *feste Kleingruppen* zu bilden, die für eine abgesprochene Zeit kontinuierlich zusammenarbeiten. In einigen Jugendverbänden gehören feste Kleingruppen über längere Zeiträume hinweg als „Lebensgruppen" zum Konzept.
(d) Aus diesen festen Kleingruppen können gewählte Gruppensprecher einen *Projektrat* zusammen mit einem Vertreter des Leitungsteams bilden.

Projektleiterinnen können die Bildung von Kleingruppen nach unterschiedlichen Kriterien immer dann anregen, wenn die Großgruppe mit bestimmten Situationen überfordert ist, wenn der Gruppenprozeß oder die Projektentwicklung dies anbieten.

Selbstbestimmung durch die Gruppe

Ein grundlegendes Prinzip von Projektarbeit ist es, daß möglichst alle Entscheidungen durch die Projektgruppe getroffen werden. Das erfordert ein grundlegend verändertes Selbstverständnis von Gruppenleitung. Erfahrungsgemäß wächst im Verlauf einer Projektarbeit die Kompetenz von Kindern, selbst in der Gruppe Entscheidungen zu treffen und selbst Projekte zu gestalten. Damit erhalten Kinder eine reale Möglichkeit zur Mit- und Selbstbestimmung, wenn sie im Rahmen eines solchen Gruppenprozesses fachliche Kompetenz entwickeln, aber auch die Sicherheit einer Gruppe erhalten, um ihre Meinung gegenüber Erwachsenen zu vertreten. Idealtypisch verläuft der Kompetenzzuwachs nach dem in Abb. 6 (s. S. 138) dargestellten Prinzip. Im Verlauf eines Gruppenprozesses sollte die Leitungskompetenz immer mehr abnehmen, während die Gruppenkompetenz immer mehr zunimmt. So ist die Entscheidung über den Wechsel der Gruppenkonstellation und den Einsatz von Arbeitsmethoden zunehmend eine Entscheidung der Gruppe. Während in Anfangssituationen Gruppenmitglieder noch willig den Vorschlägen der Leiterinnen folgen, bedarf es mit Wachsen der Gruppenkompetenz der Zustimmung aller. Damit geraten Inhalt und Arbeitsformen in die Verfügung der Selbstorganisation einer Gruppe.

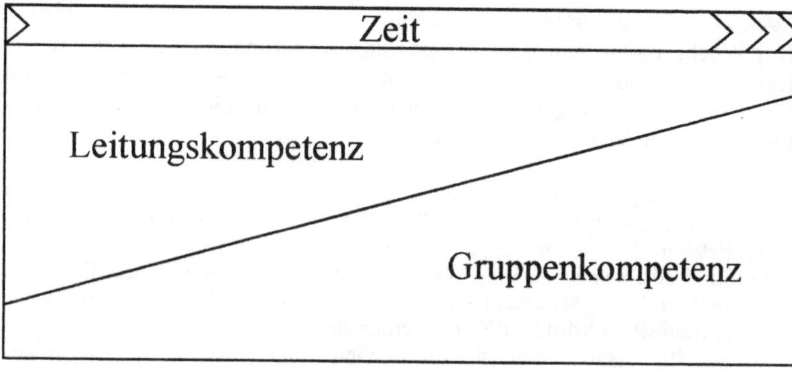

Abb. 6: Vergrößerung der Gruppenkompetenzen im Gruppenprozeß

Im Einklang damit stehen stärker demokratisch ausgerichtete Konzeptionen sozialer Gruppenarbeit. „Ein modernes Rollenverständnis einer Gruppenleiterin stellt diese als „Begleiterin"in den Mittelpunkt, die Hilfestellungen gibt, wo sie gefragt sind, die Bedürfnisse der Gruppenmitglieder präferiert und ihre eigenen in den Hintergrund stellen kann, die emanzipatorisch wirkt, indem sie den Gruppenmitgliedern möglichst viele eigene Entfaltungsräume innerhalb der Gruppe überläßt" (Schmidt-Grunert 1997: 104). Die Grenze von der Mitverantwortung zur Eigenverantwortung bildet den Übergang von der Pädagogik zur Politik. Solange Schüler sich in einem durch Träger und Projektleitung vorgegebenen Rahmen bewegen, ihn akzeptieren, bewegen sie sich im Rahmen der institutionellen Erziehungsbedingungen. Wenn sie beginnen, ihre eigenen Ziele zu formulieren, in Auseinandersetzung mit den vorgegebenen Möglichkeiten diese zu überwinden versuchen, den gesteckten Rahmen überschreiten wollen, wird ihr Handeln politisch. Richard Münchmeier (1997) hat die Reibungspunkte als den Kernpunkt der Partizipationschancen bezeichnet, die entstehen, wenn Jugendliche die institutionell vorgegebenen Partizipationsangebote verlassen und eigenständig handeln wollen und eigene Forderungen stellen. Wie Erwachsene mit dieser Situation umgehen, entscheidet über die Qualität einer Partizipationskultur.

Die multiprofessionelle Leitung eines Projektes
Gerade im Hinblick auf thematisch vorbestimmte Projekte ist es notwendig, daß die fachlichen Qualifikationen des Projektleitungsteams an den Inhalten des Projekts orientiert sind. Für Partizipationsprojekte im kommunalpolitischen Zuständigkeitsbereich sind in Planungsprojekten

Stadt-, Raum- oder Grünflächenplaner einzubinden; in einem Spielplatz-Bauprojekt sollten Handwerker, Künstler und Sicherheitsexperten beteiligt sein. Pädagoginnen sind als Moderatorinnen, Animateure, Vermittlerinnen und Organisatorinnen beteiligt. Projektarbeit ist nur multiprofessionell vernünftig durchzuführen.

Zusammenarbeit und Vernetzung
Projektarbeit ist ein auf das Gemeinwesen orientierter Ansatz. „Wenn Projektunterricht nicht der Hobbypflege dienen oder zur Beliebigkeit verkommen soll, müssen seine Themen eine Relevanz für die gesellschaftliche Praxis haben. Das ergibt sich aus dem Anspruch der Projektmethode, zur „Höherentwicklung" des Einzelnen und der Gesellschaft beizutragen" (Gudjons 1997: 135). In Projekten können bestehende gemeinwesenorientierte Netzwerke genutzt oder neue entwickelt werden. In Projekten können Kontakte zu Bürgergruppen, Erwachsenenverbänden oder anderen pädagogischen Einrichtungen hergestellt werden. Für gemeinsame Interessen können Bündnisse geschlossen, in der Auseinandersetzung mit „politischen Gegnern" kann politische Aktion und das Ausloten von Kompromissen geübt werden. Auch die Vernetzung von Projekten mit den politischen Entscheidungsgremien ist wichtig. Neben der Information aller Entscheidungsträger können immer wieder öffentlichkeitswirksame Anlässe geschaffen werden, zu denen Politiker eingeladen werden. Beim ersten Spatenstich, beim Projektbeginn und beim Abschlußfest besteht insbesondere für Politikerinnen, die sich für Kinderbelange engagieren und eine solche Arbeit ermöglichen, die Gelegenheit, die Ergebnisse ihrer politischen Arbeit öffentlich darzustellen. Gleichzeitig werden sie darin bestärkt, im Sinne von Kinderinteressen weiterzuarbeiten.

6.3 Gemeinwesenarbeit

Gemeinwesenarbeit ist als methodischer Ansatz aus einem Dilemma der Sozialarbeit entstanden: Sozialarbeiterinnen hatten in dem Bemühen, Menschen zu helfen, immer sowohl mit unangemessenen Verhaltensweisen ihrer Klienten zu tun als auch mit einem sozialen Kontext, der die Probleme der Klienten systematisch produziert und reproduziert. In den sechziger und siebziger Jahren zeigte es sich immer deutlicher, daß im Rahmen sozialer Arbeit individualisierende Methoden wie die Einzelfallhilfe oder die Gruppenarbeit nicht ausreichen. So konnte zwar dem Einzelnen manchmal geholfen werden, doch die den Problemen zugrundeliegenden gesellschaftlichen Ursachen blieben ungelöst. Auf der Suche nach Methoden, die auch den gesellschaftlichen Kontext berücksichtigen, wurden amerikanische Ansätze aufgegriffen, die dort schon in den zwanziger Jahren entstanden waren. In der „Community Organization" ging es neben der Hilfe für benachteiligte oder sozial auffällige Bevölkerungsgruppen auch um „sowohl eine demokratische Kontrolle als auch eine – nicht näher bezeichnete – 'progressive Demokratie'" (Mesle 1978: 58). So etablierte sich die Gemeinwesenarbeit in den siebziger Jahren neben Einzelfallhilfe und der sozialen Gruppenarbeit als dritte Methode der Sozialarbeit.

Gemeinwesenarbeit als Methode der sozialen Arbeit

In der deutschen Literatur zum Thema wurde unterschieden zwischen einerseits eher konservativen, wohlfahrtsstaatlichen Konzepten von Gemeinwesenarbeit mit der Zielsetzung der Integration des Individuums in die bestehende Gesellschaft und andererseits „aggressiven" Vorgehensweisen, deren erstes Ziel die Veränderung der gesellschaftlichen Verhältnisse mit teilweise klassenkämpferischen Methoden war. Zwischen diesen Polen siedelten sich die praktischen Gemeinwesenarbeitsprojekte an, je nachdem, welche Trägerinteressen, Zielsetzungen der Gemeinwesenarbeiter oder Interessen von Betroffenen maßgeblich waren (vgl. ebd; Karas/Hinte 1978). Die wichtigsten strukturellen Merkmale der Gemeinwesenarbeit zeigen, daß diese einen Beitrag zur Verbesserung individueller Partizipationsmöglichkeiten für alle erbringen kann und damit auch der verbesserten Durchsetzung von Kinderinteressen dient.

Demokratisierung der Gesellschaft als Ziel von Gemeinwesenarbeit: Das Bemühen um stärkere politische Partizipationsmöglichkeiten und Demokratisierung gesellschaftlicher Strukturen auf lokaler Ebene kennzeichnet alle Ansätze der Gemeinwesenarbeit.

Ganzheitliche Sicht – Entwicklung der Individuen und Veränderung der Gesellschaft: Gemeinwesenarbeit zielt auf das subjektive Lernen von Betroffenen und Beteiligten und gesellschaftlicher Veränderung gleichzeitig ab. Die in der Gemeinwesenarbeit Beteiligten sollen Fähigkeiten erlernen, die sie aufgrund sozialer Defizite in ihrer Entwicklung versäumt haben. Die Gruppe der Gleichbetroffenen spielt dabei eine zentrale Rolle; sie bietet Geborgenheit und die Erfahrung von Solidarität, und sie ermöglicht gemeinschaftliches und wirkungsvolles Handeln zur menschenfreundlicheren Gestaltung gesellschaftlicher Strukturen. Damit stellt sich Gemeinwesenarbeit gegen eine zu starke Individualisierung und Segmentierung sozialer Arbeit, wie sie in den letzten Jahren auch in der Jugendhilfe problematisiert wird, nicht zuletzt aufgrund der ausgeprägten Spezialisierung der Aufgaben im KJHG. Soziale Arbeit, die ohne Beeinflussung des sozialen Kontextes und ohne die Möglichkeit der Stabilisierung sozialer Beziehungen vor allem in Gruppen arbeitet, die

die Wirkungen des politischen Systems und seiner Entscheidungen nicht ins Kalkül zieht, bleibt in den Wirkungsmöglichkeiten sehr reduziert.

Die Rolle des Gemeinwesenarbeiters: Die Ansprüche an Gemeinwesenarbeit bedingen ein eigenes Selbstverständnis und Rollenhandeln der Gemeinwesenarbeiterinnen. Während in der klassischen Sozialarbeit die Gestaltung der Beziehung zum Klienten oder das Leiten einer sozialen Gruppe sozialarbeiterisches Handeln ausmachten, sollte der professionell arbeitende Gemeinwesenarbeiter auch Kompetenz für das Agieren in einem politischen und gesellschaftlichen Kontext entwickeln und Betroffenengruppen zu politischem Handeln aktivieren, um sie nicht zu entmündigen. Hilfen und Unterstützung sollten immer in einer Balance zu der angestrebten Verselbständigung gegeben werden. Die Rolle des Gemeinwesenarbeiters wird als „katalytische Funktion" beschrieben. Er soll anregen, aber nicht selbst alles in die Hand nehmen. Sein Verhalten sollte situationsorientiert angemessen sein unter Berücksichtigung der oben genannten Ziele. Die notwendigen Verhaltensweisen variieren zwischen Katalysator, der Veränderungen in Gang setzt, Beobachter, Informator, Trainer, Kritiker, Provokateur und Vermittler.

Trägererwartungen und daraus bedingte Rollenkonflikte: Träger von Gemeinwesenarbeit sind Kommunen, Kirchengemeinden, Verbände und Bürgerinitiativen. Die Träger verfolgen mit den von ihnen finanzierten Projekten Erwartungen, die nicht unbedingt mit den Zielen der Projektarbeiter oder den Erwartungen der Betroffenen identisch sind. Im Gegenteil: Gerade in erfolgreichen Gemeinwesenprojekten formulieren die Betroffenen plötzlich Erwartungen und Vorschläge, die den Zielen der Träger zuwiderlaufen. In der Gemeinwesenarbeit sind Rollenkonflikte vorprogrammiert, die paradoxerweise um so reibungsvoller sind, je erfolgreicher die Gemeinwesenarbeiterin arbeitet. „Die Lösung dieser Konflikte könnte beim Träger der jeweiligen sozialen Institution liegen. Notwendig wäre mehr Autonomie und eine vergrößerte Handlungskompetenz der Mitarbeiter" (ebd.: 152). Doch ist das Ideal eines völlig uneigennützigen Trägers in der Realität nicht zu finden. Unter diesem Gesichtspunkt ist genau zu analysieren, welche Art von Gemeinwesenarbeit unter welchem Träger möglich ist und welche Vor- und Nachteile jedes Modell hat. Während eine kommunale Einbindung die Trägheit einer großen Verwaltung mit sich bringt, aber der Zugriff auf andere Ämter und auf finanzielle und andere Ressourcen einfacher ist, besitzen ehrenamtlich arbeitende Bürgerinitiativen eine große inhaltliche Unabhängigkeit, aber kaum finanzielle Mittel und einen komplizierten Zugang zu politischen Entscheidungen. Es gehört zur Aufgabe des Trägers, durch eine eindeutige Aufgabenstellung und Ressourcenbereitstellung eine effektive Arbeit zu ermöglichen. Da das selten optimal gelingt, sollten

Gemeinwesenarbeiter die Fähigkeit haben, auch mit diffusen Trägererwartungen im Interesse einer wirkungsvollen Arbeit umzugehen.

Aktuelle Formen der Gemeinwesenarbeit

In den achtziger Jahren entwickelte sich unter der Überschrift „Stadtteilarbeit" unter Bezug auf die Tradition der Gemeinwesenarbeit scheinbar neue Formen sozialer Arbeit. Beispielsweise wurde in Essen eine Kooperation von Stadt, Arbeiterwohlfahrt und Universität entwickelt, die als modellhaft galt. „Stadtteilbezogene soziale Arbeit versucht unter Rückgriff auf gemeinwesenarbeiterische Traditionen, sozialökologische Konzepte und nicht-direktive Ansätze aus der (Anti-)Pädagogik sowohl in der Arbeit mit Betroffenen als auch im Bereich der Organisation sozialer Arbeit und – darüber hinaus – auf der Ebene kommunalpolitischer Entscheidungs strukturen gerecht zu werden" (Hinte 1987: 9). Insgesamt ist jedoch eher eine immer weitere Differenzierung und Spezialisierung in den verschiedenen Arbeitsfeldern zu beobachten. Erst in den letzten Jahren gewinnen neue Ansätze der Gemeinwesenarbeit an Bedeutung. Hintergrund sind die Erfahrungen vieler Kommunen, daß in bestimmten Stadtteilen soziale Problemlagen stärker zutage traten und teilweise eskalierten, die mit immer neuen Spezialdiensten nicht mehr in den Griff zu bekommen waren. Ein zweiter Grund für neue Gemeinwesenkonzepte ist in der Überforderung der Kommunen zu sehen, professionelle soziale Leistungen und Hilfen zu finanzieren, während sich traditionelle soziale Netze immer weiter auflösen. So wurde der Ruf nach mehr Selbsthilfe und ihrer Förderung laut, und es erscheint schlüssig, daß diese nur dort ansetzen kann, wo die Menschen leben, also in den Gemeinwesenbezügen in den Stadtteilen. Selbsthilfepotentiale sollen durch verstärkte Partizipation der Betroffenen freigesetzt werden. Appelle zu mehr Eigenverantwortung reichen allerdings nicht aus, zumal Entmündigungstendenzen und politische Ausgrenzung und die daraus resultierende Politik- und Institutionenverdrossenheit zumindest zu einem Teil ursächlich darauf beruhen, wie Politik und Verwaltung in der Vergangenheit mit den Bürgerinnen umgegangen sind.

Es ist offensichtlich, daß bei einer solchen Begründung und Konstruktion gemeinwesenorientierter Arbeit Anpassungsstrategien dominieren. Partizipation hat die Aufgabe, soziale Arbeit bei Problemen, die mit klassischen Mitteln nicht mehr lösbar sind, sozialpolitisch wieder handlungsfähig zu machen. So bleibt ein fader Beigeschmack: Wenn nichts mehr geht, werden die Chancen der Partizipation entdeckt. Der Begriff Gemeinwesenarbeit wird in diesen Konzepten nicht mehr gebraucht; statt eines Gemeinwesenarbeiters werden nunmehr „intermediäre Organisationen" eingesetzt. Intermediäre Instanzen leisten alles, was zum klassischen Aufgabenspektrum der Gemeinwesenarbeit gehört: Bürger-

beteiligung organisieren, Selbsthilfegruppen und Bürgergruppen anregen und leiten, Bürgerinitiativen begleiten, Kontakte zu sozialen und politischen Institutionen herstellen und vermitteln und vieles mehr.
Ein wichtiges Anliegen, zunächst aus Sicht der Träger von Sozialarbeit, sind die Synergieeffekte (vgl. Städtenetzwerk NRW 1998), die sich besonders im Rahmen von stadtteilorientierter Zusammenarbeit erzielen lassen. Abgesehen von der Eskalation sozialer Probleme sind auch allgemeine kulturelle und soziale Leistungen immer weniger finanzierbar, und das Nebeneinander vielfältiger, oft ähnlicher Angebote und die Bereitstellung räumlicher und personeller Ressourcen führt berechtigterweise zu der Frage, ob sich nicht durch sinnvolle Verknüpfungen Kosteneinsparungen ohne Substanzverluste erzielen lassen. „Über Synergieeffekte werden in erster Linie Kostenersparnisse erwartet. Durch Zusammenarbeit, Bündelung von Kompetenzen und dem Nutzen der Ressourcen der Vernetzungspartner“ sind diese auch kurz- und mittelfristig zu erreichen (Ronig 1998a). Dieser Gedanke ist auch für die Partizipation von Kindern bedeutsam, weil es darauf ankommt, Partizipation nicht als etwas Zusätzliches einzuführen, entsprechende Projekte nicht ausschließlich mit neu aufzubringenden Ressourcen durchzuführen, sondern in Ergänzung und Zusammenarbeit mit vorhandenen Einrichtungen und Angeboten.

Partizipation von Kindern und Gemeinwesenarbeit

Gemeinwesenorientierung ergibt sich nicht nur aus den Anforderungen von sozialer Arbeit, sondern ist ebenso als politische Notwendigkeit der Demokratieentwicklung zu sehen. Bei allen Vorbehalten gegen zu optimistische Erwartungshaltungen im Hinblick auf gesellschaftliche Veränderungen verspricht am ehesten noch der Ansatz der Gemeinwesenarbeit Erfolg. Über die Gemeinwesenorientierung kann die Vernetzung einzelner Arbeitsansätze und Methoden erreicht und ein organisatorischer Gesamtrahmen geschaffen werden. Gemeinwesenarbeit bezieht sich auf die realen Lebenswelten von Kindern und schafft einen generationsübergreifenden Rahmen für Partizipation, in dem die Chancen für Kinder größer sind, Bündnispartner zu finden und sich durchzusetzen.
Kinderinteressenvertretung kann besonders gut ansetzen, wo es im Rahmen der sozialen Arbeit schon eine Gemeinwesenorientierung gibt: Stadtteilbüros, Stadtteilläden arbeiten auf ähnlichen Grundlagen und sind ideale Bündnispartner.
Gemeinwesenarbeit ist insbesondere geeignet, den Aspekt der materiellen Partizipation zu thematisieren und hier Lösungsmöglichkeiten zu entwickeln. Denn die Stadtteile, in denen heute Gewalteskalation, soziale Desintegration und eine Überforderung öffentlicher Hilfestrukturen Gemeinwesenarbeit erfordern, weisen auch eine besondere Benachteiligung

von Kindern auf. Hier kumulieren Vernachlässigung, Beeinträchtigung öffentlicher Räume, fehlende Bildungschancen und Chancenausgleich und führen zu Lebenssituationen, welche die gängigen Partizipationskonzepte zur Farce werden lassen. Partizipation von Kindern bedeutet für Kinder hier *zunächst* Stabilisierung familiärer Beziehungen, geordnete Arbeitsverhältnisse der Eltern, geregelte menschenwürdige Wohnbedingungen für Familien und Kompensation sprachlicher, emotionaler und intellektueller Defizite durch geeignete Hilfeformen.

6.4 Arbeitsansätze für die Partizipation von Kindern

Die dargestellten Arbeitsansätze bieten ein differenziertes Spektrum für eine qualifizierte Organisation von Partizipation für Kinder. Situationsorientierter Ansatz und Projektarbeit sind ebenso wie Gemeinwesenarbeit an der Lebenswelt von Kindern ausgerichtet. Alle Ansätze ermöglichen eine Verschränkung von subjektiver und gesellschaftlicher Entwicklung. Es läßt sich jeweils sehr genau der Übergang von Pädagogik zu Politik, also von angeleitetem zu eigenständigem (mündigem) Handeln beschreiben. Er findet statt, wenn Kinder sich mit vorgegebenen Rahmenbedingungen und Widerständen zur Durchsetzung ihrer Interessen auseinandersetzen und aus diesen Erfahrungen lernen, was Politik ist. In jedem Projekt werden gesellschaftliche Strukturen deutlich, welche die Realisierung von Kinderinteressen behindern und die geändert werden müßten, um eine wirklich kinderfreundliche Gesellschaft zu erreichen. Situationsansatz, Projektarbeit und Gemeinwesenarbeit sind Methoden, die sich an demokratischen Werten und Prinzipien ausrichten. Demokratie hat in ihnen einen höheren Stellenwert als vorgegebene Lernziele oder der Erwerb von Wissen und Können. Mit den drei Ansätzen bietet sich ein Methodenspektrum, das für alle Altersgruppen Möglichkeiten der Demokratieentwicklung bietet.
Keiner der drei Ansätze läßt sich einfach und regelgeleitet in die Praxis umsetzen. Vielmehr bedürfen sie der praktischen Erfahrung und des Ausprobierens und der Entwicklung einer eigenständigen Methodenkompetenz. Sie bieten genügend Anregungen, um für konkrete Arbeitszusammenhänge angepaßte Arbeitskonzepte zu entwickeln und umzusetzen. Und sie stellen einen Rahmen dar, um aus der Fülle der Aktionen, Modellprojekte und Methoden die geeigneten auszuwählen. Dazu sollen im abschließenden Praxisteil Arbeitsmethoden und Praxisbeispiele exemplarisch für die vorhandene Vielfalt vorgestellt werden.

7. Arbeitsmethoden/Praxisbeispiele

In den letzten zehn Jahren hat sich eine unübersehbare Fülle von Methoden entwickelt, von denen sich viele nur dem Namen nach unterscheiden. Andererseits wird durch diese Methodenvielfalt ein differenziertes Spektrum von Einsatzorten und Einsatzmöglichkeiten abgedeckt. Die für eine gelungene Partizipation von Kindern wichtigsten Methoden dienen der Erkundung von Kinderinteressen und dem Erproben politischen Handelns. Über die folgende Darstellung hinaus gibt es eine Fülle spezieller Methodenliteratur, auf die jeweils nur verwiesen werden kann. Die Darstellung wird durch praktische Beispiele ergänzt. Auch hier geht es nicht um Vollständigkeit, sondern um exemplarische Darstellung reflektierter Kinderbeteiligung mit ihren Möglichkeiten und Grenzen. Zur Auswahl und zum Einsatz von Methoden zwei Vorbemerkungen:

(1) Arbeits-Methoden sind keine objektiv richtigen, nach festen Kriterien einsetzbaren Arbeitsformen. Der Versuch, Regelwissen aus Methodenbüchern anzuwenden, führt allzuoft zu Mißerfolgen. Vielmehr verhelfen Erfahrung und Ausprobieren zu einem Methodenbewußtsein, vielleicht sogar zum Erfinden neuer Methoden, die genauer auf die jeweiligen Ziele angepaßt sind. So sollten die hier dargestellten Methoden und Praxisbeispiele als Anregung benutzt werden, Partizipationsprojekte mit Kindern nach eigenen Vorstellungen und in Abwandlung und Anpassung der Beispiele und Anleitungen durchzuführen.
(2) Ein wichtiger Gesichtspunkt sind die „Methodeneffekte“. Jede Methode beeinflußt Kommunikation; es ist mit ihrem Einsatz beabsichtigt, Kommunikation und Gruppenabläufe zu steuern und besondere Kommunikationsebenen hervorzuheben. Gleichzeitig schränken Methoden aus diesem Grund Kommunikation in spezifischer Weise ein. Methoden erzeugen Effekte, die nicht immer beabsichtigt sind. Der Spaß an der Ausführung von Methoden ist z.B. ein wichtiger Effekt. Gerade Methoden mit längeren Gesprächseinheiten erzeugen – wenn die Kinder sich freiwillig beteiligen – den Rückzug jener Kinder, die Konzentrationsmängel und sprachliche Schwierigkeiten haben, während sprachlich begabte Kinder teilweise mit großem Interesse bei der Sache bleiben. Demgegenüber erzeugen Arbeitsmethoden, bei denen gebastelt, gemalt, gebaut oder konstruiert wird, bei technisch und künstlerisch interessierten Kindern eine große Mitmachbereitschaft und Durchhaltevermögen.

Die Auswahl der Methoden und Praxisdokumentationen versucht möglichst vielfältige, anschauliche und anregende Beispiele zu bringen. Die einzelnen Beiträge stehen exemplarisch für viele ähnliche oder anders akzentuierte Modelle. Vollständigkeit wurde weder angestrebt, noch wäre sie zu erreichen. Vorgestellt werden im einzelnen:

(7.1) Methoden der Meinungsbefragung und Meinungsäußerung,
(7.2) raumbezogene Interessenerkundung,
(7.3) projektartige Beteiligungsformen,

(7.4) Planspiele als Simulations- und Trainingsmethode,
(7.5) Stöbertag als Methode zur Beteiligung am Alltagsleben der Erwachsenen,
(7.6) Partizipation in Einrichtungen,
(7.7) ein Beispiel für ein gemeinwesenorientiertes Stadtteilentwicklungsprojekt.

7.1 Befragungen und politische Meinungsäusserungen

Die Meinungen und Interessen von Kindern zu kennen, ist die Basis jeder Kinderpolitik. Der einfachste Weg, Kinderinteressen zu erkunden, ist der, die Kinder nach ihrer Meinung zu fragen und mit ihnen über ihre Interessen zu sprechen. Das führt manchmal zu erstaunlichen Ergebnissen. Ebenso gibt es aber Situationen, in denen Kinder Fragen nicht beantworten können, weil ihnen spontan keine Antworten einfallen und sie Gelegenheit brauchen, länger nachzudenken. Es gibt eine Reihe guter Methoden, die die Erkundung und Dokumentation von Kinderinteressen unterstützen und zum Handwerkszeug des Pädagogen oder der Stadtplanerin gehören, die Kinder beteiligen wollen. Alle Formen der Befragung gehören zu den unverbindlichen Formen der Partizipation, d.h. die Meinung der Kinder wird gezielt erfragt, es gibt aber keinen rechtlich geregelten Anspruch auf Berücksichtigung der geäußerten Meinung (vgl. Kap. 2.1).
Folgende Dinge sollten bei allen Formen der Befragung und der politischen Meinungsäußerung berücksichtigt werden:

(1) Die Anwesenheit erwachsener Entscheidungsträger erhöht die Berücksichtigung der geäußerten Meinungen und Interessen.
(2) Die gute Dokumentation und die politik- und verwaltungsgerechte Aufbereitung von Meinungen, Wünschen, Kritik und Interessen ist eine notwendige Hilfestellung der Erwachsenen.
(3) Die Beteiligung der Medien erhöht die politische Durchsetzung der Interessen.
(4) Der Einsatz spielerischer und kreativer Befragungsmethoden erhöht die Chancen sprachlich benachteiligter Kinder.
(5) Eine sorgfältige Klärung der Fragestellung kann im Hinblick auf bestehende Durchsetzungschancen und -grenzen Frustrationen vorbeugen. So ist es ein wichtiger Unterschied, ob Kinder ganz allgemein gefragt werden, was sie sich wünschen, oder ob sich die Fragen auf eine konkrete Planung, auf die Kompetenzen eines bestimmten Entscheidungsgremiums oder auf Alternativen einer von Erwachsenen zu treffenden Entscheidung beziehen.

(6) Eine weitere Beteiligung der Kinder bei der Umsetzung ihrer Interessen und die Rückmeldung über Arbeitsschritte und Ergebnisse verhindert eine reine Forderungs- und Anklagepartizipation.

Schriftliche Befragungen

Auch Kinder können durch Fragebögen zu ihrer Meinung befragt werden. Gerade wenn es um statistische Erfassung von Meinungen geht oder wenn möglichst breit bestimmte Probleme erfaßt werden sollen, eignen sich schriftliche Befragungen.

Hinweise zur praktischen Durchführung
Ein Pretest ist bei Fragebögen für Kinder eine unbedingte Notwendigkeit. Erst ein Probelauf in einer Schulklasse oder einer anderen Gruppe bringt die Gewißheit, daß die Fragen richtig verstanden werden. Da besonders die Auswertung oft recht aufwendig ist, bietet es sich an, Unterstützung z.B. von Schulklassen der Oberstufe einzuholen, die empirische Forschungsverfahren z.B. im Mathematik-Unterricht durchnehmen und gern bereit sind, einen Praxistest durchzuführen. In Hamm wurde ein Fragebogen zur Erkundung zur Mediensituation der Kinder durch eine Klasse der Fachschule für Sozialpädagogik eingesetzt (Stadt Hamm 1993a). Das Jugendamt Nürnberg hat differenzierte Fragebögen entwikkelt, um die Meinungen von Kindern zur Spielraumsituation zu erfragen (Stadt Nürnberg 1993).

Kinderanhörungen

Anhörungen sind ein etabliertes Instrument von Parteien und parlamentarischen Gremien, um sich eine fachliche Einschätzung zu bestimmten Fragen zu bilden, und beziehen sich auf konkret umrissene politische Fragestellungen. Im Sinne einer Kinderpolitik können politische Gremien Kinder zu einer Anhörung einladen, wenn sie ihre Meinung zu einer bestimmten Frage hören wollen.
In Hamm wurde z.B. eine Anhörung für Kinder durchgeführt, als in einem Wohnbereich ein Parkraumbewirtschaftungskonzept unter Anwohnern und in den politischen Parteien besonders strittig war. Die Parkraumsituation in diesem Wohnbereich war für Kinder problematisch, da Überwege und Bürgersteige durch zweireihiges Parken zugeparkt und die Kinder belästigt und gefährdet waren. Den Jugendpolitikern in Hamm erschien es notwendig, auch die Kinder zu befragen. Dazu hielt der *Unterausschuß Kinder des Kinder- und Jugendhilfeausschusses* bei seiner Sitzung in dem Stadtteil eine Kinderanhörung ab. Zu der Anhörung wurden alle Kinder aus dem betroffenen Wohnbereich durch eine Flugblatt-Hausverteilung eingeladen. Es erschienen ca. 20 Kinder, die neben Meinungsäußerungen zu der Parkraumsituation auch andere

Themen und Probleme benannten, um die sich der Unterausschuß Kinder in der Folgezeit kümmerte. Neben der öffentlichen Berichterstattung über die Sprechstunde in den Medien erarbeitete der *Unterausschusses Kinder* eine Stellungnahme, die der Kinder- und Jugendhilfeausschuß beschloß und an die zuständige Bezirksvertretung weitergab. 1992 organisierte das Kinderbüro zum Weltkindertag eine Anhörung zur Spielplatzsituation in Hamm. Diese Anhörung fand öffentlich statt und wurde vom Lokalrundfunksender live übertragen. Als Zuhörer beim Übertragungswagen erschienen ca. 50 Kinder und 50 Erwachsene, und in der Übertragung kamen ca. 20 Kinder zu Wort (die anderen konnten sich an Stelltafeln schriftlich äußern). Als Gesprächspartner waren alle Ausschußvorsitzenden und Amtsleiter vertreten, die mit Spielplätzen zu tun hatten.

Sprechstunden

Kindersprechstunden können von Bürgermeisterinnen, Verwaltungsleitern oder Vorsitzenden parlamentarischer Gremien abgehalten werden. Bürgermeistersprechstunden werden z.B. in Herten vierteljährlich angeboten; der Bürgermeister geht vor Ort in Büchereien, Kinder- und Jugendzentren. Die „Kinderfreunde“ protokollieren die Anliegen der Kinder und ihrer Eltern und vertreten die Interessen in den städtischen Gremien. Über die Entscheidungen erhalten die Besucher der Sprechstunden eine Rückmeldung (Schröder 1995: 80). In Hamm lud die Oberbürgermeisterin Schulklassen im Anschluß an ein Rathausspiel ein, bei dem die Kinder im Unterricht des dritten Grundschuljahres die Verwaltung und die politischen Strukturen kennenlernten. Die konkreten Anliegen wurden vom Kinderbüro in der Verwaltung eingebracht.

Hinweise zur praktischen Durchführung

Bei der Wahl des Ortes haben öffentliche Räume, z.B. Rathaussäle den Vorteil, daß Kinder sie beeindruckend finden und sie damit einen gewissen Erlebnisreiz bieten. Sie können aber ebenso hemmend wirken. Sprechstunden in der Schule oder im Jugendzentrum – wenn also der Bürgermeister „vor Ort“ geht – haben den Vorteil, daß Kindern die Umgebung vertraut ist. Feste Termine, offen angeboten, werden nur zögernd wahrgenommen, vor allem, wenn sie regelmäßig stattfinden. Sie müssen jeweils mit hohem Aufwand an Öffentlichkeitsarbeit bekanntgemacht werden. Es bietet sich die Teilnahme von Gruppen, Schulklassen oder Kindergruppen an.

Kinderparlamente

Die aktuellen Formen, die mit unterschiedlichen Akzenten in der konkreten Ausgestaltung in vielen Städten eingeführt sind, gehen auf das

„Jahr des Kindes 1979" zurück, als nach französischen Vorbildern in einigen deutschen Städten Kinder- und Jugendparlamente gegründet wurden. Die Idee der Kinder- und Jugendparlamente entstammt ursprünglich der demokratischen Jugendbildung der Nachkriegszeit.[1] Bis heute bestimmen sie die Debatte um geeignete Partizipationsformen von Kindern. Es gibt mittlerweile eine unübersehbare Vielzahl von Kinder- und Jugendparlamenten in der Bundesrepublik. Das Deutsche Kinderhilfswerk als ein Motor der Einrichtung von Kinderparlamenten organisiert auf regionaler und auf Bundesebene gemeinsame Treffen von Kinderparlamentsvertreterinnen.
In den Konzeptionen wird immer wieder das Ziel formuliert, die Gesellschaft in Richtung Kinderfreundlichkeit zu verändern. „Insbesondere Kinder als Träger der zukünftigen Gesellschaft müssen angeregt werden, ihre individuelle und gesellschaftliche Situation zu erkennen, ihre eigenen Rechte wahrzunehmen sowie eigene Forderungen kundzutun. Politik mit Kindern muß als Identitätsfindungs- und Demokratisierungsprozeß erkannt werden. Deshalb muß den Kindern nicht nur rhetorisch, sondern tatsächlich Verantwortung übergeben werden" (DKHW 1993: 8). Kinderparlamente werden von ihren Organisatoren und Befürwortern als ein Instrument zur Veränderung der gesellschaftlichen Situation gesehen.
Kritiker der Kinderparlamente[2] halten dem entgegen, Kinderparlamente seien in erster Linie eine politische Profilierung der Erwachsenen, Foren der Selbstdarstellung für Politiker und Verwaltungsleiter. Der Begriff des Parlaments suggeriere Einflußmöglichkeiten, die nicht gegeben sind. Bei den Kindern würden Erwartungen geweckt, die später nicht erfüllt werden. Zudem werde eine Prägung der politischen Denk- und Verhaltensmuster in Richtung repräsentative Demokratie erzeugt, die vor allem der Rekrutierung des Parteiennachwuchses diene.
Da Kinderparlamente einen hohen Aufmerksamkeitsgrad in der öffentlichen Berichterstattung erreichen, sind sie eine der beliebtesten Partizipationsformen; vor allem in Kommunen, die noch keine Interessenvertretung für Kinder haben, fordern die Verantwortlichen für Kinder- und Jugendpolitik oft ihre Gründung. Kinderparlamente haben vor allem für „Neueinsteiger" in die Kinderpolitik eine große Attraktivität, und viele sehen darin einen geeigneten Einstieg in eine „Politik mit Kindern", während Insider eher auf der Seite der Kritiker zu finden sind. Hier soll

---

[1] In Hamm wurde z.B. 1952 erstmals ein Jugendparlament eingerichtet, das über fast zwei Jahre arbeitete und in dem Jugendliche aktiv waren, die in den folgenden Jahrzehnten als Erwachsene die politischen Geschicke in Hamm maßgablich mitbestimmten; vgl. Beeck 1997: 183ff.

[2] In der Befragung „Kinder reden mit" wurde das Kinderparlament zwölfmal als die beste Form der Kinderbeteiligung, in 35 Fällen dagegen als die ungeeigneteste Form genannt (vgl. Schröder 1995: 65).

keine Entscheidung in diesem Streit getroffen werden; es gibt gute Gründe, ein Kinderparlament einzurichten, die innerhalb einer Kommune evident, von außen aber nicht erkennbar sind.
Das besondere Kennzeichen von Kinderparlamenten ist die regelmäßige Zusammenkunft aufgrund eines Wahlmodus für einen bestimmten Zeitraum. Der Bereich der unverbindlichen Partizipation wird von den meisten Kinderparlamenten nicht verlassen, da es zwar eine feste Mitgliedschaft und eine repräsentative Zusammensetzung gibt, aber keine rechtlich verbindlichen Entscheidungschancen. Kinderparlamente sind in diesem Sinne eine Form der Erkundung von Kinderinteressen.

Hinweise zur praktischen Durchführung

Die wichtigsten Punkte bei der Durchführung eines Kinderparlamentes sind, so zeigen alle Erfahrungsberichte:
(a) eine klar geregelte Satzung über Zusammensetzung und Kompetenzen (vgl. DKHW u.a. 1997; dort sind mehrere Beispiele abgedruckt);
(b) ein erwachsener Betreuer und Ansprechpartner für die Mitglieder, der sich um die verwaltungsinterne und politische Umsetzung von Anträgen und Beschlüssen kümmert;
(c) ein eigener Etat zur Finanzierung der Arbeit und zur Finanzierung von Projekten;
(d) kompetente Ansprechpartnerinnen aus Politik und Verwaltung, die den Interessen der Kinder zur Durchsetzung verhelfen;
(e) eine altersgerechte Zusammensetzung, also nicht zu große Altersunterschiede, zumindest aber entsprechende Untergruppen und entsprechende Gestaltung von Diskussionen und Entscheidungen.

Dokumentation:

Kinder- und Jugendparlament Itzehoe

(Quelle: DKHW und Aktion Schleswig-Holstein 1997: 32f)

Auf Initiative des Kinderbeauftragten der Stadt Itzehoe empfahl der Jugendausschuß im März 1994 dem Magistrat und der Ratsversammlung die Einrichtung eines Kinder- und Jugendparlaments (...). Die nähere Ausgestaltung des Kinder- und Jugendparlaments beschloß der Jugendhilfeausschuß. Im Oktober 1994 erließ der Rat eine Satzung für das Parlament, in der folgende Ziele beschrieben sind:
(a) die Forderung der Beteiligung der Kinder und Jugendlichen am kommunalen Geschehen, (b) das Lernen von demokratischen Entscheidungsprozessen, (c) politische Mitverantwortung der Kinder und Jugendlichen, (d) eine Interessenvertretung der Kinder und Jugendlichen, (e) die Förderung eines besseren Verständnisses verschiedener Generationen und Nationalitäten. Die Wahlperiode wurde auf zwei Jahre festgelegt. Nach den Praxiserfahrungen in der ersten Periode erfolgten einige Änderungen der Satzung.

Die Aufgaben

Das Kinder- und Jugendparlament soll die Wünsche und Interessen der Kinder und Jugendlichen in Itzehoe vertre-

ten (§ 1 Abs. 1 der Satzung). Die vorrangigen Aufgaben sind:
(a) Information der städtischen Gremien über die Wünsche und Bedürfnisse der Kinder und Jugendlichen in Itzehoe,
(b) Verbesserung der Situation der Kinder und Jugendlichen in den Bereichen Schule, Beruf und Freizeit,
(c) Information und Beratung der städtischen Gremien über alle Angelegenheiten, die Kinder und Jugendliche auf kommunaler Ebene in Itzehoe betreffen (§ 2 Abs. 4 der Satzung).
Dafür soll das Parlament von allen (Erwachsenen-)Ausschüssen gehört werden, wenn diese in Angelegenheiten zu planen und zu entscheiden haben, die die Interessen von Kindern und Jugendlichen berühren. Die entsprechenden Unterlagen sollen dem Parlament dafür zur Verfügung gestellt werden. Das Kinder- und Jugendparlament legt dann den Entscheidungsbereich fest, an dem es beteiligt werden will (§ 2 der Satzung). Diese Einschränkung auf einen Entscheidungsbereich ist ein neues Element in der Satzung.
Die ursprüngliche Satzung verlangte in § 2 eine umfassende Informations- und Fragepflicht durch die Ausschüsse der Erwachsenen gegenüber den Kindern und Jugendlichen in allen sie betreffenden Fragen. Dieser Punkt ist für die Beiräte nach der Gemeindeordnung in Schleswig-Holstein vorgeschrieben und erscheint daher auch für ein Jugendparlament sinnvoll. Es erwies sich jedoch für das Kinder- und Jugendparlament in der Praxis als nicht haltbar; die Menge der Informationen überforderte die Kinder und Jugendlichen.
Durch die Änderung des § 2 können die Kinder und Jugendlichen jetzt selbst festlegen, aus welchen Ausschüssen sie Informationen haben wollen. Zu den verschiedenen Bereichen werden Ausschüsse im Kinder- und Jugendparlament gebildet, die dann an Einzelthemen arbeiten. Einzelthemen für die Ausschüsse des Kinder- und Jugendparlaments können z.B. Spielplätze, Schul- und Radwege, Angebote der Jugendarbeit usw. sein (Änderung § 2 Abs. 2 der Satzung).

Die Zusammensetzung des Kinder- und Jugendparlaments

Das Kinder- und Jugendparlament besteht aus jeweils zwei Vertreterinnen oder Vertretern, die von Institutionen „aus der Lebenswelt“ der Kinder und Jugendlichen entsendet werden. Zu diesen Institutionen gehören u.a. Vereine, Schulen, Verbände, das Kinderhaus, das Jugendhaus usw. In diesen Institutionen sollen die Vertreterinnen bzw. Vertreter für das Kinder- und Jugendparlament demokratisch gewählt werden. Die Delegierten müssen mindestens sechs Jahre und dürfen höchstens 18 Jahre alt sein. Die Satzung gibt keine Auskunft darüber, wie die Wahl genau aussehen soll.
Neben den gewählten Mitgliedern im Kinder- und Jugendparlament können auch einzelne interessierte Kinder und Jugendliche teilnehmen, ohne daß sie gewählt worden sind. Allerdings haben diese Kinder und Jugendlichen keine Stimme im Parlament und können nur beratende Funktion übernehmen.
Durch die offene Anzahl der zu beteiligenden Institutionen kann die Anzahl der Sitze im Itzehoer Parlament schwanken. Zur Zeit umfaßt das Parlament 38 Kinder und Jugendliche im Alter von 6-18 Jahren. In den Arbeitsgruppen wird nach Alter getrennt, und nur im Plenum gemeinsam gearbeitet.

Begleitung durch Erwachsene

Die Erfahrungen in Itzehoe während der ersten Wahlperiode haben gezeigt, daß das Kinder- und Jugendparlament zum einen eine verwaltungstechnische

Betreuung, zum anderen als ein pädagogisches Projekt auch eine pädagogische Betreuung braucht, um funktionieren zu können. Dieser Punkt ist immer wieder bei den verschiedensten Projekten festzustellen und nicht zu unterschätzen. Wenn diese Unterstützung versagt wird, sind alle Parlamente regelmäßig zum Scheitern verurteilt. Die Aufgabe der technischen und pädagogischen Betreuung nimmt in Itzehoe jetzt die Verwaltung wahr, die Verbindung zum politischen Geschehen stellt der Kinderbeauftragte her.

Die Sitzungen
Die Sitzungen finden nach Bedarf, jedoch mindestens zweimal im Jahr statt und sind grundsätzlich öffentlich. Die Kinder und Jugendlichen des derzeitigen Jugendparlaments treffen sich ca. zehnmal im Jahr, wovon vier Treffen offizielle Parlamentssitzungen sind. Die anderen Treffen finden in den Arbeitsgruppen statt.
Die Plenumssitzungen werden von dem Kinderbeauftragten der Stadt betreut. Das Parlament wählt aus seiner Mitte ein Präsidium, das aus je einer Vertreterin/einem Vertreter der Ausschüsse, einer Präsidentin/einem Präsidenten und dem Kinderbeauftragten besteht. Dieses Präsidium beruft die Sitzung ein und unterrichtet die Kinder und Jugendlichen des Parlaments über die Beratungsergebnisse und Beschlüsse der Stadt Itzehoe, die auf Anregungen und Empfehlungen des Parlaments beruhen.

Die Satzung schreibt die weitere Ausgestaltung der Sitzungsform nicht vor; das Kinder- und Jugendparlament hat die Möglichkeit, sich eine eigene Geschäftsordnung zu geben. Soweit die Tagesordnung sie betrifft, sollen auch die Vorsitzenden (oder ihre Vertreter) der (Erwachsenen-)Ausschüsse sowie die Amtsleiterinnen/Amtsleiter bzw. deren Beauftragte an den Sitzungen des Kinder- und Jugendparlaments teilnehmen und Empfehlungen des Parlaments ohne Verzögerung aufarbeiten. Die Empfehlungen und Anträge des Kinder- und Jugendparlaments werden vom Magistrat, den zuständigen Ausschüssen oder den zuständigen Dienststellen der Stadtverwaltung beraten. Bei den Sitzungen wird ein Protokoll erstellt, und es gibt einen Etat von 300,00 DM im Jahr. Die ersten Erfahrungen werden in Itzehoe als positiv beurteilt, doch bleibt eine fehlende Resonanz bei den nichtbeteiligten Kindern und Jugendlichen festzustellen. Eine intensivere Öffentlichkeitsarbeit soll dieses Defizit beheben.

Kinder- und Jugendbeiräte

Kinder- und Jugendbeiräte gründen rechtlich auf der den Kommunen durch Gemeindeordnungen gewährten Möglichkeit, Beiräte einzurichten. Vor allem in Schleswig-Holstein werden zur Zeit Erfahrungen mit Jugendbeiräten gesammelt. Während diese Partizipationsform für Jugendliche als eine geeignete Möglichkeit erscheint, in formal gesicherten Beteiligungsstrukturen Einfluß zu nehmen und parlamentarische Verhaltensweisen einzuüben, erscheint sie aufgrund der hohen Verbindlichkeit und der sich daraus ergebenden Anforderungen an die Mitglieder eines Beirates als wenig kindgerecht.

Kinderforen

Kinderforen unterscheiden sich von Kinderparlamenten vor allem durch die Offenheit für eine bestimmte Zielgruppe (Kinder einer Stadt, eines Stadtteils, evtl. Mädchen oder Jungen, einer Altersgruppe). Kinder repräsentieren nicht andere Kinder, sondern können und sollen ihre eigenen Interessen vertreten. Sie ermöglichen die Erkundung von Kinderinteressen zu allgemeinen Fragestellungen oder bestimmten Themen. Kinderforen sind größere Veranstaltungen, oft eingebunden in ein kulturelles Rahmenprogramm (vgl. Schröder 1995: 75ff.). Kinderforen und Kinderversammlungen können mit unterschiedlicher Regelmäßigkeit stattfinden. Bei regelmäßigen Veranstaltungen, insbesondere bei größeren Kinderforen, können die Teilnehmergruppen wechseln, was eine kontinuierliche Arbeit erschwert.

Hinweise zur praktischen Durchführung

(a) Kinderforen sind Großgruppenveranstaltungen, die entsprechende Methoden der Moderation und der Ablaufgestaltung erfordern.
(b) Die Sitzordnung kann im Kreis, Dreiviertel- oder Halbkreis erfolgen, und das Zentrum des Forums liegt auf einer Bühne oder in der Mitte des Kreises.
(c) Großgruppenspiele oder kulturelle Beiträge lockern den Ablauf auf.
(d) Schon in die Vorbereitung und in die Moderation können Kindergruppen einbezogen werden.
(e) Das Thema kann durch Medien aufgearbeitet und dargestellt werden.
(f) Vorausgehende und nachfolgende Aktionen durch einzelne Gruppen können größere Zusammenhänge herstellen.

Dokumentation:
Das Münchener Kinder- und Jugendforum (von Richard Schröder)

(Quelle: Schröder 1995: 77)
Das 1990 eingerichtete Münchner Kinder- und Jugendforum richtet sich an Kinder und Jugendliche im Alter von 8-16 Jahren. Interessierte Kinder und Jugendliche können zu den viermal im Jahr ausgerichteten Foren im großen Sitzungssaal des Rathauses und im Kinder-Café der Pasinger Fabrik kommen, eine Auswahl der Kinder findet nicht statt. Die Kinder sollen an allen sie betreffenden Entscheidungen beteiligt werden und demokratische Beteiligungsformen erlernen. Die Foren haben auch das Ziel, (Zukunfts-) Ängste bei Kindern abzubauen.

Die Motivation der jeweils 30 bis 100 Kinder wird sehr unterschiedlich eingeschätzt. Bei Kindern und Jugendlichen, denen das Forum aus eigener Erfahrung unbekannt ist, ist die Motivation, sich zu beteiligen eher gering, bei denen, die das Forum kennen, ist sie hoch.

Eine 10-15köpfige Aktionsgruppe, die sich alle 14 Tage trifft, bereitet das Forum vor und erarbeitet eine Tagesordnung mit Schwerpunktthemen, die jedoch im Punkt „Eilanträge“ ergänzt werden kann. Eilanträge sind alle Einzelanliegen von Kindern, die wichtig und aktuell sind. Neben den Kindern und Jugendlichen nehmen Münchner Bürgermeister, Stadträte, Vertreter der Bezirksausschüsse und der Verwaltung sowie ExpertInnen an den Treffen teil. Die Kinder stellen Anträge, ein Erwachsener aus der Politik oder Verwaltung muß jeweils versprechen, sich um einen Antrag zu kümmern und bis zum nächsten Forum einen Bericht zu erstatten.

Das Forum wird begleitet von mobilen Aktionen zu unterschiedlichen Themen, wie „Anti-Müll-Demo“ oder „Markler-Aktion“ gegen Hundedreck. Im Kinder- und Jugendforums-Büro können Kinder sich Informationen zum Forum holen.

Da viele Probleme und Anliegen im Stadtteil behandelt und gelöst werden können und auch für jüngere Kinder die Erreichbarkeit hier gegeben ist, wurden Kinder- und Jugendforen in einigen Stadtteilen eingerichtet, die zweimal jährlich veranstaltet werden. Weitere Stadtteil-Foren sind in Planung. Beim 20. Kinder- und Jugendforum im März 1994 wurde von den Kindern und Jugendlichen beschlossen, zukünftig jeweils eigene Kinder- und eigene Jugendforen durchzuführen, da in den verschiedenen Altersgruppen sehr unterschiedliche Themen von Interesse sind.

Seit 1993 ist das bei den Freien Trägern (Kultur und Spielraum e. V.) angesiedelte Forum mit einer festen Stelle und einem eigenen Haushalt ausgestattet. Das gemeinsam vom Stadtjugendamt und der Münchner Kinderlobby erarbeitete Modell sieht einerseits das Forum als direkten Ansprechpartner für Kinder und Jugendliche, andererseits die Verwaltung, unter Federführung des Jugendamtes, als zuständig für die Prüfung, Weiterleitung und Bearbeitung der von den Kindern und Jugendlichen gestellten Anträge. Aufgabe der erwachsenen Betreuer des Forums ist es, die Moderation und die Öffentlichkeitsarbeit zu übernehmen, Protokoll zu führen, die Aktionsgruppe und die eigene Forumszeitung zu betreuen sowie für die Realisierung der Anträge zu sorgen.

Dokumentation: Der „natur“-Kindergipfel

Der „natur“-Kindergipfel 1991 (von Gerd Pfitzenmaier, natur-Magazin, München; Quelle: Arbeitskreis „Kinderforen“ 1993: 74ff.)

Der „natur“-Kindergipfel war, ist und bleibt wohl auch auf absehbare Zeit ein Experiment. Initiiert hatte ihn die Redaktion der Zeitschrift Natur. Mitträger waren UNICEF Deutschland, WWF Deutschland und die Stadt Frankfurt am Main. Das Selbstverständnis dieser Träger lautet: Erwachsene schaffen einen Rahmen, den Kinder mit ihren Inhalten füllen. Ziel ist es, die Idee „Kinder reden - Erwachsene hören zu“ in die Praxis umzusetzen. Unser Vorhaben entstand spontan. Die erste Kampagne im Jahr 1991 fand ohne vorausgehende Planung statt. Wir reagierten ständig auf die überwältigende Resonanz, die der natur“-Kindergipfel bei Kindern und interessierten Erwachsenen fand.

Vorbereitende regionale und lokale Kindergipfel in Schulklassen, Kirchengemeinden, Naturschutzgruppen und Kommunen hat es in 15 deutschen Städten und Gemeinden sowie in

Österreich und Ungarn gegeben. Eine bundesweite Telefonaktion in Zusammenarbeit mit der Bundesarbeitsgemeinschaft der Kinder- und Jugendtelefone sammelte zahlreiche Wünsche und Visionen von Kindern für die Gestaltung der Zukunft. In rund 5000 Kinderbriefen an die Redaktion des Magazins Natur formulierten Kinder ihre Meinungen. Viele kleine Kinder beteiligten sich mit Bildern an der Diskussion. Die statistische Auswertung dieser Kinderbriefe ergaben die Themen für die zweitägige Kinderkonferenz beim „natur"-Kindergipfel in Frankfurt am Main.

Die zehn dabei am häufigsten gewünschten Themen behandelten die Kinder, angeleitet von Umweltpädagogen, in Arbeitsgruppen. Sie berieten über: Müll, Luft, Wasser, Verkehr, Tierschutz, Regenwald, Frieden, Umweltschutz im Alltag, Kinder in armen Ländern und Artenschutz. In diesen Gruppen trafen die Kinder mit Erwachsenen zusammen, die in Politik, Wirtschaft oder Wissenschaft Verantwortung tragen. Diese Gespräche wurden von Mitarbeitern der Trägerorganisationen moderiert. Der „natur"-Kindergipfel 1991 endete mit dieser Zentralveranstaltung am 28. und 29. September in Frankfurt am Main und der Gala-Veranstaltung in der Paulskirche. Rund 500 Kinder aus ganz Deutschland, aus Österreich, Ungarn, Italien, der Schweiz und der Ukraine hatten an der Kinderkonferenz teilgenommen. Auf dem Römerberg und dem Paulsplatz in Frankfurt präsentierten sich über 50 in- und ausländische Kinder und Umweltgruppen den vielen 1000 Besuchern beim Markt der Zukunft. Höhepunkt des „natur"-Kindergipfels war die Unterzeichnung eines Generationenvertrages zwischen den Kindern und ihren erwachsenen Gesprächspartnern. (...)

Nach Einschätzung von UNICEF war der „natur"-Kindergipfel „das Medieneereignis im Herbst 1991". (...) Erfreulich dabei ist: das Interesse hielt auch nach der Veranstaltung Ende September in Frankfurt am Main an. Bis in den November hinein brachten Zeitungen und Fernsehstationen weitere Beiträge. Das Urteil der mit der Auswertung von UNICEF beauftragten Firma Medienanalyse: „Im Vergleich zu anderen Veranstaltungen ein stolzes Ergebnis." Die Zahl der Berichte überstiegen jene zum Weltkindertag, der eine Woche zuvor stattgefunden hatte, um ein Vielfaches.

Was die Kinder meinten

Trotz vielfältiger Anmerkungen, was beim nächsten „natur"-Kindergipfel noch besser gemacht werden könne, bedanken sich viele Kinder bei „natur" dafür, daß dieses Treffen ermöglicht wurde. Es machte den Kindern Mut, sich noch stärker für die Umwelt einzusetzen. Viele Teilnehmer meldeten sich sofort für eine weitere Mitwirkung im Jahr 1992 an. Das Treffen in Frankfurt bestärkte die Kinder darin, sich aktiv für die Belange der Umwelt einzusetzen. Viele Kinder trugen die Ideen und Anregungen der Kinderkonferenz in ihre Schulklassen und Umweltgruppen.

Dokumentation

Kinder reden - Erwachsene hören zu - und im übrigen bleibt alles beim Alten

(Gedanken zum 2. „natur"-Kindergipfel, von Mike Corsa, Vorsitzender des Bundesjugendrings; Quelle: Corsa 1993: 22f.)

Verzaubert und zugleich in mich versunken und meine Sinnesorgane geschärft, sitze ich am Fuß der Freilichtbühne, umgeben von begeistert jubelnden Kindern. Auf der Bühne nimmt die Gala anläßlich des zweiten „natur"-Kindergipfel in Stuttgart seinen fröhlichen, farbenfrohen und kindlichen Lauf, selbst die wenigen Erwachsenen bemächtigen sich holprig einer kindlichen Ausdrucksweise in Sprache und Gestik. Als Höhepunkt angekündigt zwischen wildem Treiben des Kinderzirkus Calibrasta, internationalen folkloristischen Einlagen und artistischen Darstellungen, soll ein Generationenvertrag unterzeichnet werden. Zwei Tage glich der Tagungsort, das Jurtendorf auf dem Gelände der internationalen Gartenbauausstellung in Stuttgart, einem Bienenschwarm. In zehn Arbeitskreisen zu Themen wie „Fremdes zulassen", „Handel mit Tieren", „Kinder haben Rechte" sammelten die geladenen 600 Kinder eifrig Informationen, bewerteten und diskutierten diese mit Fachleuten und formulierten Forderungen mit Selbstverpflichtungscharakter für diesen Generationenvertrag. Jetzt, bei der Präsentation der zu unterzeichnenden Übereinkunft zwischen Kindern und Erwachsenen besticht wieder einmal die Klarheit der vorgetragenen Gedanken und die konsequenten Forderungen. Mit der Unterzeichnung verpflichten sich erstmalig auch die Kinder, in ihrer Lebensumwelt Schritte im Sinne des Generationenvertrages zu unternehmen. Die Ideen sind bunt und vielfältig: weniger Mitfahren in Autos, nicht jeden Tag duschen, Boykott von Getränkedosen, die Verpflichtung zum Kauf von Lebensmitteln aus artgerechter Tierhaltung. Dagegen wirken die Selbstverpflichtungen der wenigen anwesenden prominenten Erwachsenen, die den Vertrag unterzeichnen, diffus und unehrlich. Wenn sich die Schulsenatorin von Hamburg für die zukünftige Beteiligung von Kindern bei Inhalten und Formen schulischen Unterrichts einsetzen will, klingt das in der heutigen Zeit wie Hohn. An welcher Stelle haben den Reformbemühungen im Bildungsbereich eine Chance auf offene Ohren der bildungspolitisch Verantwortlichen außer in Fragen der Kostenreduktion? Die begeisterte Stimmung will und will mich nicht gänzlich einnehmen – es bleibt auf den Nachhauseweg wieder diese Ahnung, die sich nach intensiverem Nachdenken zur Überzeugung verdichtet: Hier will eine ganz auf wirtschaftliches Wachstum konzentrierte Erwachsenenwelt mit einer öffentlichkeitswirksamen Inszenierung eine Kinderfreundlichkeit zur Schau tragen, die ihr im Alltagsvollzug vollständig abhanden gekommen ist. Einige willkürlich zusammengefügte Informationen der jüngsten Zeit:

Es ward den Stadtvätern und -müttern wohl bei dem Gedanken, 1993 neben der Internationalen Gartenbauausstellung und der Leichtathletik-Weltmeisterschaft auch noch den „natur"-Kindergipfel nach Stuttgart zu holen – als weitere Aufpolierung des Stadtimages. Gleichzeitig ist das Jugendamt der Stadt Stuttgart 1994 gezwungen, 76,5 Stellen abzubauen, die Unterstützung für freie Träger in der Arbeit mit

Kindern und Jugendlichen zu kürzen (...). Immer mehr Kinder und Jugendliche sind in Deutschland von Armut betroffen. Schon heute sind 775.000 Kinder und Jugendliche im Alter bis zu 18 Jahren auf Sozialhilfe angewiesen (...). Sicherlich, ein Kindergipfel mag in seiner medialen Auswirkung den Finger auf wunde Stellen gesellschaftlicher Entwicklungen legen. Dennoch bleibt die Frage, wo die aufgestellten Forderungen weitergetragen, wo die Selbstverpflichtungen den Erwachsenen abgefordert werden. Es reicht eben nicht aus, alle zwei Jahre einen Gipfel mit jeweils sinkender Wahrnehmung in der Öffentlichkeit anzusetzen. (...) Auf die Dauer gesehen ist die kontinuierliche selbstorganisierte Interessenvertretung die erfolgversprechendere Arbeit. Nur auf öffentliche Aufmerksamkeit ausgerichtete Festivals für Kinder erwecken zwar kurzfristig das öffentliche Problembewußtsein, setzen jedoch im Hinblick auf veränderndes gesellschaftliches Handeln nur wenig um. Da kann es dann sogar passieren, wie beim 2. „natur"-Kindergipfel, daß Kinder trotz ihrer Forderung an Bundesumweltminister Töpfer nach Reduzierung des Verpackungsmülls in ihrem Reiseproviantpäckchen mehrfach plastikverpackte Brote und die folienverschweißte Bifi-Salami auspacken müssen.

Ideenwettbewerbe und Preisausschreiben

Ideenwettbewerbe bieten sich an, um Meinungen und Vorschläge von Kindern zu sammeln. Abgesehen von vielen kommerziell orientierten Malwettbewerben und Preisausschreiben bieten sich Wettbewerbe an, um die Auseinandersetzung mit einem Thema anzuregen und Beiträge von Einzelpersonen oder Gruppen erarbeiten zu lassen. Zwei positive Beispiele seien hier aufgeführt:

Der Preis für die Rechte des Kindes, vom WDR ausgeschrieben, hat eine breite Aufmerksamkeit auf die Kinderrechte gelenkt, wie sie vor allem in der UN-Kinderrechtskonvention festgelegt sind. Über die Preisverleihung und eine Dokumentation und Berichterstattung im WDR wurden beispielhafte Aktionen ins Licht der Öffentlichkeit gerückt. Der Preis wurde 1996 zum ersten und 1998 zum zweiten Mal ausgeschrieben.

Der Ideenwettbewerb „Bau- und Wohnhits von Kids" (MBW 1993) wurde vom Ministerium für Bauen und Wohnen ausgeschrieben, um Kindervorschläge zur kinderfreundlichen Wohnumfeld- und Wohnungsgestaltung einzuholen. Utopien, Phantasiekonzepte, aber auch konkrete Vorschläge waren gefragt. Prämiert wurden Konzepte für Projekte mit Kindern, die durch die Preisgelder gefördert werden konnten. Die Auslobung wurde Ende 1991 an 10.000 pädagogische Einrichtungen verschickt. Aus den 65 Bewerbungen wurden 28 ausgewählt, um durch die Preisgelder gefördert zu werden. Es entstand keine Rangordnung, sondern die Projekte standen gleichrangig nebeneinander und die Förderhöhe richtete sich nach dem Kostenaufwand. Durch die Präsentation der Ergebnisse und die anschließende Dokumentation wurde eine Vielfalt von Themen und Modellen einer breiten Öffentlichkeit zugänglich gemacht.

Hinweise zur praktischen Durchführung

Problematisch ist sicherlich, daß die Schulen und Kindergärten in den letzten Jahren von einer Flut von Wettbewerben überrollt werden, die von Ministerien, Energieversorgungsunternehmen, Firmen und Verbänden initiiert werden. Sie sind ein beliebtes Mittel, um diese Zielgruppe zu erreichen und Aufmerksamkeit für ein bestimmtes Thema zu erreichen. Mit der Attraktivität dieser Ausschreibungen und der damit verbundenen Preise ist oft nicht zu konkurrieren, es sei denn, man findet einen Partner oder Sponsor. Gut gemachte, pädagogisch durchdachte Ideenwettbewerbe erfordern einen sehr hohen Organisationsaufwand, auch das ist zu bedenken.

Dokumentation

Der Ideenwettbewerb „Bau- und Wohnhits von Kids“

(Quelle: MBW 1993: 16ff.)

Die Ende 1991 an 10.000 pädagogische und kulturpädagogische Einrichtungen in NRW (darunter auch Schulen) verschickte Auslobung forderte Kinder und Jugendliche dazu auf, aus ihrer Sicht Ideen, Wünsche und Konzepte für die Veränderung ihres Wohnraumes und/oder ihres Wohnumfelds zu entwickeltn und darzustellen. Konkrete Veränderungs- und Gestaltungsvorschläge waren ebenso gefragt wie Wohnutopien. Beurteilungskriterien herkömmlicher Art wurden dem Wettbewerb bewußt nicht zugrunde gelegt. Den TeilnehmerInnen waren demnach alle Möglichkeiten und Formen der Bewerbung offen.

Der Wettbewerb teilte sich in drei Phasen. In der ersten Phase fand ein Kolloquium für alle interessierten AntragstellerInnen statt, bei dem alle anfallenden Fragen geklärt werden konnten. Im Anschluß daran trafen in der zweiten Phase die Projektkonzepte bei der LKD ein, die dann von der Jury geprüft und ausgewählt wurden. In der dritten Phase des Wettbewerbs sollten die Konzepte von den Kids und ihren „Helfern“ umgesetzt werden. Teilnahmeberechtigt waren Kinder und Jugendliche von 8-18 Jahren. Einzelbeiträge waren ebenso zugelassen wie Gruppenarbeiten, Direktbewerbungen standen gleichberechtigt neben solchen aus der Zusammenarbeit mit Kommunen, insbesondere Jugendämtern, und pädagogischen Institutionen.

Entsprechend breit war das Bewerberspektrum: Unter den AbsenderInnen fanden sich Schulklassen ebenso wie Kulturzentren und kommunale Kinderbüros, aber auch zahlreiche einzelne Kinder und Jugendliche. Auch inhaltlich kannte die Phantasie der Kids keine Grenzen. Sie erstreckte sich vom Kunstunterrichtsthema „Mein Traumhaus“ über die Gestaltung eines Abenteuerspielplatzes, eines Marktplatzes oder einer Brachlandschaft bis hin zu ökologischen Bauweisen und Lebensvorstellungen in Gemeinschaft mit Behinderten.

Da nicht vorgegeben war, wie die Projekte arbeiten sollten, sind sehr unterschiedliche Herangehensweisen zur Thematik „Bauen & Wohnen“ zustandegekommen. Dennoch gestatten die erstellten Projekte eine Grobeinteilung in drei Bereiche: Einige gaben der künstlerischen Kreativität den Vorrang. So entstanden im Laufe eines halben Arbeitsjahres eine Rockoper mit dem Titel: „Traumstadt", ein Theaterstück – „Was wäre, wenn die Wände wackeln?" – und eine Performance: „Das Indianische Haus". Die meisten Projekte setzten vor allem auf handwerkliche und gestalterische Kreativität: Ca. 200 Modelle entstanden, die die Vorstellungen der Kinder von Wohnen und Wohnumfeld anschaulich machten. Einen dritten Weg sind die Projekte gegangen, die die Ideen gleich verwirklicht haben – bei einem Ideenwettbewerb eher die Ausnahme. Daß es zu Realisierungen kam, ist allein der Motivation der jeweiligen BetreuerInnen zu danken, die oft den „langen Marsch" durch die Bürokratie auf sich nahmen, um die Kinderwünsche weiterzuleiten. Die meisten Projekte wurden auf Video dokumentiert, etliche Radiosendungen kamen zustande, ca. 1000 Kinderbilder wurden gemalt und ebenso viele Fotos von den Aktionen der Kinder geschossen.

Leicht war die Aufgabe nicht, der sich die bunt zusammengesetzte Jury (ein Künstler, ein Kulturpädagoge, ein Kulturamtsleiter, eine Stadtplanerin sowie VertreterInnen der Ministerien für Bauen und Wohnen, für Stadtentwicklung und Verkehr, des Gesamtverbandes der Wohnungswirtschaft, der Internationalen Bauausstellung (IBA), der Kooperative Freier Theater NRW e. V. und, nicht zuletzt, der Kinderbeauftragte der Landesregierung NRW, Dr. Reinhald Eichholz) zu stellen hatte: 65 Bewerbungen mit einem Gesamtantragsvolumen von 1,2 Mio. Mark stand eine Fördersumme von 150.000,00 DM gegenüber, die einerseits einer möglichst breiten Förderung zugute kommen, andererseits vor allem modellhafte und wegweisende Projekte hervorheben sollte. Weitere Vergabekriterien waren der soziale Aspekt des Modells, die Beteiligung von Kindern, die Möglichkeit der Weiterentwicklung und die Übertragbarkeit in die Realität.

Die Jury wählte 28 Projekte aus, die für die Ralisierung ihrer Konzeptionen finanzielle Unterstützung erhalten sollten. 25 Projekte wurden letztendlich durchgeführt. Einigkeit bestand unter den Fachleuten darüber, daß nicht nur die geförderten, sondern alle Projekte, die realisiert werden, in einer Ausstellung präsentiert werden sollten. (...) Mit einem großen Spektakel, das Hunderte von Kindern und Jugendlichen aus Nordrhein-Westfalen nach Waltrop lockte, wurde die Ausstellung am 7. Oktober 1992 von der nordrheinwestfälischen Bauminsterin Ilse Brusis eröffnet. Wegen des repräsentativen Charakters der Modelle wurde die Ausstellung auf 14 Tage ausgedehnt und stand somit allen Interessierten, besonders Schulklassen, zur Besichtigung offen.

Die den Präsentationstag abschließende Podiumsdiskussion, besetzt mit VertreterInnen aus Ministerium, Stadtplanung, Kinderbüro und (leider nur) einer 10jährigen Projektteilnehmerin, deren Zweck es sein sollte, einen Austausch und eine Annäherung zwischen Kinderinteressen und Erwachsenenwelten auszulösen, zeigte nur allzu deutlich, wie schwer Erwachsene sich damit tun, die Sprache der Kinder zu verstehen, geschweige denn, sie zu sprechen: Nachdem anfangs auf konkrete Fragen der Kinder abstrakte, weltschweifige Statements folgten, widmeten sich die jungen Zuhörerinnen wieder ihren begonnenen Schnitzarbeiten aus Weidenruten und überließen das Reden den „Großen". Daß es auch anders geht, verdeutlichten die am Vormittag stattfindenden Arbeitsgruppen: Hier wurde ernsthaft ein Dialog zwischen Kindern und „Fachleuten" darüber geführt, wie kindgerechter geplant und gebaut werden kann. (...) Was heißt eigentlich: kindgerechtes Bauen und Wohnen? Kindgerecht – was ist das? Kinder sind nicht gleich Kinder. Kinder im Säuglingsalter haben andere Bedürfnisse als Kinder im Vorschulalter zwischen 6 und 10 Jahren. Teens und Jugendliche haben wiederum ganz andere Bedürfnisse als die kleineren Kinder. Kindgerecht bedeutet: Man muß flexibel planen und bauen. Dem gegenüber stehen starre Mauern und feste Installationen, geplant für die „Ewigkeit", oder anders gesagt, für die Bedürfnisse der Erwachsenen. Im Rahmen des Wettbewerbs ist deutlich geworden, wie unterschiedlich die Bedürfnisse der Kids zwischen 8 und 18 Jahren sind. Während die kleineren Kinder die Nähe zur Natur, Bewegungs- und Spielfreiheit vor allem in der Wohnung und deren unmittelbare Nähe suchen, haben Jugendliche eher die Vorstellung eines ungestörten Wohnens (Räume mit eigenen Eingängen). Somit hat der Wettbewerb verdeutlicht, daß es nötig ist, nicht nur kurzfristig zu planen.

Protestbekundung und Demonstration

Demonstrationen und Protestbekundungen gehören zu den klassischen demokratischen Partizipationsformen (vgl. *Kap. 2.1*). Vor allem Demonstrationen von Eltern mit ihren Kindern oder von Kindergruppen stehen immer wieder immer wieder im Rampenlicht der Öffentlichkeit. Oft wird den Erwachsenen unterstellt, die Kinder zu von ihnen nicht gewollten Aktionen zu mißbrauchen. Schülergruppen, die für kleinere Klassen demonstrieren, Kinder auf der Anti-AKW-Demo oder Kindergartenkinder mit Transparenten gegen Kürzungen der Kindergarten-Etats lösen die berechtigte Frage aus, ob es bei den Protesten um ihre Interessen oder die Interessen von Erwachsenen geht. Diese Frage können nur sie selbst beantworten; konkrete Erfahrungen zeigen, daß Kinder bereitwillig politische Chancen nutzen, die ihnen von Erwachsenen geboten werden, daß sie sich gern an Aktionen beteiligen, deren Intentionen sie teilen, die sie aber allein nicht organisieren könnten, vielleicht nicht einmal auf die Idee kämen. Ebenso klagen Kinder gerade von politisch aktiven Eltern, daß sie an Demonstrationen teilnehmen müssen, ohne Lust dazu zu haben.

Als aktuelles Beispiel einer Protest- und Demonstrationsform sollen hier Aktionen zur Verkehrsberuhigung vorgestellt werden, die alle klassischen Mittel politischer Aktion nutzen: Transparente, Flugblätter, Ansteckbuttons und Straßenblockaden. Im Gegensatz zu Protestformen des zivilen Ungehorsams handelt es sich jedoch um legale, von den Behörden genehmigte Aktionen.

Hinweise zur praktischen Durchführung

(a) Autofahrer dürfen nur von der Polizei angehalten werden, insofern ist eine Zusammenarbeit unumgänglich. Polizei und Straßenverkehrsbehör-

den sind in den letzten Jahren aufgeschlossener für derartige Kooperationen geworden; insofern sollte eine solche Aktion in jeder Stadt möglich sein. Am Anfang ist manchmal viel Überzeugungsarbeit notwendig.
(b) Die Schiebeaktionen sind rein rechtlich gesehen Straßenfeste, zu denen eine Straßensperrung beim Straßenverkehrsamt beantragt wird. Die Schiebeaktionen gehören zum „kulturellen Programm" des Straßenfestes, und so kann einzelnen Autofahrern die Durch„fahrt" durch die gesperrte Straße gewährt werden.

Dokumentation:

Aktionen zur Verkehrsberuhigung – Verkehrsberuhigung als Selbsthilfe mit ungewöhnlichen Mitteln

(Quelle: Aktionsgemeinschaft Verkehrsberuhigung, Polizei und Stadt Hamm 1998).

„Versuch's mal mit Gemütlichkeit", „Schau mir in die Augen Raser" und „Die Straße ist für alle da". Lockerflockige Sprüche und ungewöhnliche Aktionen statt erhobenem Zeigefinger und strafenden Knöllchen sind das Markenzeichen einer Initiative zur Verkehrsberuhigung in Hamm. Nicht enden wollende Klagen von Kindern und ihren Eltern über zu schnell fahrende Autos und die Verkehrsbelastung in den Wohngebieten motivierten eine Gruppe von Eltern, die sich 1994 gründete und sich "Aktionsgemeinschaft Verkehrsberuhigung" nannte. Sie wird begleitet von der Hammer Polizei und Dienststellen der Stadt Hamm. So entstanden die Aktionen zur Verkehrsberuhigung.
Die Aktionen sind eine Form des Protests gegen Raser vor der eigenen Haustür. Sie sollen bei Autofahrern, aber auch verantwortlichen Politikern ein Bewußtsein für die Gefährdung von Kindern im Straßenverkehr erzeugen und Verhaltensänderungen anregen. Sie führen teilweise zu spürbaren Verbesserungen. Die Kooperation zwischen Kindern, Eltern, Verwaltung und Polizei hat sich von anfänglicher Skepsis zu vertrauensvoller Zusammenarbeit entwickelt und macht allen Beteiligten Spaß. Und: Die Betroffenen werden selbst aktiv, statt ausschließlich Forderungen an Politik und Verwaltung zu stellen. Kinder erhalten grundlegende Informationen über ihre Rechtsstellung im Straßenverkehr und können sich aktiv für ihre Rechte einzusetzen.

Tempo-30-Meßaktionen

Viele Straßen in Hamm verführen aufgrund ihres Charakters und fehlender baulicher Maßnahmen zur Verkehrsberuhigung zur Überschreitung der vorgeschriebenen Geschwindigkeit von 30 km/h. Die Situation wird von Anwohnern mit Kindern als existentielle Gefährdung und erhebliche Belästigung empfunden. Zwar ist das Spielen in Tempo-30-Zonen nicht erlaubt, allerdings, so sagt die Straßenverkehrsordnung, sollte an Stellen, an denen aufgrund der Verkehrsverhältnisse Spielen möglich ist und Autofahrer mit spielenden Kindern rechnen müssen, das Spielen toleriert werden.
Bei einer Tempo-30-Aktion ermittelt ein Mitarbeiter der Aktionsgemeinschaft mit einer Radar-Meßpistole die Geschwindigkeit der vorbeifahrenden Kraftfahrzeuge. Die gemessenen Ergebnisse werden über Funk an den 100 - 300m entfernt gelegenen zentralen

Ort der Aktion weitergeleitet. Die Kinder signalisieren mit großen Schildern die gefahrene Geschwindigkeit; die Polizeibeamten halten die Fahrzeuge an. Eltern, Kinder und Polizei klären die Fahrer gemeinsam über den Sinn von „Tempo-30“ auf und verteilen als „Denkzettel“ eine Urkunde mit der festgestellten Geschwindigkeit und den möglichen Folgen. Es werden nicht nur zu schnell fahrende Autofahrer angehalten und ermahnt, sondern auch korrekt fahrende Autofahrer/innen belohnt.

Schiebeaktionen

Schiebeaktionen bieten sich in den verkehrsberuhigten Bereichen an, in denen alle Verkehrsteilnehmer/innen gleichberechtigt sein sollen und Kinderspielen erlaubt ist. Diese wichtigen Spielmöglichkeiten werden immer wieder von Autofahrer/innen behindert, die entweder die vorgeschriebene Schrittgeschwindigkeit nicht kennen oder sie nicht respektieren.

Mit Schiebeaktionen soll den Autofahrer/innen ein reales Gefühl für Schrittgeschwindigkeit vermittelt werden. Die Straße wird durch das Straßenverkehrsamt für einen Nachmittag gesperrt. Die Aktion wird als Straßenfest genehmigt. Am Beginn der Straßensperre wird den Autofahrern angeboten, sich durch die gesperrte Zone schieben zu lassen. Die Polizeibeamten greifen in einzelnen Fällen ein, wenn Autofahrer sich rücksichtslos verhalten.

Begleitende Maßnahmen

Bei Aktionen zur Verkehrsberuhigung hat sich bewährt, ein Rahmenprogramm durchzuführen. Nachbarn organisieren Kaffee- und Kuchenstände, für die Kinder werden in einem geschützten Bereich Spiele angeboten, insbesondere in verkehrsberuhigten Bereichen wird die Straße als Spielraum zurückerobert. Es gibt viele weitere interessante Möglichkeiten, die Aktion anregend zu gestalten. So macht sie allen Beteiligten Spaß, es ergeben sich Gespräche über das Verkehrsverhalten – das eigene und das der anderen.

Aktion „Straßenschilder“ und Straßentransparente: Die offizielle Verkehrsbeschilderung wird durch von Kindern selbstgemalte, unter künstlerischer Leitung hergestellte Aktionsschilder ergänzt, die auf privaten Flächen aufgestellt die Autofahrer mit flotten Sprüchen zur Einhaltung der Verkehrsregeln motivieren.

Straßentransparente mit dem Motto „Kinder haben Vorfahrt“ stehen dauerhaft zur Verfügung und können nach der Aktion über der Straße aufgehängt werden. In den folgenden Wochen erinnern sie an die Einhaltung der Geschwindigkeitsregeln.

Buttons und „Denkzettel“: „Die Straße ist für alle da“ – Mit vorgefertigten Vorlagen oder selbstgestalteten Buttons erhalten die Autofahrerinnen einen zusätzlichen Denkanstoß. In Bastelaktionen können Anhänger für den Autoinnenrückspiegel als „Denkzettel“ hergestellt werden, z.B. Tierfiguren mit den Aktionssprüchen.

Erhebung von Gefährdungspunkten: Die Kinder und Eltern können während der Aktion in einer Befragung durch Stadt und Polizei Gefährdungspunkte benennen, die anschließend in den regelmäßigen Sicherheitsanalysen überprüft werden.

Öffentlichkeitsarbeit: Die begleitende Öffentlichkeit über Zeitung und Radio sorgt stadtweit für Aufmerksamkeit und thematisiert die Interessen von Kindern im Straßenverkehr.

Begleitende gebührenpflichtige Kontrollen: Um die Wirksamkeit der Aktionen zu erhöhen, führt die Polizei in den folgenden Wochen weitere Kontrollen durch, bei denen dann bei Geschwindigkeitsverstößen die entsprechenden Bußgelder verhängt werden.

7.2 Raumbezogene Erkundung von Kinderinteressen

Stadtplanung, Stadtgestaltung, Spielraumentwicklung sind die wichtigsten der aktuellen Arbeitsgebiete, in die Kinder einbezogen werden sollen. Darum nehmen die raumbezogenen Partizipationsformen hier einen breiten Raum ein.

Begehungen

Begehungen sind für raumbezogene Planungen und Projekte eine unbedingte Notwendigkeit, sie nehmen den Begriff der „Erfahrung" in seinem Doppelsinn ernst. Kinder „am grünen Tisch" zu fragen, wie sie ihren Stadtteil bewerten, führt, wenn überhaupt, zu pauschalen Antworten. Vor Ort gefragt, erzählen sie dagegen eine Fülle von Details über ihre Wahrnehmungen, ihre Wünsche und Vorschläge. Begehungen können mit verschiedenen Funktionen sehr unterschiedlich gestaltet werden:

(a) Bewußtsein für die Größe und Abgrenzung eines Raumes vermitteln: Kinder haben manchmal Schwierigkeiten, geografische Angaben zu verstehen. So hat es sich bewährt, zu Beginn einer Spielplatzplanung die Geländegrenzen abzuschreiten, so daß allen bewußt wird, wie groß die Fläche ist. Bei größeren Plangebieten können die Grenzen umradelt werden.

(b) Bewußte Wahrnehmung eines Raumes: Sowohl Kinder, die ein Wohnviertel nicht kennen, als auch Kinder, die in einem Viertel leben, können während einer Begehung ihre Lebensumwelt bewußter erleben. Das kann durch methodische Hilfen unterstützt werden: Kinder bekommen Stift und Schreibblock, um als „Naturforscher" ihre Eindrücke aufschreiben; durch ein „semantisches Differential" (s.u.) können Kinder sich ihre Meinung zu Orten ihrer Umgebung bilden. Ebenso können Fotoapparate oder Videokameras helfen, Kindern neue Perspektiven zu vermitteln.

Schau dich mal um! Wie findest Du es hier?								
	sehr	*ziemlich*	*etwas*	*weder noch*	*etwas*	*ziemlich*	*sehr*	
schön	*O*	*O*	*O*	*O*	*O*	*O*	*O*	*häßlich*
dreckig	*O*	*O*	*O*	*O*	*O*	*O*	*O*	*sauber*
lang-weilig	*O*	*O*	*O*	*O*	*O*	*O*	*O*	*inter-essant*
kinder-feindlich	*O*	*O*	*O*	*O*	*O*	*O*	*O*	*kinder-freundlich*
usw.	*O*	*O*	*O*	*O*	*O*	*O*	*O*	*usw.*

Abb. 8: Semantisches Differential (nach: Schröder 1995: 96)

(c) Beantwortung von Fragen zu der Bewertung eines Raumes: In Verbindung mit Fragebögen können Meinungen erfragt werden. Im Nürnberger Jugendamt wurde unter dem Titel „Stadtforscher" ein Projekt entwickelt, in dem Kinder eigenständig mit detaillierten Fragebögen im Stadtteil unterwegs sind und Fragen zu Spielplätzen, Verkehrsverhältnissen, Sicherheit, Umwelt beantworten (Stadt Nürnberg 1993).

Hinweise zur praktischen Durchführung
Für alle Begehungen gilt: Sie können in spielerischer und abenteuerlicher Form durchgeführt werden. Auf einer Stadtteil-Rallye können Fragen als Teil eines Wettbewerbes gelöst werden, unter einer Spielidee als „Forscher" kann eine Begehung zum Teil einer größeren Spielgeschichte werden. Hierzu gibt es ein breites Spektrum von bewährten pädagogischen Aktionsformen.

Zeichnerische Darstellungen

Kindern fällt es gerade bei raumbezogenem Wissen und Denken leichter, sich zwei- oder dreidimensional auszudrücken. So gehören Kinderzeichnungen (Egen 1967, Fleck-Baugert 1994) und Modellbau (Schröder 1996) zu erprobten Mitteln der Darstellung kindlichen Wissens und kindlicher Wünsche. „Schwieriger wird es allerdings, wenn es um die Aufschlüsselung und Deutung der Bilder und um eine Grenzziehung zwischen dem kindlichen Ausdruck des inneren Erlebens und der Beeinflussung durch seine direkte, soziale, kulturelle und landschaftliche Umwelt geht" (Fachhochschule Ravensburg-Weingarten 1996: 76). Es gibt verschiedene Gesichtspunkte, die bei der Auswertung berücksichtigt werden sollten:

(1) Zunächst ist zu beachten, daß Darstellungsniveau zu einem wesentlichen Teil altersabhängig ist. Dazu sind Erfahrungen notwendig, was Kinder in welchem Alter typischerweise darstellen können.
(2) Eine besondere gefühlsmäßige Bedeutung kann aus einer überproportionalen Größendarstellung, aus der besonders detaillierten Darstellung einzelner Teile, und der Farbwahl, besonders wenn sie von der Realität abweicht, abgelesen werden.
(3) Kinder stellen viele Inhalte als Schemata dar. Häuser werden z.B. immer mit Giebeldächern gemalt, und es stellt sich die Frage, ob Kinder tatsächlich Giebeldächer meinen. Das gleiche gilt für die Darstellung von Spielgeräten. Bestimmte Spielgeräte werden besonders gern gezeichnet, weil sie sich gut zeichnen lassen, während andere, die ebenso gewünscht sind, nicht dargestellt werden, weil sie sich schlecht zeichnen lassen.

So sollte klar sein, daß es hier nicht um die Aufgabe geht, Kinderdarstellungen unabhängig von ihnen zu interpretieren, vielmehr sollen diese

Hinweise dazu dienen, Kinderdarstellungen besondere Aufmerksamkeit zu widmen und mit Kindern ins Gespräch zu kommen.

Modellbau

Modellbau als Methode der Darstellung kindlicher Raumwahrnehmung zur Erkundung ihrer Interessen ist vor allem durch die Hertener Studien erforscht worden (vgl. *Kap. 3.2*). Dort wurde der Bau von Modellen durch die Kinder selbst und die Befragung von Kindern zu von Erwachsenen vorgebauten Modellen unterschieden. Von Kindern selbstgebaute Modelle geben stärker die subjektiven Wahrnehmungen der Kinder und ihre Bewertungen wieder, während Expertenmodelle eine größere Realitätsabbildung garantieren. „Beim Aufbau eines eigenen Modells entscheiden die Kinder selbst, was aus ihrer Sicht zu ihrer Gegend, ihrem Umfeld gehört (...) Dennoch, die Möglichkeit der freien Gestaltung ist in dieser offenen Form des Modells wesentlich stärker gegeben als im Expertenmodell“ (Schröder 1996: 176)

Hinweise zur praktischen Durchführung
Modellbau als Form der Interessenerkundung hat gegenüber den Streifzügen einige Vorteile, auch wenn generell die Streifzüge die größte Annäherung an die kindliche Realität erlauben und ihr Einsatz zuerst geprüft werden sollte.
(a) Das Bauen eines Modells macht Spaß und kann zu einem interessanten Teil von Gruppenarbeit, Betreuung oder Unterricht werden.
(b) Modellbau bietet sich bei schlechtem Wetter in den Wintermonaten an, in denen Streifzüge wenig Spaß machen.
(c) Die Modelle eignen sich hervorragend zur Präsentation von Kinderinteressen und stellen spannende Formen der Dokumentation dar.
(d) Modelle erfordern eine Erklärung und Interpretation und sollten durch Befragungen bzw. Interviews ergänzt werden.
(e) Bei der Auswahl der Materialien werden die Ergebnisse vorgeprägt. Sie lenken die Gedanken der Kinder in bestimmte Richtungen. Schröder hat festgestellt, daß auch alterspezifische Vorlieben bei der Materialauswahl eine Rolle spielen. Bestimmte Materialien, z.B. Duplo-Legosteine, gelten für ältere Kinder als Kinderkram (ebd.: 177)

Foto- und Videostreifzüge

Für den Bereich der Partizipation von Kindern sind diese Methoden vor allem von Peter Apel und Reinhard Pach eingeführt und angewandt worden. Als Raumplaner, die an kindgerechter Stadtplanung interessiert sind, setzen sie seit Mitte der Achtziger Jahre Foto- und Videostreifzüge als eine Kombination von teilnehmender Beobachtung und qualitativem Interview ein. Mit den Foto- und Videostreifzügen haben sie eine geeignete Methode entwickelt, um bezogen auf eine räumliche Lebensumwelt Kinderinteressen umfassend zu erheben und zu dokumentieren (Apel/Pach 1997: 48ff.; Stadt Hamm 1993). In einer Reihe von Städten wurden Foto- oder Videostreifzüge in Stadtplanungsprojekten durchgeführt.

Aus vorhandenen Kinder- oder Jugendgruppen (Schulklasse, Hortgruppe, Kindergruppe eines Verbandes) oder mit eingeladenen Kindern werden Gruppen von drei bis sieben Teilnehmern gebildet, die möglichst nah beieinander wohnen. Diese Gruppen werden von zwei Erwachsenen begleitet, die ein Stichwortprotokoll führen und Wege sowie besuchte Orte in eine Karte eintragen. Begleiterinnen für die Streifzüge findet man unter Lehrern, Mitarbeitern aus pädagogischen Einrichtungen oder in beteiligten Ämtern (z.B. Stadtplanerinnen), die manchmal bereit sind, außerhalb des beruflichen Alltags neue Erfahrungen für ihren eigenen Arbeitsbereich zu sammeln.[1] Außerdem nehmen die Erwachsenen Videokameras oder Fotoapparate mit, auch den Kindern werden Geräte zur Verfügung gestellt.

Wenn sich an einem Streifzugtag die Gruppen zusammengefunden haben,werden die Kinder aufgefordert, den Erwachsenen alle Orte zu zeigen, an denen sie sich aufhalten. Die Kinder haben beim Streifzug das Kommando, die Erwachsenen begleiten und führen ein Interview. Im Gespräch mit den Kindern suchen sie Antworten auf folgende Fragen:

An welchen Orten halten sich die Kinder auf, wie empfinden sie diese Orte, wie bewerten sie sie?
Welche Probleme haben die Kinder bei der Nutzung ihres Umfeldes, welche Gefahren erleben sie?
Welche Qualitäten messen sie ihrer Umgebung bei, was gefällt ihnen, wo halten sie sich gern auf?
Welche Bedeutung haben die Orte und Wege für die Kinder (Bedeutung meint im tieferen Sinne auch die emotionale Komponente: Orte als Abenteuerplätze, Orte mit besonderen Erfahrungen, Orte verbunden mit Geschichten und Phantasien)?
Welche konkreten Geschichten und Erlebnisse verbinden die Kinder mit den Wegen und Orten?
Wie beurteilen die Kinder möglicherweise geplante Veränderungen?

Mittels der Streifzüge wird ein umfassendes Bild eines Stadtteils, eines Wohnquartiers oder eines Schulumfeldes aus Sicht der Kinder und Jugendlichen gewonnen. Je mehr Streifzüge durchgeführt werden, um so eher ergibt sich eine flächendeckende qualitative Bewertung eines

[1] Lehrer kennen beispielweise oft sehr wenig von der Lebensumwelt ihrer Schülerinnen und Schüler, weil sie meist anderswo wohnen; Stadtplaner, die eine völlig andere Raumwahrnehmung haben, lernen hier eine neue Perspektive kennen, die sich auf auf die sonstige Tätigkeit auswirken kann.

Stadtteils. Die Protokolle, Karten und Fotos werden von Stadtplanern und Pädagogen ausgewertet und in einem Auswertungsbericht dargelegt. Diese Auswertungsberichte werden noch einmal mit allen Beteiligten diskutiert, vor allem im Hinblick auf stadtplanerische Konsequenzen. Anschließend dienen sie als Grundlagenmaterial für weitere planerische Tätigkeit.

Die Vorteile der Streifzüge liegen auf mehreren Ebenen. Es werden die Bedeutungen erfaßt, die Räume für Kinder besitzen. Diese sind nach Alter, Neigungen und Wissen sehr unterschiedlich. So kann eine Straße Gefahrenzone und Grenze sein, sie kann aber auch die Fluchtmöglichkeit aus der Enge des Wohnquartiers bedeuten. Kinder dominieren bei der Anwendung der Methode: Sie bestimmen den Weg, sie äußern sich nur, soweit sie wollen. Die Erfahrungen zeigen, daß sie sich ernstgenommen fühlen und im Laufe eines Streifzuges immer mehr motiviert werden, sich zu äußern. Kinder entwickeln oft im Verlaufe des Streifzugs das Bedürfnis, auch geheime Orte zu zeigen oder über verbotene Aktivitäten zu erzählen. Hier ist mit den Kindern genau abzusprechen, was im Rahmen einer Dokumentation später auch wiedergegeben wird. Fotos und Videofilme dokumentieren plastisch die Aussagen der Kinder. Der Umgang mit den technischen Geräten macht den Kindern Spaß und schafft Anreize. Die Rollen der Erwachsenen sind klar umrissen und handhabbar. Sie können schnell erlernt und angewendet werden.

Im Sinne einer „rollenden Forschungspraxis" (vgl. Heinze 1987) ist es notwendig, daß die beteiligten Gruppen die Möglichkeit erhalten, auf die Dokumentation und die Auswertung Einfluß zu nehmen. Im Rahmen einer Projektarbeit können Kinder zum Beispiel entsprechende Dokumentationen herstellen und öffentlich präsentieren. Die Erstellung von Dokumentationskarten, das Gestalten von Fotowänden und Wandzeitungen oder das Schneiden von Videofilmen bieten praktische Möglichkeiten, Kinder ihre Interessen weitgehend selbständig vertreten zu lassen.

Dokumentation:

Kinder-Stadtforschung in Nürnberg (von Karin Behrens-Pöschl, Jugendamt Nürnberg)

(Quelle: Landesvereinigung Kulturelle Jugendarbeit NRW e.V. 1993: 39ff.)

Der Schwerpunkt *der Kinderstadtforschung, einem Projekt des Nürnberger Jugendamtes* (d.V.), liegt (...) auf dem Erheben von Daten und Meinungen und der Zurverfügungstellung dieser für Planungen. Das heißt erst einmal, es wird der Erkenntnis gefolgt, daß Spiel für Kinder in der Regel nicht auf ein bestimmtes Ziel hin orientiert ist. Im Vordergrund stehen die Lust am Spiel, Neugierde und eine gewisse Spannung. Dementsprechend sind alle Aktivitäten nicht auf die Verwirklichung eines bestimmten Projektes hin orientiert.

Es geht darum, daß Kindergruppen ihr persönliches Umfeld, die besetzten und genutzten Räume spielerisch erkunden und als Information für die Planungsinstanzen aufarbeiten. Zusätzliche Attribute, wie ein Forscherpaß und Materialien zum Erfassen, aber auch entsprechend unstrukturierte Vorgaben zur individuellen Ausdrucksweise sollen Neugierde wecken, Identifikationen fördern und Elemente der Selbstbestimmung enthalten.

Die Kinder erforschen einen für sie an und für sich vertrauten Bereich. Sie sind dabei nicht sich selbst überlassen, sondern werden von ihnen bekannten Erziehern oder Betreuern begleitet. Dies ist sehr wichtig, da Kinder wohl häufig damit überfordert sein dürften, mit einer Forschermappe konfrontiert zu werden, die Erwachsene für sie erstellt haben und die auch dazu gedacht ist, am Ende Ergebnisse zu bekommen, mit denen Erwachsene weiterarbeiten können.(...)

Die Beteiligung von Multiplikatoren hat zudem eine ganz eigene Bedeutung. Die Überlegungen, Betroffene an Planungen zu beteiligen, setzt voraus, daß hier eine Struktur vorhanden ist. Es müssen dezentral Partner und Partnerinnen vorhanden sein, die diese Gedanken aufnehmen, transportieren und vor Ort realisieren helfen. Zentral „organisierte" Beteiligung schafft nur Schwellenängste, muß zeitlich sehr aufwendig erst ein Vertrauensverhältnis mit den Betroffenen aufbauen. Dies kann ganz wesentlich verkürzt und überhaupt erst zum Tragen kommen, wenn man sich mit Multiplikatoren vor Ort verständigt.

Somit wird mit den Stadtforschern begonnen, ein Netz, möglichst über das ganze Stadtgebiet, aufzubauen. Es wird über die Aktivierung, Beratung, Betreuung von Partnern, die mit Kindern arbeiten, eine wesentlich breitere (...) und intensivere (...) Basis geschaffen. Damit kann auf Dauer das Prinzip der Betroffenenbeteiligung institutionalisiert werden, nicht über die Schaffung neuer Institutionen, sondern durch Aufnahme des Ansatzes in die Konzepte von Einrichtungen und Trägern der Kinderarbeit. Beteiligt an dem Projekt „Stadtforscher in Nürnberg" sind städtische Einrichtungen (vor allem Freizeitheime und Horte) sowie freie Träger wie Aktivspielplätze, Naturfreundegruppen und kirchliche Gruppen. Dabei forschen Kinder mit ihren Betreuern in ihren eigenen Stadtteilen. Anhand der Stadtteilkarten (1:1000) werden die Orte und Wege der Kinder (Wohnung, Schule, Spielplatz, Läden etc.) ausgemacht und markiert. Zusammen mit ihren Betreuern besuchen die „Stadtforscher", die selbstverständlich mit „Forscherpässen" ausgestattet sind, ihre Orte, zeigen sich gegenseitig, wo und was sie spielen. „Geheime" Spielorte sollen dabei auch „geheim" bleiben.

Mit dem Fotoapparat oder der Videokamera wird gemeinsam entdeckt, was es noch interessantes im Stadtteil gibt. – So wird z.B. der Tante-Emma-Laden gefunden, der bereits seit dreißig Jahren im Stadtteil existiert, bemalte Brandmauern, schöne (...) Hinterhöfe oder gar das Lokal mit dem Schild „Kinderfreundliches Restaurant". Das „Forscherhandbuch", das jeder Forschereinrichtung zur Verfügung gestellt wird, weist viele weitere Möglichkeiten auf, spielerisch den Stadtteil kennenzulernen. Interviews mit Leuten, die bereits lange hier leben, Diavorträge des Vorstadtvereins über die Geschichte des Stadtteils, aus der sich häufig auf der Name des Stadtteils ableiten läßt, vermitteln den Kindern den Eindruck vom Leben und Wachsen ihres Stadtteils.

(...) Zeitlich gibt das Handbuch die Möglichkeit, nur einmal einen Nachmittag, einmal wöchentlich, über eine längere Zeit, mehrere Tage während

der Ferien oder einfach dann einmal wieder zu forschen, wenn die Kinder gerade Lust dazu haben.
Um die Probleme und Interessen der Kinder auch planerisch mit einbeziehen zu können, enthält das Forscherhandbuch vier Fragebögen. Auch hier gilt das Prinzip der Freiwilligkeit, da es Spaß machen soll und zum anderen die Ergebnisse möglichst authentisch sein sollen.
Im einzelnen handelt es sich um folgende Fragebögen:
1. Spielen in der Stadt
2. Meine Wege
3. Spielplätze
4. Parks, Brachflächen, Freiflächen.
Gefragt wird u.a., wo und mit wem die Kinder gerne spielen, wieviel Zeit sie dazu haben, was sie gerne spielen etc. Dabei gibt es gesonderte Spalten für Jungen und Mädchen, um vergleichen zu können, wo die Interessen identisch sind und wo nicht. Anhand der Ergebnisse kann zum Beispiel festgestellt werden, ob die Öffnungszeiten der Einrichtungen, die Kinder besuchen, identisch sind mit den Zeiten, die die Kinder zum Spielen zur Verfügung haben. Untersucht und bewertet – die Kinder vergeben Noten – werden z.B.: die Sicherheit von Wegen (Ampeln, Zebrastreifen, Fahrradwege...), die Gestaltung von Spielplätzen, Spielgeräte, Lage und Ausstattung von Spielplätzen und Orten, an denen Kinder gerne spielen.
Nach vollbrachter Forscherarbeit bringen die Kinder an dem untersuchten Ort ihr „Gütesiegel“ an: „Hier ist Spielen: (sehr gut...ungenügend), die Stadtforscher!“

Dokumentation:

Siegfried Platz: Animationsfigur Stadtplaner

(Quelle: Landesfachgruppe Spielmobil NRW 1991: 31f.)

(...) Mein Büro „Hoch & Teuer“ bekam den kommunalen Auftrag, vorbereitende Vermessungsarbeiten in einem Bielefelder Stadtteil durchzuführen. Ziel war der Ausbau eines Straßenzuges bzw. seine Verbreiterung von zwei auf vier Spuren. Eine Routinearbeit! Als ich am Montag Nachmittag – so gegen 16.00 Uhr – endlich zu den Vermessungsarbeiten kam, merkte ich sehr schnell, daß aus der Routinearbeit ein Konfliktfall werden sollte. Eine Verbreiterung der Straße bedeutete an der einen Stelle, daß der angrenzende Spielplatz erheblich verkleinert würde, also während Bauarbeiten längerfristig nicht zur Verfügung stünde(...).

Nun zum Problem der Kinder!

Sie spielten, wie zumeist, an der völlig falschen Stelle. Gerade dort, wo meine Vermessungsarbeiten sein sollten, hatte ein Betreuerteam des Spielmobils eine Fülle großer Spielgeräte aufgebaut. Es fand ein regelrechtes Spielfest mit Spielaktionen statt.
Man kann sich sicherlich vorstellen, was für ein Konflikt auftrat, als ich darauf bestand, die Spielgeräte abzubauen und die Spielaktion auf dem nächstgelegenen Spielplatz in 1,5 km Entfernung weiterzuführen. Ich wurde in einer Art und Weise von den Kindern beschimpft, die ich nicht in Ansätzen wiedergeben möchte (Positive Irritation; Konfliktfall)! Aber es half alles nichts, mein Gutachten über Straße, Stadtteil und deren Verwendungsmöglichkeiten mußte binnen einer Woche abgegeben werden, die Vermessungsarbeiten mußten um jeden Preis weitergeführt werden. Wer zahlt schon gerne Konventionalstrafe!
Ich versuchte immer wieder die Vorteile einer Straßenverbreiterung darzule-

gen, doch alles war vergebens, die Kinder hatten keine Einsicht! Wollte ich nicht unter Polizeischutz meine Arbeit am Gutachten beenden, mußte ich mir etwas einfallen lassen. Nach längerem hin und her bot ich den Kindern und BetreuerInnen einen Kompromiß an. Ich versprach, bei der Erstellung des Gutachtens den Kindern Mitarbeit zu ermöglichen, um auf ihre Wünsche und Forderungen besser eingehen zu können. Vielleicht eine wahnwitzige Idee, aber der Versuch war es wert! Zuerst stellten wir die Ausstattung eines „Mobilen Kinderstadtplanungsbüros" zusammen. Das Spielmobil lieferte ein Zelt, Tische, Bänke und eine Buttonmaschine zur Erstellung eines Legitimationsbuttons als Kinderstadtplaner. Ich brachte die notwendigen Pläne, Büromaterial und das Know-How, ein Gutachten zu erstellen, mit. Wichtigstes Stück war ein 3x4 m großer, auf Holz gezogener Stadtplan (...). Abschließend wurde von jedem Kind eine Portraitaufnahme gemacht (Kinderportrait), und ich war froh, den anstrengenden Arbeitstag beenden zu können. Am nächsten Tag wurde das Kinderstadtplanungsbüro aufgebaut und mit der grundlegenden Aufgabe des Gutachtens begonnen. Der Stadtteil wurde erforscht! Die Kinder forschten in den Bereichen LKW-Verkehr, fahrender und parkender Pkw-Verkehr und Spielmöglichkeiten. Dies bedeutete eine große Erleichterung meiner Arbeit. Ich konnte mich auf die anschließende Auswertung am großen Plan und einer Fragebogenerhebung bei den Kindern vorbereiten. Als die Kinder zurückkamen, wurden die Ergebnisse am großen Plan ausgewertet. Um einen Überblick zu bekommen, wo die Kinder überall im Stadtteil verteilt wohnen, spielen, zur Schule gehen, einkaufen, wurden die Ergebnisse der Fragebogenerhebung übertragen und von jedem Kind ein Portrait auf den großen Plan geklebt. Der nächste Schritt war die gesetzlich vorgeschriebene Bürgerbefragung. Den Ansprüchen der heutigen medialen Kommunikationsstruktur entsprechend wurde dem bimedial durch audio- und audiovisuellen Übertragungsträger nachgekommen. Die Aufgaben zur Erstellung eines Gutachtens über den Stadtteil und seine Veränderungsmöglichkeiten waren erfüllt und eigentlich hätte alles zu Ende sein können – wären da nicht diese PädagogInnen gewesen. Sie bestanden darauf, ein Abschlußfest und einen Fahrradgeschicklichkeitsparcour durchzuführen. Für das große Straßenfest mußten die Kinder einen Antrag auf Straßensperrung schreiben und diesen Brief persönlich (ist immer besser) ins Rathaus bringen (Besuch im Rathaus). Für die Werbung wurde ein Flugblatt hergestellt, verteilt und eine Pressenotiz geschrieben. Das abschließende Fest gefiel dann sogar mir ganz gut. Außer Essen, Trinken, Musik und Flohmarkt hatte das Spielmobil die ganze Straße in eine wunderbare Spiellandschaft verwandelt. Im Medienzelt wurden die von den Kindern angefertigten Interviews und Filme, sowie allgemein Medien über Verkehr und Wohnen gezeigt.

Methoden zur Entwicklung von Phantasie und Kreativität

Die Entwicklung von Kreativität und Phantasie kann methodisch geleitet werden. Planungen und Projekte leiden unter der Gefahr, Bekanntes und Bewährtes zu reproduzieren. So gehört zur Projektarbeit, zu Zukunftswerkstätten und anderen Planungsprozessen eine Arbeitsphase, in der Kreativität und Phantasie entwickelt werden sollten. „Bei Kindern geht es nicht darum, ihrer Phantasie und Kreativität überhaupt einmal 'Flügel zu verleihen', ihr freien Lauf zu lassen, 'aus dem Zeitgefängnis auszubrechen' (R. Jungk). Das können sie ohne weiteres und viel besser als Erwachsene. Es geht eher darum, das Gesamtklima in der Gruppe so zu gestalten, daß den Kindern bewußt wird, daß sie keine Sanktionen zu erwarten haben, wenn die Offenheit gegenüber Neuem (...) grenzenlos wird, daß also alle Blockaden aus den meisten phantasiefeindlichen Institutionen und Einrichtungen nicht gelten“ (Stange 1997: 56).

Modellbau: Modellbau kann auch als Methode zur Anregung der Phantasie eingesetzt werden. Kinder können Phantasielandschaften planen und bauen; die vorgenannten Vorteile des Modellbaus gelten auch hier. Es gibt einen engen Zusammenhang zwischen der Verwendung von Materialien und den inhaltlichen Ergebnissen. So zeigte es sich in der Spielplatzplanung immer wieder, daß, solange es irgend ging, Kinder vorhandene Spielgeräte nachbauten, wenn die Materialien es zuließen. Selbst aus Ton wurden die kompliziertesten Rutschen und Klettergerüste dargestellt. Das Interesse war es in diesen Planungen demgegenüber, das Augenmerk der Kinder auf die Möglichkeiten von Geländegestaltung und Naturmaterialien zu richten. Das Angebot von mit Sand gefüllten Holzkisten, erzeugte in diesem Fall den erwünschten Effekt. Da sich mit Sand keine Geräte mehr konstruieren ließen, begannen die Kinder, phantasievolle Spiellandschaften zu modellieren. Die Verwendung von Naturmaterialien im zweiten Schritt ermöglichte die Erweiterung und Gestaltung dieser Spiellandschaft.

Phantasiereisen und Spielgeschichten: Im Rahmen einer Spielgeschichte, die der Kindergruppe von den Moderatoren möglichst lebhaft vorgetragen wird, werden verschiedene Spiele eingebaut, in denen die Kinder Ideen sammeln.

Sandkasten und Tonmodelle. Kinder bauen aus Brettern eine Sandkiste oder erhalten vorgefertigte Kisten mit Sand. In diesem Sandkasten bauen sie eine Phantasielandschaft. Ein ideales Arbeitsmaterial, mit dem dauerhafte Modelle entstehen, ist mit Kleister vermischter und angefeuchteter Sand oder Erde. Dieses Material ist formbar wie eine Knetmasse.

Eine andere Möglichkeit besteht in der Gestaltung von Tonmodellen. Hier können Kinder konstruktiver gestalten, daß heißt, sie können phantasievolle Spielgeräte erfinden. Allerdings besteht die Gefahr, daß Kinder mit Ton nur vorgefundene Ideen reproduzieren. Ein entsprechender Arbeitsauftrag ist also notwendig: „Erfindet völlig neue, nie dagewesene Spiellandschaften!“ Beide Methoden sind gut miteinander und mit der Verwendung von Naturmaterialien zu verbinden. Unter Verwendung von Zweigen und Ästen, Kieselsteinen und Schottersteinen können phantasievolle Spiellandschaften entstehen, die wunderschön aussehen. In einem Projekt hat eine Gruppe darüber hinaus ein Heckenlabyrinth aus Kressesamen eingesät und die Kresse genau zum Tag der Präsentation herangezogen.

Assoziationsspiele: Kinder können durch Assoziationen zu vorgegebenen Gegenständen oder Bildern auf völlig neue Ideen kommen. Der Moderator zeigt jeweils ein Bild und alle Kinder äußern ihre spontanen Assoziationen. Ich habe beispielsweise eine Diaserie mit Bildern unterschiedlicher städtischer Räume zusammengestellt, und zwar ein möglichst breites Spektrum unterschiedlicher räumlicher Situationen. Im Rahmen von Spielraumplanung können Kinder hierzu hervorragend Assoziationen entwickeln.

Methoden zur Entscheidungsfindung

Methoden zur Entscheidungsfindung gehören zu den wichtigsten Methoden, weil sie die „demokratische Wirklichkeit“ in einem Projekt verbessern können. Das gängige Entscheidungsmodell, von den Erwachsenen abgeschaut, ist die Abstimmung. Eine Abstimmung wird auch von Kindern immer wieder vorgeschlagen, wenn Entscheidungen zu treffen sind. Die in Projekten und anderen Veranstaltungsformen von Kindern getroffenen Entscheidungen und die damit verbundenen Erfahrungen sind eine der wichtigsten Grundlagen der politischen Lernchancen. An dieser Stelle findet Politik nicht nach dem Motto „Wir Kinder gegen die große Politik“ statt, bei dem alle Beteiligten auf der Seite der „Guten“ stehen, sondern bedeutet die Erfahrung von Konfrontation, Auseinandersetzung, manchmal mühsamer Entscheidungsfindung, aber auch der Freude und der Motivation aus gelungenem – d.h. von den Kindern selbst erarbeiteten – Konsens oder Kompromiß. Methoden zur Entscheidungsfindung können die Prozesse auf dem Weg zu einer Entscheidung unterstützen und qualifizieren. Sie verfolgen folgende Ziele:

(1) Die Kriterien für und die Auswirkungen von bestimmten Entscheidungen transparent machen.
(2) Konsensmöglichkeiten ausloten, statt Kleingruppeninteressen polarisieren (im Sinne des „Auslotens von Wechselseitigkeiten“)

(3) Die Interessen aller Teilnehmer einer Entscheidung transparent machen, nicht nur die der „Vielredner", die es auch unter Kindern gibt
(4) Differenzierte Abwägungen und Haltungen verdeutlichen: Bei Abstimmungsformen „one man – one vote" muß sich jeder mit Abgabe seiner Stimme gegen die anderen Alternativen entscheiden, auch wenn der Betreffende eigentlich für mehrere Alternativen ist.
Folgende Methoden eignen sich besonders:

Innenkreis-Außenkreis/Podiumsdiskussion: Sprecher von Kleingruppen oder Untergruppen, die bestimmte Ideen favorisieren, können eine Kleingruppendiskussion als „Podiumsdiskussion" oder nach der „Innenkreis-Außenkreis-Methode" führen (Die Sprecher sitzen im Innenkreis, auf einem zusätzlichen freien Stuhl können Außenkreisteilmehmer für einen Diskussionsbeitrag oder eine Frage Platz nehmen. Anschließend findet eine Auswertung unter der Frage statt, ob sich neue Argumente ergeben haben, ob die Meinungen der außen Sitzenden sich verändert haben).
Kriterientrichter: Für Kinder auf einer Plakatwand bildlich dargestellt werden Projektideen, auf Karten notiert, durch einen Kriterientrichter gefiltert. Die Kriterien werden zuvor gemeinsam von der Gruppe gesammelt und können sich auf Machbarkeit, Finanzierbarkeit und verschiedene andere Kriterien beziehen. Übrig bleiben Ideen, die realisierbar und attraktiv sind.
Marktschreier: Untergruppen, die bestimmte Projektideen favorisieren, stellen sich in Raumecken auf und preisen ihre Idee als Marktschreier an. Sie können alle Tricks der Überredung und des geschickten Verkaufens ausprobieren, aber auch mit Argumenten für ihre Idee zu werben versuchen. Ein Teil der Gruppenmitglieder geht als Marktkunden durch den Raum und nimmt das „Marktangebot" zur Kenntnis.
Punkteabfragen und Punktentscheidungen: Mit Klebepunkten können Meinungen und Bewertungen visualisiert und Entscheidungen vorgenommen werden. Fragen oder Entscheidungsalternativen zur Gruppe oder zum Projekt werden auf Plakaten sichtbar gemacht, und jedes Gruppenmiglied erhält eine gleiche Anzahl von Klebepunkten. Bei einer Punktabfrage können verschiedenfarbige Punkte für bestimmte Aspekte eines Projektes (Das spannendste, das am besten zu realisierende, das politisch wirkungsvollste Projekt) oder zum Gruppenprozeß (Zur Zeit finde ich die Gruppe – konstruktiv – langweilig – spannend – konfliktreich – vergeben werden. Bei einer Abstimmung können Entscheidungen gewichtet werden: alle Klebepunkte für ein Projekt oder für jede interessante Alternative einen Klebepunkt. Die Zahl der zu vergebenden Klebepunkte hat einen erheblichen Einfluß und sollte vom Projekt- und Gruppenstand abhängig gemacht werden: Ein Klebepunkt fordert – und ermöglicht – eindeutige Entscheidungen, je mehr Klebepunkte vergeben werden können, desto differenzierter kann gepunktet werden, desto eher ist aber auch ein Ausweichen vor Entscheidungen möglich (vgl. Klebert 1987; Stange 1997).

Methoden zur Darstellung von Kinderinteressen

Die Darstellung und Präsentation von Arbeitsergebnissen aus Projektarbeiten, Zukunftswerkstätten, Planungszirkeln ist ein wichtiger Bestandteil eines politischen Prozesses. Denn leider ist es so – auch in der Erwachsenenwelt der Politik –, daß derjenige am ehesten Zustimmung erhält, der sein Anliegen am schlüssigsten, anschaulichsten, aufwendigsten und effektvollsten präsentiert, und das unabhängig von der inhaltlichen Qualität des Dargestellten. Abgesehen von Effekthascherei ist es sinnvoll und notwendig, Interessen und daraus resultierende Planungen möglichst gut zu präsentieren. Dazu ist es notwendig, die Präsentationen auf Anlaß und Zielgruppe auszurichten. Das hat zum Beispiel Auswirkungen auf die Größe von Wandzeitungen, Modellen oder Plakaten.
Der schlechteste Weg ist, einen Gruppensprecher Ergebnisse vortragen zu lassen. Abgesehen davon, daß es wenige gute Sprecher gibt, die auch noch die Interessen aller im Blick haben, können einem Vortrag viele nur begrenzt folgen. Grundprinzipien einer erfolgreichen Präsentation sind:

(1) *Visualisieren*: Verdeutlichung der Inhalte in Modellen, Zeichnungen, Plakaten
(2) *Präzisieren*: Nicht langatmig umfassende Konzepte vorstellen, sondern die wichtigsten Inhalte exemplarisch für das Gesamte auswählen und vorzeigen. Auf Plakatwänden lieber drei große, gute Fotos als zehn kleine Bilder.
(3) *Medien einsetzen, sinnlich präsentieren*: Der Mensch nimmt mit allen Sinnen wahr, je mehr Sinne bei einer Präsentation angesprochen sind, um so eher bleiben Ergebnisse in der Erinnerung.
(4) *Auf Medien orientiert präsentieren*: Um mit einer Präsentation in die Tageszeitung oder Lokalradion zu kommen, ist es wichtig, fotogene Situationen herzustellen und akustische Reize zu bieten.

Folgende Methoden eignen sich besonders:

Sketche, Rollenspiele, Moritaten: Die Darstellung von Projektergebnissen in musikalischer oder theatralischer Weise kommt immer gut an und macht allen Beteiligten Spaß.
Plakate und Pläne: Die größte Gefahr ist, zu viele Inhalte in Wandzeitungen, Plakatwände oder Transparente zu verpacken. Hier sollten die aus der Werbung bekannten Mechanismen genutzt werden, die Kinder „voll drauf" haben. Das bedeutet, wichtige Inhalte exemplarisch in den Vordergrund stellen, attraktive Symbole benutzen, auf den „ersten Blick" abzielen, schnelle Erfaßbarkeit ermöglichen.
Modelle: Modelle sind vor allem für die Präsentation von Raumplanungen ein bewährtes Mittel. Hier ist alles möglich, was einer guten Darstellung einer Planung dient. Auch hier sollte eine gewisse Übersichtlichkeit erhalten bleiben, und durch die Beschilderung von Modellelementen können nicht auf den

ersten Blick erkennbare Modellinhalte erläutert werden. Kinder erklären ihre Modelle gern Erwachsenen, und hier ist eine Gesprächssituation angebahnt, die auf Seiten von Entscheidungsträgern eine Bereitschaft für ein Engagement für das präsentierte Projekt erzeugt.

Bauprojekte mit Kindern

Anhand der Beteiligung von Kindern beim Bau von Spielplätzen ist gestalterische Projektarbeit anschaulich zu verdeutlichen (vgl. *Tab.4*). So entwickelte sich dieser Schwerpunkt in Hamm aus der Erfahrung, daß die Einbindung von Kindern in die Planung von Spielräumen, wie sie zu Beginn der 90er Jahre in vielen Städten praktiziert wurde, zwar gut gelungen war. Verschiedene Projekttage, Aktionen und Projektwochen hatten gezeigt, daß Kinder kompetente Planer für einen Spielraum sein können, wenn sie fachlich fundiert angeleitet werden. Für das kindliche Erleben gerät jedoch die Realisierung einer Planung außerhalb ihres Erfahrungshorizonts, wenn Spielplätze erst ein bis zwei Jahre später gebaut werden. In diesem Zeitraum haben sich die Bedürfnisse des einzelnen Kindes völlig geändert. Die positiven Erfahrungen in Hamm waren nicht zuletzt möglich durch das Engagement und die Kreativität der Kooperation mit der Jugendkunstschule und frei- bzw. nebenberuflichen Honorarmitarbeiterinnen.[1]
Bauprojekte ermöglichen Erfahrungen und Ergebnisse, die unter pädagogischen Gesichtspunkten als ausgesprochen positiv zu bewerten sind:

Aktive und konkrete Gestaltung der Umwelt: Am Ende einer Bauprojektwoche sind die Ergebnisse für die Kinder sichtbar, gleichzeitig haben sie ihre Umwelt nach ihren eigenen Bedürfnissen gestaltet. Im Idealfall wird ein Kind durch die gebauten und gestalteten Objekte noch Jahre später daran erinnert: „Das habe ich gebaut!“ Bepflanzungen, Weidenhütten oder Bäume stehen vielleicht ein Leben lang und bedeuten, dauerhaft und aktiv zur Gestaltung der Welt beigetragen zu haben. Dieser Aspekt ist um so wichtiger, je mehr Kindern aktive Gestaltungsräume in anderen Bereichen verlorengehen.

Spaß und Freude am Gestalten: Der Spaß und die Freude der Kinder in den Aktionen ist für alle Beteiligten erlebbar. Den Kindern und auch den beteiligten Jugendlichen ist immer die Zeit zu kurz, sie kommen früher und gehen später als eigentlich geplant. Manuelle Tätigkeiten, auch ganz einfache wie z.B. das Knüllen von Zeitungspapier und das Füllen von Drahtrollen scheinen ein ebenso wichtiges wie unbefriedigtes Bedürfnis zu sein. Denn dabei zeigten viele Kinder eine große Ausdauer. Ebenso

[1] Die folgenden Überlegungen beruhen auf vielen Gesprächen mit Seraphina Lenz und Thomas Butzlaff, die als Künstler freiberuflich mitgearbeitet und maßgeblich zur Qualität der Projekte beigetragen haben.

trägt das eigene Engagement dazu bei, daß Kinder und Jugendliche weniger Zerstörungen auf Spielplätzen anrichten.[2]

Verbindung von Natur, Technik und Kunst: Die gesellschaftliche Technisierung geht häufig auf Kosten der Natur und sicherlich auf Kosten von Schönheit und Ästhetik. Daß dies anders sein kann und sein muß, wenn wir unsere Lebensgrundlagen nicht zerstören wollen, kann für Kinder in ihrer Welt erlebbar werden. Sie gestalten städtischen Boden naturnah mit Hilfe von Technik nach ästhetischen Gesichtspunkten. Alle diese Bereiche stehen gleichberechtigt nebeneinander und werden zu einem harmonischen Ganzen verwoben. Die Verbindung von Natur und Kultur bedeutet Lebensqualität! Dies zu erleben, bedeutet für die Kinder die praktische Umsetzung einer Vision, in der die Natur nicht ausgebeutet, sondern gestaltet und gepflegt wird. Technik wird nicht abgelehnt, sondern kreativ genutzt; Schönheit erlangt als Ausdruck individueller Gestaltung wieder Wertschätzung.

Das aktive Verhältnis zur Umwelt bleibt: Schließlich hinterläßt der aktive Umgang mit öffentlichem Raum und Material Spuren. Langfristige Beobachtungen zeigen, daß die Kinder und Jugendlichen auf diesen Spielplätzen auch weiterhin gestaltend tätig sind. Ihre aktive Rolle ist mit dem Ende des Bauprojektes nicht beendet, vielmehr verändern sie weiterhin die von ihnen gestalteten Bereiche konstruktiv. Mit Natursteinen werden plötzlich in den Hütten Einrichtungsgegenstände konstruiert, es werden neue Materialien herbeigeholt und eingebaut. Vor allem die Jugendlichen richten sich ihre Hütten nach ihrem Geschmack ein, malen mit Pinsel und Farbe, organisieren alte Möbel vom Sperrmüll. Es bleibt zu hoffen, daß dieser aktive Umgang mit Umwelt sich auch auf andere Lebensbereiche überträgt.

Veränderte Rolle des Planers: Die Aufgabe, Freiräume zu schaffen, die von Kindern und Anwohnern ausgestaltet werden, setzt völlig andere planerische Fähigkeiten voraus. Hatte früher ein Planer einen Spielplatz mit seinen unterschiedlichen Bereichen und seinen diversen Spielfunktionen von Anfang bis zur Fertigstellung durchzuplanen, nichts dem Zufall zu überlassen, allenfalls noch in Form einer Bürgeranhörung einige Anwohnerwünsche aufzugreifen, so besteht seine Aufgabe heute darin, ein Raumkonzept zu entwickeln und entsprechende Rahmenbedingungen zu schaffen, daß Kinder selbst aktiv werden können. Das setzt auch eine andere Fachlichkeit voraus: Während früher Sicherheitsaspekte dadurch erfüllt wurden, daß TÜV-abgenommene und DIN-gerechte Spielgeräte per Katalog bestellt wurden, so muß heute der Planer die Sicherheitsaspekte in die Aktionen der Kinder einbringen und dafür sorgen, daß keine Gefährdungsmomente geschaffen werden. Die Aufgabe, offene Räume zu gestalten, die gleichzeitig anregende Wirkungen auf die

---

[2] Allerdings sind Bauprojekte kein Allheilmittel gegen Vandalismus.

Nutzer haben, ist ungleich schwieriger als fertige Räume zu planen und zu möbilieren.

Finanzielle Aspekte der Bauaktion mit Kindern: Der Kostenvergleich von Ergebnissen der Bauprojekte zu konventionellen Produkten macht deutlich, daß, selbst wenn man den ästhetischen Vorteil und den pädagogischen Effekt der selbstgebauten Produkte nicht berücksichtigt, sie doch in aller Regel ebenso teuer wie konventionelle Angebote sind. Viel wichtiger ist aber, daß neben dem reinen Produkt der Prozeß als pädagogische Aktion einen völlig eigenen Wert besitzt und in dieser Form nicht zu beziffern ist.

Wenn man die in den Bauprojekten gebauten Produkte mit Produkten professioneller Anbieter vergleichen will, so ist sicherlich auch ein qualitativer Vergleich notwendig. Um Probleme mit Materialverwendung, Materialkenntnissen und Materialbearbeitung zu lösen, ist es sinnvoll, „Qualitätskriterien" zu formulieren. Auf der anderen Seite haben die Produkte eine ästhetische Qualität, die zumeist von konventionellen Anbietern nicht erreicht wird. Es ist sicherlich auch eine Frage des Geschmacks, wie die Ergebnisse bewertet werden, doch wurde von allen Seiten bestätigt, daß die Ergebnisse ansprechend, schön und eigenwillig aussehen. Es handelt sich bei den gebauten Ergebnissen um Unikate, die als künstlerische Werke zu verstehen sind, die sich aus dem Zusammenspiel von Künstlern, Handwerkern und den beteiligten Kindern ergeben.

Hinweise zur praktischen Durchführung (vgl. Tab.4; s.S. 180)

Leitungsteam: Wichtigste Voraussetzung aller Mitarbeiter im Leitungsteam eines Bauprojekts ist die Fähigkeit zu übergreifendem Denken und Handeln. Die Pädagoginnen müssen handwerkliches und künstlerisches Verständnis besitzen, die Künstler technische und pädagogische Fähigkeiten mitbringen. Auch die Handwerkerinnen bringen pädagogische Fähigkeiten mit und sind in die künstlerischen Überlegungen einbezogen. Ein interdisziplinäres Verständnis ist die Voraussetzung für die Qualität der Arbeit mit den Kindern und deren Ergebnissen.

Gestaltungsmöglichkeiten klären: Wichtigster Teil der Vorbereitung ist es, konkrete Gestaltungsmöglichkeiten mit verschiedenen Materialien auszuarbeiten, die den rechtlichen und sicherheitstechnischen Ansprüchen an Spielraumgestaltung gerecht werden, den Kindern aber auch kreative Gestaltungsmöglichkeiten einräumen.

Als Gestaltungsmöglichkeiten haben sich dabei herauskristallisiert:

(a) die Gestaltung von Weidenhütten;

(b) der Bau von Hochbeeten, Sitz- und Spielgelegenheiten aus Naturbruchsteinen;

(c) der Bau von Klettertürmen und Spielhäusern aus Kanthölzern und Sperrholztafeln;

(d) die Modellierung von Kunst-Kletter-Spielobjekten aus Beton;

(e) die Gestaltung von zweidimensionalen Phantasiewesen, Tieren aus Sperrholztafeln und Farbe;
(f) die Anlage von Schaukel- und Schwingelementen an vorhandenen Bäumen mit entsprechenden Seilen;
(g) das Mauern von Spiellandschaften mit Bruchsteinen, alten Ziegeln und Mörtel;
(h) der Bau von Klettergeräten aus Kanthölzern;
(i) das Beschnitzen und das farbige Gestalten von Skulpturen aus Baumstämmen.

Diese Palette der Möglichkeiten wird durch die Zusammenarbeit ständig erweitert, weil sich in jedem Projekt neue Ideen ergeben. Auch Kinder bringen immer wieder Anregungen, mit welchen Techniken neue Spielmöglichkeiten geschaffen werden können.

Dokumentation:
Das Projekt Spielplatz Wittekindstraße

(Quelle: Stadt Hamm 1997)
Zunächst wurde durch das Kinderbüro ein Arbeitsteam gebildet, in dem fünf Pädagogen, Künstlerinnen und Handwerker die Aktionen vorbereiteten. Gleichzeitig wurden die Kinder, Jugendliche und Eltern im Umfeld des zu bauenden Spielplatzes „Wittekindstraße" über Flugblätter, die über Schulen und im Wohnumfeld verteilt wurden, und über Presse- und Radioberichte über die Aktion informiert.
Vor Beginn der Projektwoche fand ein Vorbereitungstreffen statt, um die Kinder und Eltern über die Aktion zu informieren und schon Vorplanungen zu treffen. Zum Bau einer Betonskulptur ist es sinnvoll, daß die Kinder schon vorher ein Modell entwerfen. So trafen wir uns eine Woche vor Beginn des eigentlichen Projekts; die Kinder modellierten eigene Entwürfe aus Ton für die geplante Skulptur. Anschließend einigten sie sich auf ein gemeinsames Modell, indem sie ein Tier erfanden, daß aus jedem individuellen Entwurf Elemente miteinander verband. So konnten für die Aktionswoche entsprechende technische Vorbereitungen getroffen werden.
Zu Beginn der eigentlichen Aktionswoche trafen sich Kinder, Jugendliche, Eltern und das Arbeitsteam und wurden in die Aktionswoche eingeführt. Sie lernten das Leitungsteam und die anderen Beteiligten kennen, es wurden Spiele gespielt und Geschichten erzählt. Dann stellte sich jeder der Mitarbeiterinnen und Mitarbeiter vor und erklärte den Kindern, welche technischen und materiellen Möglichkeiten der Gestaltung er mitgebracht hat. Die Kinder entschieden sich, in welcher Gruppe sie mitarbeiten, und planten in dieser Gruppe zusammen den Arbeitsprozeß für die Woche. Das bedeutete auch, daß die Kinder noch einmal ganz neue Ideen entwickeln, wie sie mit den vorgegebenen Materialien ihre Ideen und Wünsche realisieren können:
Eine Gruppe baute eine Beton-Kletter-Spielskulptur, die sie nach einer selbsterfundenen Geschichte den „Witteking", den König der Tiere nannten. Eine andere Gruppe baute Klettertürme an zwei Bäume, so daß Baumhäuser entstanden. Eine dritte Gruppe legte einen BMX-Parcours an.
Die Ideen wurden im Laufe der Woche Schritt für Schritt realisiert. Die Kin-

Tab. 4: Projektarbeit in der Kinderbeteiligung beim Bau von Spielplätzen

Planung und Vorbereitung (vor Beginn)	Orientierungsphase	Phantasie, Erfindungen, Entscheidung	Vorbereitung der Bauphase	Bauphase	Aktion Fest	Reflexion
• *Leitungsteam finden* • *Bautechniken klären* • *rechtliche, materielle und technische Rahmenbedingungen klären* • *sicherheitsrechtliche Voraussetzungen klären* • *Zielgruppen definieren und einladen, Öffentlichkeitsarbeit* • *Absprache mit Planer und Pflegeabteilung* • *Zeitraster festlegen*	• Gegebenheiten kennenlernen (Gelände, planerische Voraussetzungen, finanzieller Rahmen) • unterschiedliche Gestaltungsmöglichkeiten kennenlernen (Material, Techniken usw.)	• Phantasie entwickeln, Anregungen aufgreifen, eigene Ideen entwickeln • Konkretisierung von einzelnen Spielelementen • evtl. Gestaltung von Spielplatzbereichen (z. B. BMX-Bahn, Kletterturmbereich) mittels maßstäblicher Darstellung als Modell • Planung einer Spielmöglichkeit • Entscheidung für einzelne Elemente oder Bereiche und Bildung von Arbeitsgruppen	• Baupläne mit Sicherheitsexperten abstimmen • Material beschaffen • Werkzeug beschaffen • Arbeitsschritte terminieren • Koordination aller Beteiligten	• Bau von einzelnen Spielgelegenheiten oder Spielgeräten durch Kinder und Jugendliche unter Anleitung von Fachkräften	• Vorstellung der fertiggestellten Spielgelegenheiten für die Eltern, Politiker und Öffentlichkeit • Eröffnung des Spielplatzes, Einweihungsaktion	• Rückblick auf Arbeits- und Gruppenprozeß • Kritik und Verbesserungsvorschläge der Kinder für neue Projekte • Ideen für neue Möglichkeiten des Selberbauens

Pädagogische Arbeitsmethoden						
	• Begehung des Geländes • Fototafel mit Beispielen • Stationslauf mit Arbeitstechniken: Stichsäge Bohrmaschine, Akkuschrauber usw. • Spielidee, Leitmotiv, Märchen	• Malen von Entwürfen für Figuren, Hütten oder Klettertürme • Bau von maßstäblichen Pappmodellen für Klettertürme, Spielhäuser usw. • Gestaltung von Sand/Tonmodellen für Landschaften, BMX-Strecken usw. • Gestaltung von Tonmodellen für figürliche Spielgelegenheiten	• gemeinsame Einkaufsfahrten mit Kindern	• Bau und Modellierung von Spiellandschaften, BMX-Strecken usw. mit Schaufel, Schubkarre, evtl. Bagger • Anlage von Hochbeeten, Obststräuchern, Heckenlabyrinthen, Weidenhütten mit Erde, Pflanzen, Naturstein • Gestaltung von figürlichen bespielbaren Kunstwerken mit Stahlbeton • Bau von Spielhäusern, Klettertürmen, mit Elektrowerkzeug Kant-/Sperrholz-Konstruktionen	• Spielaktion mit Spielmobil • Eltern- und Nachbarschaftsfest	• Kreisgespräche • Fragebogen

der hatten die Möglichkeit, zwischen den Gruppen zu wechseln, brachten vielleicht ganz neue Anregungen und Aspekte ein, die vom Mitarbeiterteam soweit wie möglich umgesetzt wurden. Zu Beginn und zum Ende jeden Arbeitstages fanden sich die Kinder in der Runde zusammen, um den Arbeitsfortschritt auszutauschen und die weiteren Schritte zu planen. Am Ende der Woche wurde ein Fest gefeiert, bei dem die Kinder den Eltern und Bezirkspolitikern das Geleistete zeigten. Das Mitarbeiterteam verabschiedete sich von den Kindern, und der Spielplatz wurde vom Bezirksvorsteher an die Kinder stellvertretend für die Bezirksöffentlichkeit übergeben.

Zukunftswerkstätten und Planungszirkel für Kinder und Jugendliche

Das Deutsche Kinderhilfswerk und die Aktion „Schleswig-Holstein – Land für Kinder“ haben mit der „Beteiligungsspirale“ ein Modell für Kinder- und Jugendbeteiligung entwickelt (Stange 1997), das auf die Zukunftswerkstatt, wie sie von Robert Jung konzipiert wurde, zurückgeht und sie für die speziellen Bedingungen der Partizipation von Kindern anpaßt. Die Zukunftswerkstatt hatte Robert Jung entwickelt, um Bürgern, Mitgliedern von Organisationen usw. die Möglichkeit zu geben, für Probleme im Gemeinwesen und zu politischen Fragen eigene Lösungen zu erarbeiten. Zu der ursprünglichen Konzeption der Zukunftswerkstätten gehörten drei Phasen:

1. *Kritik- und Beschwerdephase:* Zunächst werden zum jeweiligen Thema unzensiert Kritik- und Beschwerdepunkte gesammelt.
2. *Phantasie- und Utopiephase:* In dieser Phase werden, unabhängig von konkreten Sachzwängen, phantasievolle Ideen, Träume und Visionen entwickelt.
3. *Umsetzungs- und Planungsphase:* In einem letzten Schritt werden im Hinblick auf die realen Bedingungen konkrete Projekte geplant. Die interessantesten Vorschläge aus der Phantasie- und Utopiephase werden ausgewählt, im Hinblick auf ihre Realisierungschancen geprüft und zu konkreten Konzepten ausgearbeitet.

Die Zukunftswerkstatt ist eine kindgerechte Arbeitsform, in der, ähnlich wie in der Projektarbeit, Kinder in Gruppen zusammenarbeiten können und für konkrete gesellschaftliche Probleme Lösungen entwickeln. In der Schleswig-Holsteiner Beteiligungsspirale wollten ihre Erfinder ein Problem des ursprünglichen Modells der Zukunftswerkstatt lösen. Während die ersten beiden Phasen zu ausgesprochen guten Ergebnissen führten, bestand in vielen Zukunftswerkstätten das Problem, in der dritten Phase die konkreten Projekte auszuarbeiten. „Der Grund liegt im allgemeinen darin, daß nach der facettenreichen und farbigen Arbeit in der Kritikphase und der Phantasiephase häufig „die Luft raus ist“. Wir haben deshalb unsere Gesamtstrategie der Beteiligungsspirale erweitert, um das Instrument des Planungszirkels, der in mancherlei Hinsicht auf Dinels Modell der „Planungszelle“ zurückgeht (...). Er ist der Versuch, die zentralen Bestandteile der Umsetzung, Realisierung, Konzeptionierung und

Planung aus der Zukunftswerkstatt herauszuziehen und in der eigentlichen Abschlußphase der Zukunftswerkstatt nur noch erste grobe Umsetzungsschritte zu sammeln" (Stange 1997: 18). Anstelle der Umsetzungsphase tritt im Schleswig-Holsteiner Modell eine Präsentationsphase, in der Kinder für das Projektthema ihre Ideen und Vorschläge für eine politische Darstellung aufbereiten und in einer öffentlichen Veranstaltung vorstellen. Die Konkretisierung dieser Vorschläge in einem „Planungszirkel" wird zu einem völlig eigenständigen Projekt. Die Beteiligungsspirale wird ergänzt um eine Vorlaufphase und eine Realisierungsphase, in denen das jeweilige Projekt zunächst konkretisiert und eingegrenzt wird und die entsprechenden Rahmenbedingungen geschaffen werden bzw. die Planung umgesetzt wird. Stange betont, daß die Beteiligungsspirale sich jeweils auf ein konkretes Einzelproblem bezieht. „Die Beteiligungsspirale unterscheidet sich von anderen Formen der Beteiligung auch dadurch, daß wir immer nur an einem einzigen Problem oder Thema arbeiten (anders als etwa die parlamentarischen Formen der Beteiligung, die sich mit der gesamten Palette von Kinder- und Jugendproblemen in einer Kommune auseinandersetzen).(...) Unser Ansatz läßt sich damit wohl am ehesten in die Konzeption der sogenannten projektorientierten Partizipationsformen einordnen."

Dokumentation:
Die Schleswig-Holsteiner Beteiligungsspirale

(Quelle: Faltblatt des Deutschen Kinderhilfswerk und Aktion Schleswig-Holstein)

Baustein 1: Vorlauf

Eine qualifizierte und sorgfältig geplante Einstiegsphase, der eine ebenso engagierte Anschubphase folgt, sind die wesentliche Basis für ein gutes Gelingen der späteren Bausteine der Beteiligungsspirale.

Einstiegsphase

Am Anfang eines jeden Partizipationsprojektes steht die Problemwahrnehmung, der erste Impuls. Der nächste Schritt besteht darin, möglichst viele Verbündete zu gewinnen und eine Initiativgruppe zu gründen.

Außerdem ist es wichtig, die Chancen eines Projektes abzuklopfen, damit nicht ein Abbruch des gesamten Prozesses für Frustration und Enttäuschung sorgt.

Wie können wir das Projekt auf den Weg bringen? Anschubphase

Aus der Initiativ- muß nun eine kontinuierlich arbeitende Arbeitsgruppe werden. Umfangreiche Überzeugungsarbeit ist notwendig, um weitere Verbündete zu gewinnen und behördliche Unterstützung zu sichern. Dazu müssen alle Register der Öffentlichkeitsarbeit, von Plakaten, Flugblättern über Straßenaktionen, Pressearbeit bis hin zu Informationsveranstaltungen, Podiumsdiskussionen usw. gezogen werden. Fundierte Informationsbeschaffung wird notwendig, um das Projektanliegen zu präzisieren und gegebenenfalls erste Anträge zu stellen.

Am Ende dieser Vorlaufphase sollten realistische Chancen für das Projekt bestehen und eine sorgfältige Vorbereitung für die wichtige Ideenfindung in Form des Bausteins 2 (Zukunftswerkstatt) stattfinden.

Baustein 2: Zukunftswerkstatt

Die Zukunftswerkstatt ist das Herzstück der Beteiligungsspirale. Sie besteht aus fünf systematischen Phasen:

Wie alles anfängt: Einstiegsphase

Diese Phase dient dem allgemeinen Kennenlernen, der Klärung von organisatorischen Fragen, Zielen, des Programmes und der Arbeitsweisen sowie der Besprechung wichtiger Regeln.

Meckern, Motzen, Dampf ablassen: Kritikphase

In der Kritikphase geht es nicht so sehr um die ausführliche Analyse von Kritikpunkten, sondern nur um deren Sammlung und die Möglichkeit, damit verbundene Emotionen abzureagieren, um einen freien Kopf für die folgende Phantasiephase zu schaffen.

Rein in den brodelnden Ideentiegel: Phantasiephase

Das wichtigste Anliegen dieser Phase ist die Schaffung eines kreativen, experimentierfreudigen und absolut angstfreien Klimas, damit die Kinder und Jugendlichen ihrer Phantasie völlig freien Lauf lassen können – sei es im Erfinderspiel oder im kreativen Brainstorming. Ideen dürfen und sollen frei sprudeln, ohne daß irgendeine Form von Bewertung erfolgt. Sobald der große „Ideensturm" vorbei ist, gilt es, eine Vorauswahl zu treffen, um dann in den Modellbau einzusteigen.

Dieses besonders wichtige Element der Phantasiephase kommt nicht nur dem intuitiven, ganzheitlichen und visuellen Denken der Kinder entgegen, sondern gibt auch jenen Kindern eine Chance, deren Qualitäten weniger im verbalen Bereich liegen.

Die Modelle spielen durch ihre kommunikative und emotionale Funktion im Rahmen der Präsentation und auch im Gruppenprozeß eine wesentliche Rolle.

Jetzt zeigen wir's den anderen: Präsentationsphase

Die nun folgende Präsentationsphase bereitet den Weg zur Projektrealisierung vor. Sie beginnt mit der Ideen- und Projektkonferenz, in der alle Modelle zu einem oder mehreren gemeinsamen Vorschlägen zusammengeführt werden. Danach müssen die weiteren Handlungsschritte geklärt und in die Wege geleitet werden. So wird z.B. eine Bau- und Planungsgruppe (Planungszirkel) für Kinder und Jugendliche zur weiteren Konkretisierung und Umsetzung eingerichtet.

Die öffentliche Präsentation der Ergebnisse muß sorgfältig vorbereitet werden, damit sie die bestmögliche Wirkung erzielt. Das bedeutet auch, die Öffentlichkeit, die Eltern, die Stadtverwaltung und die Presse in die Präsentation mit einzubeziehen und einige öffentlichkeitswirksame Elemente (Riesenbrief, Bauschildaufstellung) vorzubereiten.

Abschiedszeit: Ausstiegsphase

Im Anschluß an diese enorme Leistung folgt eine Auswertung der Zukunftswerkstatt sowie die Verabschiedung. Die Gruppe trifft sich wieder im Planungszirkel, wenn es an die konkrete Umsetzung des Projektes geht.

Baustein 3: Planungszirkel

In diesem Stadium nimmt die professionelle Seite des Prozesses (insbesondere durch Einbeziehung von Behörden und Ämtern) stark zu. Nichtsdestotrotz ist die Beteiligung von Kindern und Jugendlichen auch in dieser

Phase der Umsetzung durchaus möglich und gewollt.

Einigung tut not: Auswahl- und Entscheidungsphase

Die Ergebnisse der Ideen- und Projektkonferenz der Zukunftswerkstatt werden weiterentwickelt, aus mehreren Modellen wird eines gemacht, und die Bestandteile des gemeinsamen Modells werden endgültig festgelegt.

Sich schlau machen: Informationsphase

Ein Experten-Input wird in dieser Phase notwendig und hat mehrere Funktionen: Neben fachlicher Information soll er der Prüfung der Vorschläge und Konzepte dienen und neue konstruktive Ideen und Vorschläge zur Umsetzung und zum Verfahren erbringen.

Auch „Profi-Pläne" sind nötig: Ausarbeitungsphase

Arbeitsgruppen haben diverse Aufgaben zu erledigen: Zeichnungen und Pläne müssen angefertigt, Gespräche mit „Profis" aus der Verwaltung und anderen Fachleuten müssen geführt und der Kostenrahmen präzisiert werden. Eine umfangreiche Empfehlung in Form eines Kinder- und Jugendgutachtens muß erstellt und die Gremienpräsentation vorbereitet werden.

Die Macher überzeugen: Präsentationsphase

Die Präsentation ist ein ganz wichtiges Mittel für die Durch- und Umsetzung des Projektes. Deshalb muß den zuständigen Fachausschüssen, dem Gemeinderat bzw. der Stadtverordnetenvertretung das Projekt möglichst eindrucksvoll – mit Hilfe von Fotos der Zukunftswerkstatt und des Planungszirkels, Zeichnungen, Skizzen und Modellen der Kinder und Jugendlichen – präsentiert werden.

Den Sack zumachen: Politisch-administrative Phase

In diesem Teil des Planungszirkels wird die spätere Bauphase eingeleitet. Die Ausführung wird im Detail geplant, letzte Einzelheiten mit Ämtern werden geklärt, Angebote eingeholt, die konzeptionelle, pädagogische und sicherheitstechnische Abschlußprüfung vorgenommen sowie die Auftragserteilung vorbereitet.

Baustein 4: Realisierung

Wie Pläne umgesetzt werden: Verwirklichungsphase

Nach Abschluß der Planungsarbeiten wird es nun ernst: Eine Utopie – denn das ist es für die beteiligten Kinder und Jugendlichen – wird gebaut! Die Beteiligungsspirale muß sich natürlich auch hier fortsetzen, und bei den meisten bauausführenden Tätigkeiten ist das auch durchaus möglich.

Dieses „Mitwirken" in nahezu jeder Phase ist nicht nur für den damit verbundenen Stolz und den Zuwachs an Selbstbewußtsein von großer Bedeutung. Es hat möglicherweise auch auf die langfristige politische Sozialisation, insbesondere die politische Engagements-Bereitschaft, erheblichen Einfluß. Diese Wirkung dürfte allerdings – gerade bei jüngeren Kindern – in dem Maße intensiver sein, in dem es gelingt, den Zeitraum zwischen Einstiegsphase und Baubeginn überschaubar und erlebbar zu halten.

Was sonst noch entstehen kann: Nachfolgephase

Gut realisierte Beteiligungsspiralen haben meistens interessante Sekundärwirkungen in ihrem weiteren Umfeld. So treffen sich z.B. Jugendliche neben ihrem Planungszirkel zusätzlich, um ein Jugendparlament und eine Jugendzeitung auf die Beine zu stellen. Stadtplanerinnen und Stadtplaner kommen nun auch in anderen Fragen, die Kinder und Jugendliche betreffen, auf die Kinder zu. Andere Städte und Gemeinden wollen nun „auch so etwas machen". In dem Praxishandbuch „Planen mit Phantasie" sind die vier Bausteine der Beteiligungsspirale Vorlauf, Zukunftswerkstatt, Planungszirkel und Realisierung ausführlich beschrieben und mit vielen Beispielen veranschaulicht. Einen besonderen Schwerpunkt bilden Drehbücher, in denen der Verlauf von Zukunftswerkstätten für Kinder und Jugendliche Schritt für Schritt aufgezeigt wird. Umfangreiche Checklisten zur Material- und Methodenvorbereitung erleichtern deren Planung und Durchführung. Das Projekt „Planen mit Phantasie" wird zusätzlich durch einen Film von Nils Reise, Stockholm, der als Videokassette erhältlich ist, illustriert. (Die Bezugsadressen sind im Anhang angegeben; d.V.) Das Deutsche Kinderhilfswerk fördert seit Jahren Bemühungen von Kommunen und Verbänden bei der Weiterentwicklung alltagsorientierter Partizipation. „Planen mit Phantasie", die erfolgreiche Kombination von Zukunftswerkstatt und Planungszirkel, ergänzt diesen kinderpolitischen Schwerpunkt des DKHW.

7.4 Planspiele als Simulation politischer Vorgänge

Planspiele bieten sich in besonderer Weise an, um politisches Lernen für die gesellschaftliche Partizipation zu ermöglichen. Planspiele ermöglichen die Abkehr von rein kognitiver Wissensvermittlung, die Verbindung von Erfahrung, Handeln und Lernen und das kooperative Lernen in Gruppen. Sie sind zunächst in völlig anderem Kontext als der pädagogischen Arbeit mit Kindern oder Jugendlichen entstanden. Als „organisiertes Probehandeln in gedachten Ernstsituationen" (Prim/Reckmann 1975: 11) wurden sie in militärischen Manövern als wirkungsvolle Simulation der Realität entwickelt, um Handeln für einen gedachten Ernstfall zu erproben. Später wurden sie im Managementtraining in der Wirtschaft erfolgreich eingesetzt. Im Bereich der Jugendarbeit wurden sie vor allem in der politischen Bildung entwickelt und eingesetzt. Planspiele hatten vor allem die Simulation gesellschaftlicher Prozesse und das Aufzeigen von Handlungsmöglichkeiten in einer speziellen Situation bzw. in einem besonderen Konflikt zum Inhalt. Zu einem Planspiel gehören die folgenden Schritte:

(1) Konstruktion einer „Ausgangslage"
Die Spielleitung konstruiert eine Ausgangslage, ein „Szenario", in der ein sozialer Konflikt und die daran beteiligten Gruppen beschrieben werden. Durch unterschiedliche Formen der Kommunikation versuchen die einzelnen am Planspiel beteiligten Gruppen, diesen Konflikt im Verlaufe des Spiels zu lösen. Meist handelt es sich um einen Konflikt zwischen unterschiedlichen Gesellschaftsgruppen, der einen pragmatischen Hintergrund hat und exemplarisch für ähnliche Konflikte steht. In der Ausgangslage wird der Inhalt des Konfliktes, die speziellen Situationsbedingungen des gesellschaftlichen Kontextes und die am Konflikt

beteiligten Gruppen beschrieben. Bekannt sind Planspiele zu Themen wie „Kinderstadt", Jugendarbeitslosigkeit, Einrichtung von Stadtteilhäusern.

(2) Spielleitung und Ablauf des Spieles

Eine wichtige Aufgabe hat die Spielleitung beim Ablauf eines Planspieles. Die gesamte Kommunikation zwischen den beteiligten Planspielgruppen läuft in schriftlicher Form über die Spielleitung, die die einzelnen Beiträge an die Adressaten weitergibt, den Spielablauf dokumentiert, während des Ablaufs evtl. neue Situationsdaten und Aufgabenbestandteile eingibt, Entscheidungen über Spielunterbrechungen, Spielabbruch und Spielende trifft und anschließend die Auswertung und die Dokumentation des Planspieles anleitet.

(3) Auswertungsphase

Im Anschluß wird das Planspiel mit allen Beteiligten ausgewertet. Hier kommen sowohl der Inhalt (der Konflikt und seine Lösung) als auch der Gruppenprozeß, das Verhalten der einzelnen Gruppen (ihre Taktik und Strategien) sowie das Verhalten einzelner Gruppenteilnehmer zur Sprache. Allerdings erfordern gerade die Auswertung dieser gruppendynamischen Aspekte einen recht erheblichen Aufwand von Beobachtung des Planspiels und Dokumentation der einzelnen Spielzüge. „Die Erfassung, Verarbeitung und pädagogische Vermittlung des gruppendynamischen Geschehens erfordert außerdem die Mitarbeit von kompetenten Fachpädagogen, wenn man sich nicht der Gefahr eines für die Teilnehmer gefährlichen Dilettantismus aussetzen will" (Prim/Reckmann 1975: 15).
Planspiele werden mit verschiedenen Zielsetzungen durchgeführt. Der jeweilige Akzent kann dabei sehr unterschiedlich liegen. Unter der Frage, wie die Partizipation von Kindern zu verbessern ist, sollen vier Zielsetzungen von Planspielen besonders herausgestellt werden:

(a) „Spiel" als motivierendes Element: Obwohl es in Planspielen normalerweise um ernste Konflikte geht, bleibt doch im Verlaufe eines Planspiels deutlich, daß es sich um ein Spiel handelt. „... die Spielhandlung ist meist mit den Gefühlen der Spannung und Freude begleitet" (ebd.: 17). Aus dieser Konstellation von ernsthaften, von der Sache her motivierenden Themen und auf der anderen Seite spielerischen Elementen entwickeln die Teilnehmer im Rahmen eines Planspiels eine besondere Motivation, sich zu beteiligen, und eine besondere Lernbereitschaft. „Durch diese Faktoren sei im Planspiel weitgehend autonomes Lernen und hoher intrinsischer Motivation möglich" (ebd.: 17f).

(b) Simulation sozialer Prozesse: In Planspielen werden soziale Prozesse nicht nur beschrieben und analysiert, sondern sie „ereignen" sich im Verlaufe eines Planspieles und die Teilnehmer an einem Planspiel erleben und gestalten diese sozialen Prozesse selber. In dieser Tatsache liegt eine der wesentlichsten Lernchancen für Planspiele: „Die im Simulationsmodell vorgenommene Reduktion und Abstraktion von komplexer Realität kann für den Lernenden hilfreich sein, indem er im Planspiel lediglich mit den wirksamsten Faktoren der Realität konfrontiert wird und ihre funktionalen Beziehungen kennenlernen

kann. Damit ist eine Erleichterung des Lernens komplexer Systeme und komplizierter Prozesse menschlicher Entscheidungen und Handlungen gegeben. (...) Im Vergleich zu anderen pädagogischen Methoden liegt in der Simulation sozialer Prozesse im Planspiel für den Lernenden die Chance, Einblick durch eigene Erfahrung oder sogar Aktionen in die Funktionsweise sozialer Systeme zu bekommen, die sich durch die Entscheidung untereinander abhängiger Organisationen konstituieren. ... Ein weiterer Vorteil des Simulationselementes im Planspiel für Lerneffekte kann in der Repräsentationsfähigkeit, der konkreten Abbildung von Beziehungen und Strukturen durch Spielgeschehen gesehen werden" (ebd.: 20).

(c) Begünstigung von Partizipationsmöglichkeiten und der Entwicklung von Autonomie durch Planspiele: Durch die spezifischen Handlungsmöglichkeiten in einem Planspiel werden insbesondere kreative und soziale Fähigkeiten gefordert und gefördert, die zur Entwicklung von Autonomie und Selbststeuerung der Teilnehmer beitragen. Das unterscheidet Planspiele insbesondere von den üblichen Bildungsmethoden, die derartige aktivierende und motivierende Elemente nicht enthalten. Priem/Reckmann heben hervor, daß Planspiele darüber hinaus die Teilnehmer dazu anregen, sich auch im Anschluß an das Planspiel mit der Thematik und den Lernerfahrungen weiter auseinanderzusetzen. Eine besondere Bedeutung kommt dem Einbau von gruppendynamischen Elementen, insbesondere Feedbackprozessen zu. Die Feedbackprozesse – vereinfacht gesagt: das Besprechen des Spielablaufs, des Verhaltens einzelner Gruppen und einzelner Gruppenmitglieder entweder spontan in Konfliktsituationen oder im Anschluß an längere Spieleinheiten – ermöglichen den Teilnehmern, Einsichten in typische Gruppenprozesse und Gruppenstrukturen sowie in die Auswirkungen von Verhaltensweisen einzelner Gruppenmitglieder oder einzelne Gruppen zu gewinnen. „Unter diagnostischem Aspekt soll den Teilnehmern gezeigt werden, inwieweit sie über Partizipationsfähigkeiten verfügen und unter welchen institutionellen Bedingungen Partizipation möglich ist bzw. wodurch sie 'objektiv' eingeschränkt ist. Unter motivationalem Aspekt soll den Teilnehmern verdeutlicht werden, daß es notwendig ist, sich systematisch um die Erweiterung der Partizipationsfähigkeit zu bemühen und sich aktiv für eine Sicherung und Erweiterung von Partizipationsmöglichkeiten einzusetzen" (ebd.: 111f).

(d) *Die Kommunikation zwischen Teilnehmern aus unterschiedlichen sozialen Schichten oder unterschiedlichen Altersgruppen:* Priem/Reckmann haben in der Analyse von Planspielen aufgezeigt, daß in Planspielen – wie in anderen Bildungsmethoden auch – schichtenspezifische Effekte entstehen, die Mitglieder aus bestimmten sozialen Schichten fördern oder benachteiligen. Schon die Einladung zu einem Planspiel kann durch ihre Formulierungen Mitglieder einer bestimmten sozialen Gruppe besonders ansprechen. Auch die Terminsetzung von Planspielen, der Vorzug schriftlicher Kommunikation im Verlauf des Planspiels[1] und andere Mechanismen weisen solche schichtenspezifischen Ef-

---

[1] Prim/Reckmann haben die Frage der Auswirkung schichtenspeziefischer Benachteiligung durch die schriftliche Kommunikationsform detailliert untersucht und schlagen vor, für entsprechende Zielgruppen mündliche Planspiele zu entwickeln.

fekte auf. Will man in der Planspielmethodik nicht gesellschaftliche Benachteiligungen reproduzieren, setzt die Organisation eines Planspiels eine genaue Analyse dieser Problematik und eine entsprechende Ausgestaltung von Planspielen voraus. Diese Problematik kann analog übertragen werden auf die Kommunikationsprobleme zwischen Kindern, Jugendlichen und Erwachsenen, also Teilnehmern unterschiedlichen Alters mit Sprachvor- und Nachteilen und Wissensunterschieden, was für unsere Thematik von besonderer Bedeutung ist.

Planspiel „Kinderparlament“

Der überhöhte Wirkungsanspruch, der von manchen Befürwortern von Kinderparlamenten erhoben wird, wurde schon kritisiert (vgl. *Kap. 7.1*). Aus methodischer Sicht bietet sich an, Kinderparlamente als Planspiel zu begreifen; damit würden sie neben ihrer Funktion als Methode der Meinungserhebung eine weitere Dimension gewinnen: die der bewußten Reflexion parlamentarischer Abläufe und des gezielten Einübens entsprechender Fähigkeiten. Denn es handelt sich in jedem Fall um eine spielerische Form des Nachvollzugs erwachsener Politikformen. Betrachtet man Kinderparlamente unter dem Blickwinkel, daß sie neben einer Methode zur Dokumentation kindlicher Interessen Planspiele zur Simulation einer politischen Realität und zum Erlernen von Fähigkeiten in einem politischen Handlungsfeld sind, dann stellt man fest, daß sie in der Praxis eine Reihe von Bedingungen nicht erfüllen bzw. grundlegende Regeln nicht ernstnehmen:

(1) Auf der Ebene der Zielsetzungen werden Kinderparlamente als „Ernstfall“ behandelt, nicht als konstruierte Lernsituationen.

(2) Weder wird die Konstruktion einer Ausgangslage *als Konstruktion* ernstgenommen (Rollenklärung, Eingrenzung des Themas bzw. der Situation, Kompetenzverteilung), noch gibt es eine Auswertungsphase. Vorbereitung und Nachbereitung werden lediglich „spielimmanent“ vorgenommen, bezogen auf die Themen und Inhalte (Tagesordnung, Protokoll, Was können Kinder und was können Erwachsene?).

(3) Es gibt keine prozeßbezogene Auswertung. Weder wird mit den Kindern überlegt, welche Konsequenzen sie aus ihren Erfahrungen ziehen, welche alternativen Handlungsmöglichkeiten es zu einem Kinderparlament gäbe, wie befriedigend die Ergebnisse für sie sind, noch reflektieren die Erwachsenen (Bürgermeisterinnen, Dezernenten und andere Verwaltungsmitarbeiter, Politikerinnen, Pressevertreter) ihre Rolle und ihren Anteil in diesem Spiel. Was könnten die Erfahrungen in einem Planspiel Kinderparlament für eine politische Praxis in den demokratischen Gremien bedeuten? Eine selbstkritische Auseinandersetzung der Medienvertreter in dem Spektakel Kinderparlament kann grundlegende Einsichten über die realen politischen Wirkungsweisen vermitteln, für die Medien-

vertreter selbst, für die Politiker in ihrer Abhängigkeit von diesen und für die Kinder im Hinblick auf zukünftige Handlungsstrategien.
(4) Spiel als motivierendes Element kommt oft zu kurz.
(5) Das Prinzip der Simulation sozialer Prozesse wird nicht ernstgenommen. Statt offen für die Kinder deutlich zu machen, daß ein Kinderparlament eine spielerische Scheinrealität darstellt, werden mit dem „Tun-als-ob" Scheinerfahrungen erzeugt, die nicht als solche bewußt sind und damit wirkliche Einsichten in politische Realität verhindern.
(6) Alters- und schichtenübergreifende Kommunikation und die daraus resultierenden Probleme bedürfen gerade bei der Gestaltung eines Planspieles sorgfältigster Vorbereitung. Die üblichen Auswahlverfahren über Repräsentanten der Schulen forcieren gesellschaftliche Auslese und verlagern die Elitenbildung vor.

Dokumentation:
Kinderstadt Münster 1990 (von Marina v. Kaler)

(Quelle: Stadt Münster 1990: 7ff.)
Die Kinderstadt ist eine Einladung an hunderte von Kindern, an einem Riesen-Planspiel teilzunehmen. Die Idee war, so etwas wie eine Stadt, wie sie annähernd in der Realität funktioniert, mit Kindern nachzuspielen, sie zu gestalten und zu verän*dern.(...)*
„Nach 20 Jahren Kinderparadies in den Ferien mit offenem Spiel- und Bastelangebot haben wir festgestellt, daß wir die älteren Kinder ab 8 Jahren, vor allem aber die zwischen 12- und 14jährigen nicht mehr erreichen. „Denen war das zu wenig, zu offen" sagt Rob Wiltschut, Sozialpädagoge beim Jugendamt der Stadt Münster. Er und seine etwa 70 Honorarkräfte haben sich etwas neues einfallen lassen: zwei Ferienwochen lang haben sie eine Kinderstadt aufgebaut, in der es zugeht, wie in einer richtigen Stadt....Bei meinem Rundgang durch die Stadt werde ich begleitet von zwei Stadtführern: André (14) und Manuela (10). Beide nehmen ihren Job sehr ernst, schließlich bekommen sie ja auch „Kotenmoneten"[1]: „Wir können dreimal am Tag woanders arbeiten und kriegen pro Stunde 2 Kotenmoneten; 4 Kotenmoneten sind 1,00 DM", klärt mich Manuela auf. „Jetzt gehen wir erstmal zum Einwohnermeldeamt, da müssen alle Kinder morgens erstmal hin" meint André. „Ja, die langen Schlangen habe ich gesehen." „Manchmal gibt es nicht genug Arbeit für alle, da hatten wir auch schon mal 'ne Demo, so mit Schildern:'Wir wollen Arbeit! Arbeit für alle!'", sagt Manuela ernsthaft.
Beim Meldeamt holt sich gerade ein Junge seinen Stempel ab und ich sehe, daß sein Kotenausweis schon gespickt ist mit Tagesstempeln. „Du warst aber schon oft hier!" spreche ich ihn an. Er lächelt nur und trollt sich. „Den kenn ich", klärt mich der kleine Beamte auf, „der kommt jeden Tag, der kann aber nicht hören und sprechen." Ich muß an Rob Wiltschut vom Jugendamt denken: „Wir haben hier viel weniger Unfälle, weniger Randale als sonst und schön ist es auch, daß mehr behinderte Kin-

[1] „Koten" ist ein münsterländischer Ausdruck für Kinder.

der kommen. Der Rahmen ist sicherer." Am liebsten arbeiten die Kinder in den Bereichen, die direkt aus der Erwachsenenwelt kommen. Ämter, Café, Restaurant, Friseur, die Bank. Manche Kinder kommen aber auch nur zum Gucken, treiben ein bißchen Sport in der gegenüberliegenden Halle oder begeistern sich für die Tiere des Zircus Casselli auf dem Hof.

Rob Wiltschut spricht von rund 2000 Kindern, die pro Tag das Gelände besuchen. „Gestern hatten wir die 1000. Bürgerin." Was ist das Konzept hinter dieser Idee?" frage ich ihn. „Nach den vielen, sicherlich wichtigen freien Angeboten der 70er Jahre haben die Kinder heute in unseren offenen Gesellschaft ein Bedürfnis nach Struktur. Wir wollen einen Rahmen stecken mit Spielregeln. Die Kinder sollen die Grenzen erfahren, um sie verschieben zu können. Wir hoffen, daß sie experimentieren und das ganze mit Leben füllen." Oberste Regel in der Stadt ist Spaß haben. Davon ist auch hier viel zu spüren, aber mir fällt auch die große Ernsthaftigkeit und der Eifer der Kinder auf. (...) Die Kinder wählen sogar einen Kotenrat und einen Bürgermeister. „Wir haben jetzt eine Bürgermeisterin", schaltet sich André ein, „den ersten Bürgermeister haben wir abgewählt, der hat die Wähler bestochen." „Ja: wenn du mich wählst, krieg'ste 4 Kotenmoneten, hat er gesagt." ergänzt Manuela.(...) Weiter geht die Stadtführung und mir schwirrt allmählich der Kopf: In der Fahrradwerkstatt treffe ich Michael (14), der sich gerade aus einem Haufen Sperrmüll Fahrräderersatzteile für sein „neues" Fahrrad herausfischt. In der Hightech-Werkstatt stehen heute Sirenen auf dem Programm. Alles, was die Koten herstellen, wird hinterher im Kotenkaufhaus verkauft. Allerdings haben die Produzenten Vorkaufsrecht. Zwei größere Jungen sind in der Holzwerkstatt mit dem sinnigen Namen „Holzwurm" eifrig damit beschäftigt, sich eine Skateboard-Rampe zu zimmern. Es gibt ein Umweltamt, in dem die Bürgerinnen sich u. a. um den Müll der Stadt kümmern; im Reisebüro „Hin und Weg" werden Reisen in die nähere Umgebung, aber auch bis nach Arnheim in den Zoo angeboten. Eltern sind in den einzelnen Bereichen nicht zugelassen. Was sagte doch Rob Wiltschut?: „Wir wollen den Kindern was zutrauen." Jetzt muß ich mich erstmal setzen und einen Kaffee trinken. Täusche ich mich, oder ist die Bedienung im Café auch schon ein bißchen müde? Ich komme mit einer der Helferinnen ins Gespräch. Stefanie B. (25) ist Studentin der Sozialpädagogik und arbeitet seit drei Jahren im Sommerprogramm der Stadt mit. „Die Kinder geben mir viel zurück von der Energie, die ich hier einsetze. Trotzdem werde ich wohl nächste Woche erstmal zusammenklappen. Wir sind seit Wochen im Einsatz und haben schon viele Vorbereitungswochenenden hinter uns. Bezahlt werden wir mit einer Pauschale, die nicht unseren Aufwand abdeckt." Sie wirkt erschöpft, und die Kollegen nicken. (...) Die Betreuergruppe ist sich einig: „Wir brauchen andere Räumlichkeiten, mehr Geld, mehr Helferinnen."

Alle wollen das Projekt im nächsten Jahr wiederholen, allen voran die Kinder. (...) Auch Rob Wiltschut möchte „sein" Projekt gern im nächsten Jahr wiederholen: „Ich kann zwar erst in etwa einem Monat kalkulieren, was das ganze gekostet hat, und wir hoffen auch auf Einnahmen aus den Eintrittspreisen, dem Kotenausweis usw., aber ich weiß schon jetzt, daß es unseren Ferienprogrammtopf von insgesamt 70.000,00 DM übersteigen wird."

7.5 Stöbertag

Die modernen Städte sind geprägt durch die Trennung von Arbeitsleben und Familienalltag. Während früher Kinder die Arbeitswelt ihrer Eltern und Nachbarn im direkten Umfeld erlebt haben, findet das Arbeitsleben heute in abgegrenzten Bereichen wie Gewerbegebieten oder Bürozentren statt, die weit entfernt von den Wohnungen der Familien liegen.
Die Idee des Stöbertages, die diesem Trend entgegenwirken soll, kommt aus Belgien und heißt dort Roefel-Tag. Sie wurde vom Landesjugendamt Westfalen-Lippe aufgegriffen und als Partizipationsmethode im westfälischen Raum verbreitet. Der Stöbertag soll die Grenze zwischen Kinder und Erwachsenenwelt durchlässiger machen. Das heißt konkret, daß Kindern die Möglichkeit gegeben wird, in die Arbeitswelt der Erwachsenen hineinzustöbern und sich aktiv daran zu beteiligen.
Beim Stöbertag steht die Möglichkeit im Vordergrund, daß Kinder selbst etwas tun und über dieses Tun einen Einblick in die Lebenswelt der Erwachsenen gewinnen. Neben einem interessanten Spiel und Aktionstag und Betriebsbesichtigungen soll ein Schritt aus der Kinderwelt in die sonst für Kinder nicht zugängliche Erwachsenenwelt gemacht werden können. Durch das eigenständige Ausprobieren ist das Interesse der Kinder wesentlich tiefergehend als z.B. bei Besichtigungen oder Vorträgen. Einzelne Arbeitsschritte werden anders wahrgenommen und umgesetzt. So wird Erwachsenenwelt erlebbar. Die Kinder erfahren, daß sie etwas leisten können und gewinnen eine positive Einschätzung ihrer Fähigkeiten. Dazu ist es allerdings wichtig, die Kinder an der realen, täglich zu erledigenden Arbeit teilhaben zu lassen. Sie sollten echte Werkzeuge benutzen dürfen, um z.B. einen realen Kundenauftrag teilweise oder vollständig auszuführen. Die Arbeiten, die von Kindern ausgeführt werden, müssen von ihnen zu bewältigen sein und daher nach Möglichkeit nicht anschließend von einer Fachkraft nachgearbeitet werden. Auch für die beteiligten Erwachsenen trägt der Besuch der Kinder zu einer Bereicherung der Arbeitswelt bei. Sich auf die Kinder einzustellen, für sie Aktionen vorzubereiten und den Tag mit ihnen gemeinsam durchzuführen macht Spaß, öffnet die Augen für die Lebenssituation von Kindern und kann im Betriebsalltag ein anregendes Erlebnis werden.

Dokumentation:

Durchführung eines Stöbertages in Hamm-Heessen (von Christiane Koller)

(Quelle: Stadt Hamm, Landesjugendamt Westfalen-Lippe und Heimatverein Heessen 1997)

Auf Initiative des Landesjugendamtes Westfalen-Lippe hat der Heimatverein Hamm-Heessen e.V. in Zusammenarbeit mit dem Kinderbüro der Stadt Hamm und der westfälischen Fachschule für Sozialpädagogik den ersten Stöbertag in NRW geplant und durchgeführt. Durch persönliche Gespräche in Unternehmen, Betrieben und bei anderen in Frage kommenden Stellen unterschiedlichster Art wurde im Stadtteil Heessen für die Idee geworben, Kinder einen Tag am normalen Geschehen in den Firmen teilnehmen zu lassen. Von den angesprochenen Firmen, Einrichtungen und Betrieben erklärten sich 17 bereit, für insgesamt 100 Kinder 25 verschiedene Angebote zu planen und durchzuführen.

Die Firmen konnten in einem Fragebogen mitteilen, was sie mit den Kindern tun wollen, auf wieviele Kinder sich ihr Angebot bezieht und ob eine Begleitperson erforderlich ist. Aufgrund der zur Verfügung stehenden Plätze sowie des großen Interesses wurde den beiden vierten Klassen der Josefs-Grundschule sowie jeweils einer Klasse der Realschule Heessen und der Martin-Luther-Hauptschule die Teilnahme ermöglicht. Die Beteiligung am Nachmittag war freiwillig und unabhängig von den Schulen. Teilnehmen konnten aus organisatorischen Gründen nur die Kinder, die sich vorher schriftlich angemeldet hatten.

Eine Broschüre mit Kurzbeschreibungen der einzelnen Angebote sowie des Anmeldebogens wurde zu diesem Zweck über die Schulen verteilt und auf gleichem Wege wieder zurückgegeben. Bei der Einteilung der Gruppen wurde versucht, den Kindern möglichst die Teilnahme an ihrem Lieblingsangebot zu ermöglichen. Fast alle Wünsche der Teilnehmenden konnten berücksichtigt werden. Was genau die Kinder bei den einzelnen Stöberstellen erleben konnten, findet sich auf den nächsten Seiten.

Eine Begleitung der Kindergruppen wurde vom Vorbereitungskreis für notwendig gehalten. Um die notwendige Anzahl an Begleiterinnen zu finden, wurde die „Westfälische Fachschule für Sozial- und Heilpädagogik" angesprochen, die sich mit einer Klasse von Erzieherschülern beteiligte. Die Betreuung wurde darüber hinaus von Mitarbeiter/innen des Kinderbüros und Mitgliedern des Heimatvereines Heessen übernommen.

Die Begleitpersonen wurden am Vormittag in einer Vorbesprechung um 8.30 Uhr für die einzelnen Gruppen eingeteilt und erhielten einen Stadtplan, in dem die Firmen eingezeichnet und deren Adressen angegeben waren. Um 9.30 Uhr trafen sich alle Teilnehmer/innen auf dem Heessener Markt und nach einer Begrüßung wurden die Gruppen gebildet, die sich dann zu Fuß oder mit den beiden Bullis zu den Firmen auf den Weg machten.

Die Angebote in den Betrieben und Einrichtungen fanden zwischen 10.00 und 12.30 und 15.00 und 17.00 Uhr statt. Die Kinder besuchten u.a. eine Schreinerei, Glaserei, erlebten den Alltag in einer Klinik und in einem Seniorenheim. Einige Gruppen bescuhten einen Bauernhof, andere öffentliche Verwaltungsdienststellen. Überall konnten die Kinder helfen, mitanpakken, Maschinen und Geräte bedienen.

Der Stöbertag war für alle Beteiligten eine gelungene Sache. Im nächsten Jahr wird daher erneut ein Stöbertag stattfinden. Besonders der Umgang mit den Kindern in den Firmen war sehr verständnisvoll, um die Kinder anzusprechen. Es ist eine wichtige Erfahrung für die beteiligten Kinder, daß Erwachsene ihnen zutrauen, konkrete Dinge in der Arbeitswelt zu erledigen.

Bei der anschließenden Reflexion wurde von den Schulen übereinstimmend reges Interesse an einem erneuten Stöbertag vorgebracht. Die Schülerinnen und Schüler äußerten sich begeistert davon, wie freundlich und kompetent die Erwachsenen ihnen an diesem Tag begegneten. Sie fanden es toll, daß eine andere Art von Lernen im Vordergrund stand, und zwar Lernen durch Ausprobieren und Mitmachen. Die Möglichkeit, durch den Stöbertag einen Einblick in die Berufswelt zu erhalten, kam ebenfalls vor allem bei den etwas Älteren gut an.

Für die Grundschüler/innen wäre es beim nächsten Mal wichtig, die Termine und Wege noch besser durchzuplanen und für die Eltern deutlicher zu machen, wann die Schule bzw. wann das Kinderbüro oder der Heimatverein die Verantwortung trägt und damit auch Ansprechpartner ist. Die Anregung einiger Schülerinnen und Schüler, statt eines Stöbertages eine Stöberwoche oder regelmäßig jede Woche einen Stöbertag durchzuführen, ist zwar nicht zu realisieren, zeigt aber noch einmal deutlich, wie gut dieser Tag angekommen ist.

Für den nächsten Stöbertag boten die Schülerinnen, Schüler und das Lehrpersonal der Fachschule für Sozialpädagogik an, bei entsprechend früherer Einbindung in die Planung und Vorbereitung nicht nur die Betreuung einzelner Kindergruppen zu übernehmen, sondern auch im Rahmen von Projektarbeit Spiele und ähnliches für den Treffpunkt vorzubereiten und durchzuführen oder auch weitere Ideen einzubringen.

Für die beteiligten Firmen war der Stöbertag ebenfalls eine gelungene Sache. Bei einigen Angeboten zeigte sich, daß einige Angebote besser für einen ganzen Tag geeignet wären als nur für knapp zwei Stunden, während andere Angebote zeitlich nicht ausgeweitet werden können. Auch die Gruppengrößen müssen beim nächsten Stöbertag im Hinblick auf die einzelnen Angebote besser durchdacht werden, damit auch wirklich für alle Kinder ein „Anpacken“ möglich ist und sich die teils weiten Wege mit einem Fahrzeug bewältigen lassen. Für Einrichtungen, die mehrere Gruppen gleichzeitig betreuen, wäre das nächste Mal eine genaue, namentliche Einteilung der Kinder vorab wünschenswert, da sich an Ort und Stelle die Untergruppenbildung schwierig gestaltete. Für einige Stellen war der Termin etwas ungünstig, z.B. da es direkt nach einem Feiertag schon ohne Stöberkinder viel zu tun gibt oder auf dem Bauernhof im Sommer tagsüber keine Tiere im Stall sind. Allgemein könnten die folgenden Dinge für den nächsten Stöbertag nochmal überdacht werden:

Das Interesse bei den Kindern war riesig. Teilweise erschienen am Nachmittag sogar mehr Kinder als angemeldet zu den einzelnen Angeboten. Vor diesem Hintergrund ist zu überlegen, welchen Kindern eine Teilnahme ermöglicht werden kann und ob nicht wenigstens nachmittags eine von der Schule unabhängige Vergabe der Plätze erfolgen sollte. Dagegen spricht allerdings der ungleich höhere organisatorische Aufwand, wenn man nicht auf die Schulen zurückgreifen kann.

Im nächsten Jahr könnte der Stöbertag ganztags durchgeführt werden. Wie im

belgischen Vorbild kann dann an einem zentralen Treffpunkt ein Mittagessen und ein Pausenprogramm angeboten werden. So würde für die Kinder besser deutlich, wie viele Kinder an welchen Stellen unterwegs sind. Auch die Erwachsenen aus den Betrieben könnten in der Mittagspause und und zu einem gemeinsamen Tagesabschluß dazukommen.
Weitere Stellen könnten einbezogen werden, um eine noch größere Angebotspalette zu erreichen. Bei weiter außerhalb gelegenen Angeboten ist zu überlegen, ob die Angebote zeitlich ausgeweitet werden und einige Wege so vermieden werden können.
1997 wurde der Stöbertag modellhaft in sechs weiteren Städten im Bereich des Landesjugendamtes Westfalen durchgeführt. Von dem Büro Prokids Herten begleitet und ausgewertet soll der Stöbertag landesweit als Beitrag zur Partizipation von Kindern durchgeführt werden.

7.6 Partizipation in Einrichtungen

Die Beteiligung von Kindern an politischen Entscheidungen braucht die Vorbereitung durch ihre Einbeziehung in Familie und Kindergarten, Schule und andere Einrichtungen. Auch wenn dieses breite Feld hier nicht erschöpfend behandelt werden kann, so sollen doch einige Hinweise und zwei Praxisbeispiele gegeben werden.

Kinderversammlungen

Kinderversammlungen ermöglichen die Erkundung von Kinderinteressen zu bestimmten Themen und die Beteiligung am Alltagsleben und am Programm von Einrichtungen. Kinder repräsentieren nicht andere Kinder, sondern können und sollen ihre eigenen Interessen vertreten (vgl. Schröder 1995: 75ff.). Kinderversammlungen als Gruppenversammlung oder Vollversammlung in einer größeren Einrichtung sind als basisdemokratisches Instrument anzusehen.

Räte

In der Parallele zum Kinderparlament stellen Kinderräte das repräsentativ organisierte Gegenstück zum Kinderparlament dar. Wahlmodus, Sitzungshäufigkeit, Themen und Abläufe können jeweils an die konkrete Situation angepaßt werden.

Hinweise zur praktischen Durchführung

Die Verfahren und Abläufe sollten für alle transparent sein.
Als Hilfen bieten sich die Ebenen politischer Sprache von Barber (2.6) und das Konzept der Moralentwicklung von Kohlberg (3.3) an.

Kinderparlament im Kindergarten (von Pia Fiedler)

(Quelle: Kindergarten heute, Heft 1/1998: 36ff.)

„Kinderparlament ist, wenn wir verschiedene Sachen über unsere Gruppe reden und das immer auf unsere Kinderparlamentskassette aufnehmen!“ So beschreibt Caroline, sechs Jahre alt, die regelmäßigen Zusammenkünfte der Kinder unserer Gruppe.

Gemäß dem Situationsorientierten Ansatz, nach dem wir in unserer Einrichtung arbeiten, soll der Kindergarten ja ein Ort sein, an dem die pädagogische Arbeit an der individuellen Lebenssituation des Kindes ansetzt und wo Wünsche und Bedürfnisse berücksichtigt werden. Die Kinder sollten also bei uns die Möglichkeit bekommen, individuelle Erlebnisse und Erfahrungen sowie die damit verbundenen Gefühle und Fragen zusammen mit uns aufzuarbeiten und gegebenenfalls zum Thema für die ganze Gruppe machen. Gleichzeitig wollten wir die Kinder zu mehr Eigenverantwortung und Selbständigkeit führen und sie aktiv in die Planung ihres Kindergartenalltags mit einbeziehen.

So haben wir versucht, mit dem Kinderparlament ein Forum zu schaffen, das den Kindern die Gelegenheit bietet, für sie wichtige Angelegenheiten in der Gruppe zu besprechen. Dabei stellten wir Erzieherinnen fest, daß auch wir unsere Rolle neu definieren müssen. Wir mußten lernen, mehr Verantwortung an die Kinder abzugeben, mehr Zutrauen in die Selbstorganisation der Kinder zu haben und bereit zu sein,. uns von ihren Ideen und Vorschlägen leiten zu lassen.

Als wir das Kinderparlament in unserer Gruppe eingeführt haben, suchten die Kinder zunächst eine Versammlungsecke aus, die sie für derlei Zusammenkünfte geeignet hielten. Regelmäßig fand nun unsere Zusammenkunft statt, bei der zunächst immer über aktuelle Bedürfnisse und Anliegen gesprochen wurde. Die Kinder hatten keinerlei Mühe damit, diese auch vorzutragen: Sie wollten eine Spielzeugwoche haben, einen Ausflug auf den Spielplatz unternehmen oder mit der Nachbargruppe gemeinsam im Stuhlkreis etwas spielen.

Damit das Kinderparlament nicht in ein wildes Gerufe und Geschrei ausartete, haben wir mit den Kindern soziale Regeln ausgehandelt, an die sich alle halten müssen:

(a) einander zuhören
(b) abwarten, bis man selbst Redezeit hat
(c) lernen, Ideen und Wünsche konkret auszudrücken
(d) miteinander diskutieren
(e) Kritik angemessen einbringen
(f) lernen, die Entscheidung der Mehrheit zu akzeptieren

Es hat den Kindern eingeleuchtet, daß es Regeln geben muß, wenn jeder zu Wort kommen will. Sie merkten aber bald, daß es sehr schwer ist, abzuwarten, bis man selbst an der Reihe ist. Als optische Hilfe bastelten wir daher einen „Redehut“, der mittlerweile wichtigstes Attribut des Kinderparlamentes ist. Wer den Redehut auf dem Kopf hat, hat das Rederecht, alle anderen Kinder hören zu.

Als nächsten Schritt haben wir in der Versammlungsecke eine Pinnwand aufgehängt, auf der ein großer gelber Redepunkt angebracht ist. Jedes Kind hat hierfür seine eigene Symbolkarte, die es an den Redepunkt hängen kann, wenn es eine Kinderversammlung einberufen möchte. Die Kinder lernen auf diese Weise, für sich selbst und ihr

Anliegen zu sorgen. Sie schauen ganz von selbst auf die Pinnwand, um zu kontrollieren, ob eine Symbolkarte daran hängt, und sind entsprechend stolz, wenn ihr Anliegen mit allen besprochen wird.
Außer für konkrete Ideen und Wünsche wurde das Kinderparlament auch dazu genutzt, mit den Kindern zu klären, wofür sie sich interessierten, welchen Themen wir uns gemeinsam in naher oder weiterer Zukunft zuwenden wollten. Die Vielzahl der Ideen war beeindruckend, und es dauerte ungefähr sechs Wochen, bis die Kinder sich auf das Thema „Piraten“ einigen konnten. Wir sind alle sehr gespannt, wie es uns gemeinsam gelingen wird, die Zeit der Piraten in unserer Gruppe erlebbar zu machen. (...)
Das Kinderparlament ist nicht nur eine Einübung in demokratisches Verhalten – es erleichtert langfristig das Zusammenleben miteinander und läßt uns alle sensibler werden füreinander.

Dokumentation:
JUNEX – JUNge EXperten (von Andreas Guderian)

(Quelle: Landesjugendamt Westfalen-Lippe 1996: 121ff.)
Mitte 1995 beschloß der Jugendhilfeausschuß in Waltrop, einer Kleinstadt am Rande des Ruhrgebietes, in den Räumen des Jugendtreffs „Durchzug“ ein teilkommerzielles Jugendcafé einzurichten. Hierzu wurden 200.000 DM für notwendige Umbau- und Renovierungsarbeiten zur Verfügung gestellt. Mit dem Jugendcafé war und ist das Ziel verknüpft, einen szeneübergreifenden Treffpunkt mit regelmäßigen kulturellen Veranstaltungen zu schaffen. (...) Die Grundidee von JUNEX ist sehr einfach und besteht darin, daß aus der Zielgruppe der 15-17jährigen (insgesamt 1029 Personen in Waltrop) per Zufallsauswahl ca. 30 Jugendliche ausgewählt werden, die stellvertretend für die Jugendlichen in Waltrop ein Gutachten zum Jugendcafé erarbeiten.
In zwei Gruppen aufgeteilt sollen die Jugendlichen über einen Zeitraum von insgesamt sieben halbtägigen Treffen (in möglichst wöchentlichem Turnus) und einer Wochenendexkursion ihre Vorstellungen zusammentragen. Die Vorstellungen beider Gruppen sollen am Ende in einer gemeinsamen Sitzung zu Vorschlägen für die Planer und Jugendpolitiker gebündelt werden.

Ziele und Methoden: Das JUNEX-Konzept
Durch eine Zufallsstichprobe soll eine repräsentative Kleingruppe stellvertretend für die Jugendlichen in Waltrop als Experten (für die Interessen und Wünsche junger Leute) ihre Vorstellungen in die Planung einbringen. In einem offen angelegten und durch Moderatoren geförderten Prozeß sollen die jungen Experten Ideen und Vorschläge für die Installation des Jugendcafés in den Räumen des Jugendtreffs entwikkeln.(...) Sie sollen zu Multiplikatoren für das geplante Jugendcafé werden, dies jedoch nicht nur zur Schaffung von Akzeptanz bei den künftigen Nutzern, sondern mit der Zielperspektive: Jugendliche durch Kennenlernen von Hintergründen für Politik zu motivieren und zum Mitmachen zu mobilisieren. Vor Projektstart wurde eine Umfrage zur Freizeitsituation der 15-17jährigen in Waltrop durchgeführt, um die Ausgangslage für das Jugendcafé und das beabsichtigte JUNEX-Projekt zu analysieren. Ein relevantes Ergebnis bestand in der Einschätzung

des Stellenwertes eines Jugendcafés, das von 67% der Befragten als wichtig oder sehr wichtig angesehen wurde. Aufgrund dieses hohen Stellenwertes wurde angenommen, daß eine grundsätzliche Bereitschaft bei jungen Leuten besteht, sich an der Planung zu beteiligen. Um die Wichtigkeit und Ernsthaftigkeit zu unterstreichen, wurden mit den Jugendlichen schriftliche Vereinbarungen abgeschlossen, in denen Art und Umfang ihrer Tätigkeit und die Aufwandsentschädigung in Höhe von 5,00 DM für die erste, 10,00 DM für die zweite usw. bis 30,00 DM für die sechste Sitzung festgelegt wurden. Hinzu kam eine Pauschale von 25,00 DM für die kontinuierliche Mitarbeit.

Neben einem Wechsel von Klein- und Gruppenarbeit, der Dokumentation aller Eindrücke mit Foto, Video und Wandzeitungen, produktorientiertem Arbeiten durch Erstellung eines Gutachtens, der Präsentation und Übergabe des Gutachtens an die Politik, Verwaltung und Öffentlichkeit stand die Moderationsmethode im Zentrum des JUNEX-Projektes (...)

Teilziele	
Vorlauf	Untersuchung des Stellenwertes eines Jugendcafès bei jungen Leuten
Vorlauf	Gewinnung von 30-40 Personen im Alter von 15 bis 17 für kontinuierliche Mitarbeit; möglichst repräsentativer Querschnitt
Info-Phase	
1. Sitzung	Beschreibung der Inhalte des Arbeitsauftrages durch die TeilnehmerInnen
Exkursion	Horizonterweiterung Ideensuche nach übertragbaren Elementen für die Planung
2. Sitzung	Auswertung der Eindrücke und Aufbereitung zum Ideenpool für die weitere Planung
3. Sitzung	Entwicklung eines Raumkonzeptes mit Prioritätensetzung für das Jugendcafé Multiplikation des Raumkonzeptes im Freundes- und Bekanntenkreis der jungen Experten
4. Sitzung	Übertragung des Raumkonzeptes in Modelle im Maßstab 1:25
5. Sitzung	Auswahl der erfolgversprechendsten Modelle Einstieg in die Ausarbeitung der unbearbeiteten Themen des Gutachtens
6. Sitzung	Ausarbeitung und Verschriftlichung der Vorschläge für das Gutachten zum Jugendcafé
7. Sitzung	Vorstellung und Bewertung der Vorschläge durch die jungen Experten Auswertung des Gesamtprojektes und Einstieg in die freiwillige Weiterarbeit
Danach	Mobilisierung zur Weiterarbeit Präsentation Beschluß im Ausschuß Jugend und Soziales für weitere Einbindung der jungen Experten in Caféplanung

Übersicht über den Projektaufbau und Ablauf

In der vorstehenden Tabelle sind die Teilziele, Inhalte und Methoden des JUNEX-Projektes stichwortartig beschrieben. Das Projekt endete mit der Vorstellung und Bewertung der Arbeitsergebnisse durch die jungen Experten, die dann von den jungen Leuten redaktionell überarbeitet zu einem 32seitigen Gutachten zusammgenfaßt wurden. Die jungen Experten zeigten eine große Bereitschaft, an der weiteren Planung mitzuwirken, und ein einstimmiger Beschluß der Jugendpolitiker im Ausschuß Jugend und Soziales legte fest, daß „die jungen Experten bei den nächsten Planungen des Jugendcafés weiterhin zu beteiligen sind".

Quintessenz

Die Erwartungen der Teamer und der Jugendpolitiker über die Leistungsfähigkeit und das Engagement der TeilnehmerInnen sind weit übertroffen worden. Oder anders formuliert: Junge Leute im Alter von 15 bis 17 sind keine unmündigen und defizitären Geschöpfe, sondern lediglich etwas jüngere Bürger, die beim Thema Jugendcafé/Treffpunkt für junge Leute ihre Wünsche und Interessen z.T. sehr präzise formulieren können. Durch die Zusammenstellung der TeilnehmerInnen über eine Zufallsauswahl ist es gelungen, einen annähernd repräsentativen Querschnitt bei der Planung dieser neuen Einrichtung zu erreichen. Dadurch ist die Berücksichtigung unterschiedlichster Interessen und Bedürfnisse gewährleistet. Wir, die Planungsverantwortlichen, wissen erstmalig, wie sich die Jugendlichen in Waltrop zwischen 15 und 17 Jahren diese neue Jugendeinrichtung vorstellen.

JUNEX hat gezeigt, daß, wenn man (u. a. durch Moderationstechniken) einen ernsthaften und fördernden Rahmen für Ideenentwicklung, Artikulation und Partizipation schafft, junge Leute bereit sind, sich engagiert einzubringen. Die Zahlung von Aufwandsentschädigung war nach Einschätzung der TeilnehmerInnen kein Hauptgrund zur Teilnahme, sondern allenfalls ein netter Nebeneffekt. Die Ziele sind weitgehend erreicht. Es ist gelungen, die Jugendlichen in Planung einzubeziehen, die keine Fiktion ist. Durch ihre Bereitschaft zur Weiterbegleitung der Planung sind Voraussetzungen geschaffen, sie für aktives jugendpolitisches Engagement zu mobilisieren.

Die Erreichung des Zieles der Multiplikation des Projektes Jugendcafé unter Gleichaltrigen wird gegenwärtig untersucht. Es deutet sich hierbei an, daß durch den überwiegenden Teil der TeilnehmerInnen die Idee vom Jugendcafé im Freundes- und Bekanntenkreis verbreitet wurde und dort auf positive Resonanz gestoßen ist.

7.7 Das gemeinwesenorientierte Stadtteilentwicklungsprojekt „Hamm-Norden"

(in Zusammenarbeit mit Axel Ronig und Klaus Köller)

Stadtteil und Wohnquartier stellen die kindliche Lebensumwelt in der Stadt dar, und gemeinwesenorientierte Formen sozialer Arbeit können zumindest ansatzweise eine Bürger- und Kindernähe kommunalen Handelns wiederherstellen, die kindlichem Erleben und Handeln sehr entgegenkommt. Abschließend soll ein Erfahrungsbericht über das „sozial- und bewohnerorientierte Stadtteilentwicklungskonzept Hamm-Norden" aufzeigen, wie hier Kinder politisch stärker an Gewicht gewannen, und in einem Zusammenspiel einer „Politik für Kinder" mit vorsichtigen Schritten einer „Politik mit Kindern" ihre Lebensbedingungen verbessert werden. In diesem Stadtteilentwicklungsprojekt gehört eine verstärkte Partizipation von allen Einwohnern von Anfang an zu den wichtigsten Grundlagen, und die Einbeziehung von Kindern und Jugendlichen ist darin eingebettet. Hier sind verschiedene Methoden der Partizipation von Kindern und Jugendlichen mit unterschiedlichem Erfolg erprobt worden.

Vorgeschichte
In den sechziger und siebziger Jahren wurde der Hammer Norden, zuvor ländliche Idylle am Nordrand der Stadt Hamm, durch mehrere Großprojekte des sozialen Wohnungsbaus erschlossen. Zwar nicht vergleichbar mit den Beispielen „gebauter Gewalt" in anderen Großstädten, waren die Siedlungen doch nicht von solcher städtebaulicher Qualität, daß hier eine ausgewogene Sozialstruktur hätte entstehen können. So zogen in den Folgejahren alle Bevölkerungsgruppen, die auf billigen Wohnraum angewiesen waren und anderswo auf dem Markt nicht toleriert wurden, in diese Wohngebiete. So entstand eine Sozialstruktur aus benachteiligten deutschen Bevölkerungsgruppen und einer multikuturellen Mischung aus allen Migrationsgruppen der letzten dreißig Jahre.
Anfang der neunziger Jahre ist die Situation im Hammer Norden gekennzeichnet durch mehrere soziale Brennpunkte, durch die Entwicklung mehrerer Jugendszenen, die durch Kriminalität, Gewalttätigkeiten untereinander und gegenüber Kindern und Erwachsenen sowie Drogenkonsum und Drogenhandel besonders in Erscheinung treten. Anfang 1992 initiierte die Karlsschule, die mit der Gewaltproblematik als Hauptschule innerhalb der Schule und im schulischen Umfeld besonders konfrontiert war, einen Arbeitskreis für präventive Jugendarbeit – den „Präventivkreis Hamm-Norden". Es beteiligten sich neben einigen wenigen Bürger/innen vor allem Lehrer, Erzieherinnen, Sozialarbeiter und Pfarrerinnen aus Wohlfahrts- und anderen Verbänden, Schulen, Tageseinrichtungen, Kirchen, Jugend- und Sozialamt. Alle waren von der problematischen Situation im Stadtteil betroffen; in den Tageseinrichtungen wurden verhaltensauffällige Kinder zum Normalfall; in der Grundschule sank der Anteil deutscher Kinder teilweise unter 10%, und die kulturellen Gegensätze führten zu vielfältigen Problemen. Einbrüche in Kindergärten, Sachbeschädigungen an Autos und Privathäusern mehrten sich, und eine „normale" erzieherische und pädagogische Arbeit war kaum zu leisten. So begann dieser Präventivkreis, öffentlich Forderungen auf Einrichtung eines Stadtteilbüros und Streetwork für die Jugendlichen und nach einem Konzept zur Verbesserung des Stadtteiles zu erheben.

Partizipation von Kindern unter schwierigen sozialen Bedingungen
Zu diesem Zeitpunkt erschien der Gedanke, Kinder politisch partizipieren zu lassen, undenkbar. Für viele Kinder mangelte es an der grundlegenden materiellen Versorgung, zwischen Kindern und Jugendlichen gab es eine starke Konkurrenz um den öffentlichen Raum, bei der die Kinder – vor allem die schwächeren und ängstlicheren –

stets unterlagen. Es gab keine Sachmittel und kein Personal, um materielle Verbesserungen zu initiieren. So stellte sich die Aufgabe, Kinderinteressen zu vertreten und Kinder stärker am Gemeinwesen zu beteiligen, völlig anders dar als in anderen Stadtteilen von Hamm. Politisches und verwaltungsinternes Agieren, Interessenvertretung für Kinder und ihre materiellen Entwicklungsbedingungen erschien dringender geboten, als vorschnell Beteiligungsprojekte zu initiieren. In diesem Sinne ergaben sich Entwicklungschancen, als Bestrebungen deutlich wurden, die Arbeit von Jugendamt, Sozialamt und Bauverwaltung stadtteilorientiert zu reorganisieren. So entstand schließlich im Frühjahr 1993 im Zusammenspiel von Präventivkreis, Sozial- und Bauverwaltung das Projekt „Sozial und bewohnerorientiertes Stadtteilentwicklungskonzept Hamm-Norden". Der Hammer Norden wurde zusätzlich 1994 in das Programm für „Stadtteile mit besonderem Erneuerungsbedarf" der Landesregierung Nordrhein-Westfalen aufgenommen, womit eine erhebliche finanzielle Förderung verbunden war.

Ziele

Mit der Realisierung der sozial- und bewohnerorientierten Stadtteilentwicklung im Hammer Norden sollten in einem ganzheitlichen Arbeitsansatz für alle Problemlagen, für die von den Bewohner/innen Hilfen erwartet werden, Maßnahmen erarbeitet werden. Die Beteiligung der Menschen im Stadtteil bei Erarbeitung und Umsetzung des Konzeptes in allen Phasen sollte zu einer der Grundlagen der Arbeit werden, durch kurzfristig erlebbare Erfolge sollte Beteiligungsmotivation entwickelt und gefördert werden. Daraus folgte konsequenterweise projektorientiertes Arbeiten, möglichst parallel kurze kleinere Projekte neben längerfristigen Projekten, bei denen immer wieder eine Rückmeldung an die Beteiligten über den Sachstand gegeben wird. Durch neue Formen der Kooperation sollten Reibungsverluste und gegenseitige Blockaden vermindert werden, die für Verwaltung bei abteilungs-, amts- und vor allen Dingen dezernatsübergreifendem Handeln typisch sind.

Nicht zuletzt war mit dem Konzept langfristig die Hoffnung verbunden, Kosteneinsparungen zu erzielen. So paradox sich das zu einem Zeitpunkt anhört, an dem neue Projekte installiert werden, die nicht unerhebliche Kosten verursachen, so klar wird dieses Ziel, wenn man bedenkt, daß in einem sozial benachteiligten Stadtteil riesige Kosten durch Nichttätigwerden entstehen: Der Anstieg der Sozialhilfekosten und der Heimunterbringungskosten als gesetzliche Pfilchtausgaben belegen das. Vor allem aus Sicht der Sozial- und Jugendhilfe wurde erwartet, daß die unmittelbar im Stadtteil wirkende erzieherische Jugendhilfe, die Verstärkung der Kinder- und Jugendarbeit, die Förderung des Selbsthilfepotentials, Angebote in Qualifizierungs- und Beschäftigungsmaßnahmen, Wohn- und Wohnumfeldverbesserung, insbesondere Eltern ermöglicht, Kinder und Jugendliche in ihrer gewohnten Umgebung zu fördern und zu stabilisieren.

Organisation der Vernetzung und Koordination der beteiligten Akteure

(1) Im Juli 1993 nahm ein gemeinwesenorientiertes Stadtteilbüro der freien Träger Katholischer Sozialdienst Hamm und Arbeiterwohlfahrt, die Arbeit direkt im Wohnquartier, in der Schottschleife, dem größten sozialen Brennpunkt, auf.

(2) Im Januar 1994 begann das Planungsbüro BASTA (Büro für Architektur und Stadtentwicklung) die Arbeit am Städtbaulichen Rahmenplan, der im Frühjahr 1995 abgeschlossen wird.

(3) Der Präventivkreis entschied sich, auf Dauer die Arbeit fortzusetzen, und wirkte als kritisches unabhängiges Korrektiv der Arbeit. Als wichtige Aufgabe wurde gesehen, sowohl im Bereich „Arbeiten" als auch im Bereich „Wohnen" durch entsprechende Maßnahmen Angebote zu schaffen und Projekte zu realisieren. Nach allen Erfahrungen kann das nur unter Einbeziehung der Betroffenen und zu ihrem persönlich erfahrbaren Nutzen geschehen.

(4) Im November 1995 wurde das Stadtteilzentrum Hamm-Norden eingerichtet, in der die sozialen Dienste von Jugendamt und Sozialamt vor Ort arbeiten und in dem die Aktivitäten geplant und koordiniert werden. Teilweise finden hier auch Veranstaltungen statt, wichtiger sind aber Aktivitäten in den einzelnen Quartieren. Seit Anfang November 1994 sind die Teams der Familienhilfe und der Sozialhilfe zusammen mit der Stadtentwicklungsplanung und dem Stadtteilbüro der freien Träger in einem Stadtteilzentrum verortet.

(5) Parallel dazu wurde innerhalb der Verwaltung als Koordinationsstelle allen Handelns und zur Durchführung der laufenden Arbeit eine interdisziplinäre Arbeitsgruppe „Arbeitskreis Hamm-Norden" gebildet, deren Federführung im Sozialdezernat liegt. Neben den festen Mitgliedern – Verwaltung und freie Träger arbeiten hier gleichberechtigt zusammen – wird der Arbeitskreis Hamm Norden bei bestimmten Themen oder Fragestellungen erweitert.

Themenschwerpunkte sind die Anwohnerbeteiligung, Wohnen, Wohnumfeld, Grün- und Freiflächen, Verkehr, Arbeit, soziale Infrastruktur, Jugendarbeit, sozialpädagogische Gruppenarbeit, insbesondere die Bereitstellung von Jugendtreffpunkten und Überlegungen sowie Angebote zur Drogenprophylaxe. Die Steuerung und das Controlling erfolgt in einer „Lenkungsgruppe" unter Beteiligung des Oberstadtdirektors, in der die beteiligten Dezernenten, die Amtsleiter/innen, die Geschäftsführer der freien Träger, die das gemeinwesenorientierte Stadtteilbüro betreiben, nach Bedarf zusammenkommen. In der Lenkungsgruppe werden vor allem übergreifende und finanziell weitreichende Entscheidungen getroffen. Der Arbeitskreis Hammer Norden initiiert die Sitzungen der Lenkungsgruppe immer dann, wenn Entscheidungsbedarf entsteht, ist bei den Sitzungen der Lenkungsgruppe anwesend und an den Entscheidungen beteiligt. Das führt nach den Erfahrungen der ersten Jahre zu einer hohen Transparenz von Entscheidungen und damit zu einer größeren Akzeptanz.

Bewohnerbeteiligung – Partizipation von Kindern

Die Einbeziehung der Bürger – Kinder, Jugendliche oder Erwachsene – wird durch Präventivkreis und den Arbeitskreis Hamm-Norden initiiert und durchgeführt. Bei Partizipationsprojekten einzelner Beteiligter, z.B. der Wohnungsbaugesellschaft oder eines städtischen Amtes, werden sie hier koordiniert. Die Beteiligungsformen werden im Hinblick auf die jeweilige Zielgruppe entwickelt und durchgeführt. Im Unterschied zu klassischen Formen der Bürgerbeteiligung findet Beteiligung möglichst weit vor Ort statt, erkennbare Hemmnisse und Schwellen werden nach Möglichkeit abgebaut und z.B. sprachliche und kulturelle Verständigungsbarrieren überbrückt. In der Praxis sind hier sehr unterschiedliche, auch sehr gute Erfahrungen gemacht worden:

(a) Durch intensive Fotostreifzüge wurden Kinder an der Erarbeitung des städtebaulichen Rahmenplans beteiligt (Stadt Hamm 1993).

(b) Workshops fanden gezielt mit Frauen zur Wohnumfeldgestaltung statt.

(c) Beim Bau eines kinderfreundlichen Wohnumfelds mit allen Anwohner/innen fand eine intensive Projektarbeit bei Planung und Bau statt (Stadt Hamm 1992; Projektgruppe Danziger Straße 1993).

(d) Stadtteilkonferenzen für erwachsene Bewohner werden regelmäßig mit verschiedenen Schwerpunktthemen durchgeführt.

(e) In einer Stadtteilkonferenz für Kinder und Jugendliche wurde ihre Meinung zur Entwicklung des Stadtteils erfragt.

(f) Unter Beteiligung von Anwohnern und dem Präventivkreis wurde eine Zukunftswerkstatt durchgeführt, um langfristige Perspektiven und Ideen zu erarbeiten.

Die Träger der Partizipation

Das Stadtteilbüro Hamm-Norden hat sich zu einer zentralen Institution der Partizipation entwickelt. Die Mitarbeiterinnen arbeiten teilweise in Räumen direkt in den Wohnbereichen, in denen die Probleme am größten sind, und schaffen gerade für Kinder und Jugendliche mit ihren Angeboten eine Basis für weitere Partizipationsformen. In einer Spiel- und Lernhilfe wird die schulische Betreuung fortgesetzt und um spielerische und sozial fördernde Arbeitsformen ergänzt. Verschiedene Treffpunkte (Mietercafe, Frauengruppe) bieten sich als Foren für Meinungsäußerung, Beschwerden, Wünsche und Anregungen an, die dann in die politischen Prozesse einfließen. Ferienspaßaktionen und ein Wandmalprojekt haben jeweils auch politische Dimensionen. Im Stadtteilbüro wird die Kontinuität der Arbeit gesichert, Bezüge und Zusammenhänge hergestellt, teilweise gehen auch kritische Impulse gegen zu einseitig repräsentativ ausgerichtete Beteiligungsprojekte vom Stadtteilbüro aus.

Die Kinderhorte und Tageseinrichtungen, teilweise auch die Schulen sind zur Lobby für Kinder geworden; ihre Leiterinnen arbeiten in den Gremien mit, regen Projekte an, vertreten die Interessen ihrer Kinder und organisieren Beteiligungsaktionen.

Das Kinderbüro ist über mehrere Jahre in diesem Projekt als Arbeitsschwerpunkt beteiligt gewesen, und in Zusammenarbeit mit den verschiedenen Trägern wurden verschiedene Beteiligungsprojekte durchgeführt.

Die Idee eines Netzwerkes für Kinderinteressen hat hier Gestalt angenommen, mittlerweile haben sich alle Träger, die mit Kindern zusammenarbeiten, in einem „Netzwerk Kinderhilfe“ zusammengeschlossen.

Gesetzliche Bürgerbeteiligung – gemeinwesenorientierte Partizipationsprozesse

Zwei Probleme zeigen sich bei der Durchführung der Bürgerbeteiligung: Die Form der Stadtteilkonferenz hat sich nicht bewährt. Sowohl die Kinder als auch die Erwachsenen konnten mit der Form nichts anfangen; einzig sinnvoll sind überschaubarere und konkreter auf einzelne Probleme bezogene, möglichst nah vor der Haustür stattfindende Partizipationsformen.

Zum zweiten zeigt es sich immer deutlicher, daß es einen Unterschied zwischen gesetzlich vorgeschriebenen Formen der Bürgerbeteiligung und einer gemeinwesenorientierten Partizipation gibt. *Abb. 8* zeigt die unterschiedlich verlaufenden Prozesse; während die gesetzlich vorgeschriebenen Formen in der Regel recht linear zum Ergebnis führen, indem Einsprüche abgewehrt oder integriert werden, aber keine Aktivierung und stärkere Einbeziehung stattfindet, so gehört genau das zum Wesen der gemeinwesenorientierten Partizipation. Sie verläuft in der Regel nicht gradlinig, sondern widersprüchlich wie die Realität selbst. Die notwendigen Einigungsprozesse sind schwierig, brauchen Zeit und Geduld, die Bauherren und Bauträger meist nicht haben, oft nicht haben können, da Haushaltsfristen Grenzen setzen oder andere gesetzliche Vorschriften Zwänge erzeugen.

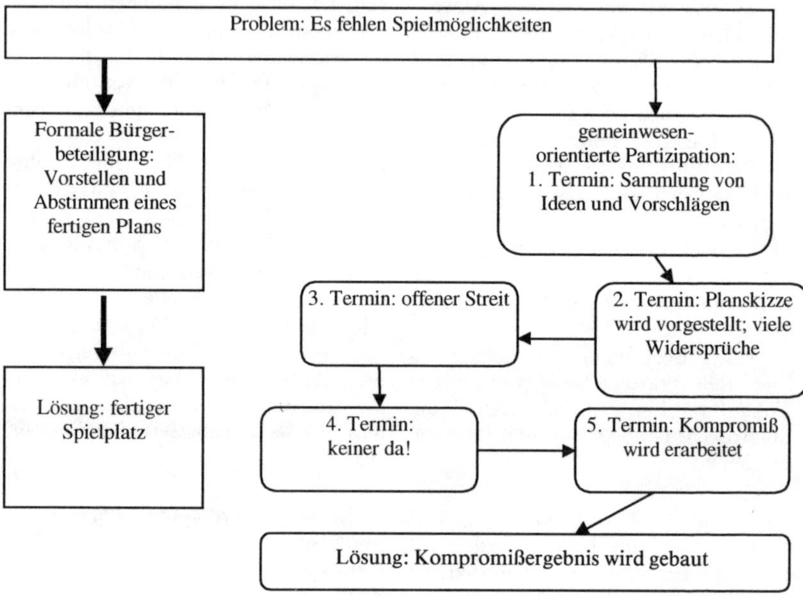

Abb. 8: **Formale Bürgerbeteiligung und gemeinwesenorientierte Partizipation**

Die Stadtteilkonferenz für Kinder im Hammer Norden am 5.10.1995

Die Stadtteilkonferenz für Kinder war geplant als Forum für die Interessen der Kinder. Es sollte keine repräsentative Form gewählt, sondern es sollten alle Kinder einer Grundschule und von zwei Horten eingeladen werden, auf freiwilliger Basis. In der Schule und in den Horten wurde die Konferenz vorbereitet, die Kinder sammelten Ideen, bauten Modelle und malten Plakate. Am Tag der Konferenz versammelten sich 120 Kinder in einer Turnhalle. Nach einer Begrüßung durch die Sozialdezernentin und den Bezirksvorsteher wurde zunächst der Hammer Norden als lebendes Modell dargestellt, indem Kinder zentrale Punkte des Nordens verkörperten und sich entsprechend im Raum gruppierten. Danach wurden Kleingruppen gebildet, um die Wünsche und Ideen der Kinder zu sammeln und auf Früchten für einen Wunschbaum aufzuschreiben. Nach ungefähr einer Stunde war die Aufmerksamkeit der Kinder erschöpft. Bei der Rückkehr in die Turnhalle stürzten sie sich auf die Sportgeräte, tobten durcheinander und fielen über die bereitgestellten Getränke her. Die Vorstellung und Sammlung der Ergebnisse fiel aus, wurde später von den Erwachsenen allein nachgeholt und in die Gremien eingebracht. In der Reflexion wurde deutlich, daß diese Form der Partizipation in der gegebenen Situation unangebracht war.

Arbeitsstand, Erfahrungen und Ergebnisse

Als wichtigste Erfahrungen sind zu benennen: Partizipation ist auch unter den Bedingungen im Hammer Norden auf den gesamten Erfahrungszeitraum gesehen bisher eher Stückwerk als ein kontinuierlicher Prozeß. Die Bedingungen sind sowohl seitens der Bewohner als auch der politischen Strukturen oft so, daß bessere Lösungen nicht möglich sind. Im gemeinsamen Arbeitsprozeß konnten trotz allem viele kleine Schritte zur Verbesserung der Situation vollzogen werden. So wurden verschiedene freizeitorientierte Projekte für Kinder und Jugendliche entwickelt und unterstützt und eine soziale Gruppenarbeit angeboten. Ein Unterstand, durch einen umgebauten Baucontainer ergänzt, ist von Jugendlichen gefordert und schließlich mit Hilfe einer Honorarkraft als Treffpunkt gebaut worden. Es gibt neue Formen der Jugendarbeit, die stärker auf die Beteiligung der Jugendlichen abheben. Bei der Wohnumfeldgestaltung der Wohnungsbaugesellschaften ist die Beteiligung von Kindern und Jugendlichen bei Planung und Bau prinzipiell zur Selbstverständlichkeit geworden. Die Wohnumfeldprojekte sind modellhaft für andere Beteiligungsprojekte, auch in der städtischen Spielraumgestaltung, geworden. Der Arbeits- und Ausbildungsplatzmangel findet auch im Hammer Norden seinen Niederschlag. Gemeinsam mit dem Arbeitskreis Hamm Norden, dem Arbeitsamt, dem Regionalsekretariat Hamm, einer Qualifizierungs- und Beschäftigungsgesellschaft und der G.I.B. wurden als erster Schritt zu Jugendberufshilfe-Projekten zwei ABM-Stellen zur Projektentwicklung geschaffen, die Maßnahmen für arbeitslose Jugendliche und Langzeitarbeitslose entwickeln sollen.

Auch unter dem Blickwinkel der Partizipation ist dieses Thema zentral. Die Aussicht, Arbeit finden zu können oder auch nicht, wirkt prägend auf die Entwicklung von Kindern und hat Auswirkungen auf das Verhalten von Jugendlichen. Die laufende und regelmäßige Kommunikation der verschiedenen Akteure im Arbeitskreis Hamm Norden hat für das Verständnis untereinander und das Verständnis der gemeinsamen Querschnittsaufgabe Verbesserung der Lebensbedingungen im Stadtteil wesentlich beigetragen.

Tab. 5: Übersicht über Methoden der Partizipation von Kindern in der Kommunalpolitik

Partizipationsform	**Zielsetzung Motivationen**	**Methodik**	**Kompetenzen der Kinder, Einflußmöglichkeiten, Verbindlichkeit** ***(s. Kap. 2.1)***	**Rolle der begleitenden Erwachsenen**	**Beteiligung erwachsener Verantwortungsträger aus Politik, Verwaltung und Medien**	**Auswirkung auf soziale Unterschiede**	**Aktivierung/ Lernprozesse**
Kindersprechstunden	• Kinderinteressen erkunden • Nachweis von Kinderfreundlichkeit der Kommune		• unverbindlicher Charakter, Anhörungsrecht wahrnehmen • abhängig vom Engagement der begleitenden Erwachsenen • öffentlichkeitswirksame Interessendarstellung	• Protokoll und Weitergabe der geäußerten Wünsche und Interessen an zuständige Stellen	• Politikerinnen • (Medien)	• ohne mediale Hilfen verstärkend	• kennenlernen politischer Persönlichkeiten und der Einflußmöglichkeiten im Rahmen von Anhörungsrechten • lernen, Interessen öffentlich auszudrücken
Kinderforen	• Kinderinteressen erkunden • Nachweis von Kinderfreundlichkeit	• Adaption politischer Anhörungs- und Diskussionsmethoden der Erwachsenen	• unverbindlicher Charakter, Anhörungsrecht wahrnehmen • abhängig vom Engagement der begleitenden Erwachsenen • öffentlichkeitswirksame Interessendarstellung	• organisieren Rahmen • bestimmen evtl. Schwerpunktthemen • laden Kinder, Entscheidungsträger sowie Öffentlichkeit ein • moderieren • kümmern sich um Umsetzung	• Politiker • Verwaltungsvertreter • Medien	• je nach eingesetzten Arbeitsmethoden ausgleichend oder verstärkend	• kennenlernen der politischen Einflußmöglichkeiten durch Anhörungen • lernen, Interessen öffentlich auszudrücken

Kinder-parlamente	• Kinderinteressen erkunden • Nachweis von Kinderfreundlichkeit • politisches Lernen parlamentarischen Handelns • Rekrutierung von politischem Nachwuchs	• Abbildung und Modifizierung parlamentarischer Vorgehensweisen • evtl. Planspielmethodik	• Verbindlichkeit durch Anhörungsrecht, Informationsrecht und Antragsrecht im Rahmen einer Satzung • abhängig vom Engagement der begleitenden Erwachsenen • öffentlichkeitswirksame Interessendarstellung	• setzen Strukturen und Regeln (Satzung) des "Parlamentes" fest • begleiten und unterstützen die Durchführung von Wahlen • koordinieren Tagesordnung, Einladung • protokollieren • moderieren, evtl. mit Kindern zusammen • kümmern sich um die Umsetzung der Ergebnisse	• Politiker • Verwaltungsvertreter • Medien	• fördert tendenziell intellektuelle Unterschiede • für sprachlich wenig begabte Kinder langweilig	• kennenlernen und einüben parlamentarischer Prozesse • kennenlernen und einüben der politischen Einflußmöglichkeiten • lernen, Interessen öffentlich auszudrücken • Umgang mit Medienvertretern erlernen
Kinderversammlungen Kinderräte in Einrichtungen	• an Programm und Alltagsgestaltung beteiligen • Eigenverantwortung stärken • Einigungsprozesse lernen	• situationsorientierter Ansatz • Projektarbeit • Gruppenpädagogik	• mitentscheiden und selbstbestimmen in einem geregelten Rahmen (Satzung, Konzeption)	• verantwortlich für Satzung oder Konzeption • Berater, Moderatoren • Verhandlungs- und Entscheidungspartner	• Paten	• abhängig von Hilfen • kann verstärkend wirken	• Verantwortung übernehmen • Einigungsprozesse erfahren • leiten, organisieren, verhandeln

Stadtteilanalysen	• Kinderinteressen und ihre spezifische Lebenssicht als Grundlage für Planungen erkunden • Kinder als Experten in eigener Sache einbeziehen	• Foto und Videostreifzüge • Stadtspiel und Stadtteilrallye • Modellbau • teilnehmende Beobachtung	• unverbindlicher Charakter • basierend auf Anhörungsrecht • abhängig von der Ankoppelung an Planungsverfahren	• nehmen beobachtend Teil • regen die Kinder durch Fragen an • dokumentieren die Ergebnisse • erarbeiten Folgerungen und kümmern sich um deren Umsetzung	• Planer • Vorstellung der Ergebnisse für Politikerinnen und Medien in eigenen Terminen	• ausgleichend durch differenziertes Eingehen auf alle Kinder durch die Erwachsenen	• bewußtwerden des eigenen Lebensumfeldes • Reflexion und Erkenntnis von kindgerechten und problematischen Bereichen • differenzierte Meinungsäußerungen • Erfahrung, als Experte in eigener Sache ernst genommen zu werden
Planungsprojekte mit Kindern	• Kinder als Experten in eigener Sache einbeziehen • die Umsetzung von Interessen in konkrete Planungen ermöglichen • Kinder als Planer in eigener Sache ausbilden	• Projektarbeit	• Verbindlichkeit in den geschaffenen Rahmenbedingungen • Planungskompetenz	• organisieren den strukturellen Rahmen • leiten bzw. moderieren das Projekt • Planer beraten die Kinder bezüglich der Inhalte und Umsetzungsstrategien • setzen die Ergebnisse in Planungen um	• Vorstellung der Ergebnisse für Politiker und Medien	• ausgleichend • abhängig von verwendeten Arbeitsmethoden	• Planungsmöglichkeiten kennenlernen • Planen lernen • Darstellung eigener Wünsche und Interessen in Modellen und Plänen • Vertretung der eigenen Interessen bei der Vorstellung der Ergebnisse

Bauprojekte im Wohnumfeld	• Selbstverantwortung durch Selbstgestaltung • Mittun als kindgemäße Beteiligungsform • gemeinsames Handeln von Eltern und Kindern	• Projektarbeit	• praktische und kindgerechte Kompetenzen • verbindlich im Projektrahmen • Gestaltungskompetenz • dauerhafte Wirkung • bleibende Ergebnisse	• organisatorischen Rahmen schaffen • Material und Werkzeug beschaffen • Kinder bei der Auswahl der Baumaßnahmen begleiten und beraten	• bei der Eröffnung: - Politiker - Medien - Bauträger	• gleicht sprachliche Defizite aus • praktisch-handwerklich begabte Kinder haben Vorteile • durch Hilfen können Benachteiligungen (hier z.B. besonders von Mädchen) ausgeglichen werden	• Verbindung von Technik, Kunst und sozialer Kompetenz • Gruppenprozeß
Ideenwettbewerbe	• Kinderinteressen erkunden • neue Ideen entwickeln • Möglichkeit der Planungsbeteiligung	• Wettbewerb • evtl. Projektarbeit	• unverbindlich	• Wettbewerb organisieren • Vorschläge bewerten bzw. Jury beauftragen • Ideen an potentielle "Umsetzer" weitergeben	• bei der Ergebnisvorstellung	• abhängig vom Ideenmedium	• selbständige Erarbeitung von Ideen, Vorschlägen und Konzepten
Zukunftswerkstätten	• Zukunftsperspektiven und Lösungen für Probleme kreativ und innovativ erarbeiten	• Zukunftswerkstatt/Projektarbeit	• unverbindlich	• Moderatoren • Leitung	• bei der Präsentation (sorgen für Umsetzung)	• ausgleichend • abhängig von Arbeitsmethoden	• Entwicklung von gesellschaftsbezogener Phantasie und problembezogener Kreativität • Kooperation und Einigung in Gruppenprozessen

Adressen

Eine aktuelle Datei über Kinderbüros, Kinderbeauftragte, Kinder- und Jugendparlamente und andere kinderpolitische Stellen ist bei der Infostelle Kinderpolitik des DKHW zu erhalten und über das Internet zugänglich.

Bundesweite Verbände

Arbeitsgemeinschaft für
Jugendhilfe -AGJ -
Haager Weg 44
53127 Bonn
0228/91024-0
Fax 0228/9102466

National Coalition für die
Umsetzung der UN-
Kinderrechtskonvention
Arbeitsgemeinschaft für
Jugendhilfe
Haager Weg 44
53127 Bonn
0228/910240
Fax 0228/9102466

Deutscher Kinderschutzbund
e.V. (DKSB)
Schiffgraben 29
30159 Hannover

Deutsches Kinderhilfswerk
Rungestraße 20
10179 Berlin
030/27956-56
Fax 030/2795634
e-mail dkhw@dkhw.de
www.dkhw.de

Infostelle Kinderpolitik beim
DKHW
Rungestraße 20
10179 Berlin
030/27560231
Fax 030/2795634
www.kinderpolitik.de
Infostelle Kinderpolitik

ProKids-Büro
Stadt Herten
Kurt-Schumacher-Straße 2
45697 Herten
02366/303303
Fax 02366/303476
prokids@herten.de

Einzelne Bundesländer

„Aktion Schleswig-Holstein –
Land für Kinder“ beim
Ministerium für Frauen,
Jugend, Wohnungs- und
Städtebau des Landes
Schleswig-Holstein
Theodor-Heuss-Ring-49
24143 Kiel
0431/988-7477
Fax 0431/988-7485
http://www.schleswig-
holstein.de/landsh

Kinderbeauftragter der
Landesregierung Nordrhein-
Westfalen
Dr. Reinald Eichholz
Fürstenwall 25
40219 Düsseldorf
0211/855-3529
Fax 0211/8553296

Landeskinderbeauftragte
Ministerium für Arbeit,
Soziales und Gesundheit des
Landes Sachsen-Anhalt
Seepark 5-7
39116 Magdeburg
0391 / 5674011
0391 / 56740 35

KINDERBÜROS, KINDERBEAUFTRAGTE IN DEN KOMMUNEN (AUSWAHL)

Leipziger Kinderbüro e.V.
Demmingerstraße 59a
(Zweigstelle: Körnerstr. 54)
04275 Leipzig
0341 / 23 13 89
Fax: 0341 / 1231385

Kinder- und Jugendbüro Mitte
Bezirksamt Berlin Mitte
Reinhardtstr. 31
10117 Berlin
030 / 28384410
Fax: 030 / 28384412

Kinderbeauftragte
Stadt Magdeburg
Große Steinernetischstraße 1a
39090 Magdeburg

Junior - Kinderbüro
Stadt Münster/K.i.d.S..–
"Kinder in der Stadt e.V."
Schorlemerstraße 12
48127 Münster
0251 / 492 - 5129
Fax: 0251 / 492 - 7733

Büro für Kinderinteressen
Stadt Dortmund, Jugendamt
Ostwall 64
44135 Dortmund
0231 / 50 12345

Kinderbüro
Stadt Essen
Rathaus, Porscheplatz
45121 Essen
0201/88 88522
Fax: 0201 / 88 88019
info@essen.de
http://www.essen.de

Kinderbüro
Stadt Hamm
Werler Straße 3
59061 Hamm
02381/176202
Fax: 02381/172950

Kinderbeauftragter
Magistrat der Stadt Darmstadt
Jugendamt
Grafenstraße 30
64283 Darmstadt
06151 / 13 2850
Fax: 06151 / 13 3210

Kinderbüro
Stadt Heidelberg / Kinder- und Jugendamt / Kinder- u. Jugendförderung
Plöck 2a
69117 Heidelberg
06221 / 58 3799
Fax: 06221 / 58 3190

Frankfurter Kinderbüro
Stadt Frankfurt am Main
Schleiermacherstraße 7
60316 Frankfurt am Main
069/21239001
Fax: 069/430247

Aktion Kinderstadt
Wiesbaden
Stadt Wiesbaden
Dotzheimer Straße 97/99
65197 Wiesbaden
0611/313530
Fax: 0611/313952

Kinderbüro
Stadt Freiburg - Dezernat III
Wilhelmstr. 20
79098 Freiburg
0761 / 201-3456
Fax: 0761 / 201-3299

Kinderbüro
Stadt Karlsruhe
Stephanienstraße 16
76133 Karlsruhe

Referat für Kinderrechte,
Kinderpolitik der
Landeshauptstadt München
Stadt München - Jugendamt
Orleansplatz 11
81667 München
089 / 233 - 21975
Fax: 089 / 233 - 26 109

Spiellandschaft Stadt e.V.
Albrechtstr. 37
80636 München
089 / 18 33 35
Fax: 089 / 18 33 35
kids@blauhaus.org
http://www.blauhaus.org

Müncher Kinder- u.
Familienbüro
Müncher Kinder- u.
Familienbüro
Pettenkoverstr. 40
80336 München
089 / 53 53 54

Kinderbüro
Stadt Weimar
Geleitstraße 4
99423 Weimar
0364 / 3762575
Fax: 0364 / 7625673

Institute

Institut Wohnen und Umwelt
Land Hessen und Stadt Darmstadt
Annastraße 15
64285 Darmstadt
06151/290430
Fax 06151/290497

Deutsches Jugendinstitut
Nockherstraße 2
81541 München
089/623060

Netzwerk für örtliche und regionale Familienpolitik im IES an der Uni Hannover
Lister Str. 15
30163 Hannover
0511/3997257
0511/399-7229
Kuhnt@ies.uni-hannover.de
http:\\www.ies.uni-Hannover.de

Planungsbüros

Planungsbüro Stadtkinder
Ostenhellweg 41
44135 Dortmund
0231/524011
0231/5860359

Büro für Architektur und Stadtentwicklung
BASTA
Borsigstraße 1
44145 Dortmund
0231/7281 879
0231/7281 359

Literaturempfehlungen

Kinderrechte

Minsterium für Arbeit, Gesundheit und Soziales NRW (Hg.): Tagungsdokumentation „Kinderrechte! Kinderpflichten?“, Düsseldorf 1997

Kinderpolitik

Blanke, Hedwig; Hovenga, Brigitte; Wawrziczny, Silvia (Hg.): Handbuch Kommunale Kinderpolitik. Ansätze, Anregungen und Erfahrungen konkreter Kinderpolitik, Münster 1993

Eine der ersten übergreifenden Veröffentlichungen zum Thema Kinderpolitik mit vielen praktischen Beispielen.

Deutsches Institut für Urbanistik; Agrarsoziale Gesellschaft; im Auftrag des Bundesministeriums für Familie, Senioren, Frauen und Jugend (Hg.): Bundeswettbewerb „Kinder- und familienfreundliche Gemeinde“. Dokumentation, Berlin 1997

In dem Bericht wird die Breite der Initiativen und die Vielfalt der Möglichkeiten, Kinderinteressen im kommunalen Handeln zu berücksichtigen, deutlich.

Kinderberichte

Kinderbüro der Stadt Essen (Hg.): Kinderbericht, Essen 1995

Stadt Hamm: Kinderbericht. Die Lebenssituation von Kindern in Obdachlosenunterkünften, Hamm 1994

Stadt Hamm: Kinderbericht. Verkehrsunfälle mit Kinderbeteiligung im Raum Hamm; Handlungskonzept zur Verringerung von Verkehrsunfällen mit Kinderbeteiligung, Hamm 1996

Lebensumgebung Stadt

Muchow, Martha: Der Lebensraum des Großstadtkindes, Bensheim (Reprint) 1978

Degen-Zimmermann, Dorothee; Hollenweger, Judith; Hüttenmoser, Marco: Zwei Welten. Zwischenbericht zum Projekt „Das Kind in der Stadt“, Zürich 1992

Blinkert, Baldo: Aktionsräume von Kindern in der Stadt, Pfaffenweiler 1993

Diese drei Studien bieten Grundlagenwissen zur Lebenssituation von Kindern in der Stadt mit vielen Parallelen und je eigenen Akzenten.

Stadtplanung und Kinderinteressen

Apel, Peter; Pach, Reinhard: Kinder planen mit. Stadtplanung unter Einbeziehung von Kindern, Unna 1997

Eine detaillierte und differenzierte Darstellung von Theorie und Praxis der Stadtplanung für und mit Kinder(n).

Schröder, Richard: Kinder reden mit! Beteiligung an Politik, Stadtplanung und Stadtgestaltung, Weinheim 1995

Auf der Basis einer bundesweiten Befragung hat Schröder das Spektrum möglicher Beteiligungsaktionen aufgelistet.

Schröder, Richard: Freiräume für Kinder(t)räume, Weinheim 1996

Entwicklungspsychologisches Grundlagenwissen über die Möglichkeiten der Beteiligung von Kindern an Stadtplanung wird ergänzt um die Ergebnisse eigener Untersuchungen zu der Methode des Modellbaus.

Mädcheninteressen

Flade, Antje; Kustor, Beatrice: Mädchen in der Stadtplanung. Bolzplätze – und was sonst?, Weinheim 1993

Flade, Antje; Kustor, Beatrice (Hg.): Raus aus dem Haus: Mädchen erobern die Stadt, Frankfurt 1996

Grundlagen und praktische Arbeitsansätze zur Verbesserung der Interessenlage von Mädchen in der Stadtplanung und Stadtgestaltung.

Spielraum

Hohenauer, Peter: Spielplatzgestaltung, naturnah und kindgerecht, Wiesbaden/Berlin 1995

Eines der schönsten und interessantesten Bücher zur Spielraumgestaltung.

Kückelhaus, Hugo; zur Lippe, Hugo: Entfaltung der Sinne. Ein 'Erfahrungsfeld' zur Bewegung und Besinnung, Frankfurt am Main 1990

Ein Klassiker der Spielraumgestaltung.

Kinderbeauftragte

Arnold, Thomas; Wüstendörfer, Werner: Auf der Seite der Kinder. Kinderbeauftragte in Deutschland, Frankfurt/M. 1994
Hopp, Helmut (1993): Beauftragte in Politik und Verwaltung, Bonn

Kinderparlamente

Deutsches Kinderhilfswerk (Hg.): Parlament der Kinder, Berlin 1993

Projektarbeit

Frey, Karl: Die Projektmethode. Der Weg zum bildenden Tun, Weinheim 1996

Ein differenziertes Konzept der Projektarbeit, als Vertiefung geeignet.

Gemeinwesenarbeit

Karas, Fritz; Hinte, Wolfgang: Grundprogramm Gemeinwesenarbeit: Praxis des Lernens in offenen pädagogischen Feldern, Wuppertal 1978
Mesle, Kurt: Praxis der Gemeinwesenarbeit heute, Heidelberg 1978

Zwei Klassiker der Gemeinwesenarbeit.

Situationsorientierter Ansatz

Krenz, Armin: Der 'situationsorientierte Ansatz' im Kindergarten. Grundlagen und Praxis, Freiburg 1991

Eine praxisorientierte Einführung mit vielen Arbeitshilfen.

Neue Sammlung (Themenheft zum Situationsorientierten Ansatz): 35. Jg., Heft 4, Dezember 1995

Die Aufsätze in diesem Heft analysieren die Geschichte des Situationsansatzes und die Schwierigkeit, ihn auf breiter Basis zu realisieren, unter verschiedenen Gesichtspunkten.

Deutsches Kinderhilfswerk und Aktion Schleswig-Holstein – Land für Kinder (Hg.): mitreden – mitplanen – mitmachen, Kinder und Jugendliche in der Kommune, Berlin 1997

Stange, Waldemar (Hg.: Deutsches Kinderhilfswerk und Aktion Schleswig-Holstein – Land für Kinder): Planen mit Phantasie. Zukunftswerkstatt und Planungszirkel für Kinder und Jugendliche, Berlin 1997

Die beiden Broschüren bieten zahlreiche praktische Arbeitshinweise und können sowohl Neueinsteigern als auch erfahrenen Praktikern vielfältige Hinweise geben.

Schmidt-Grunert, Marianne: Soziale Arbeit mit Gruppen. Eine Einführung, Freiburg 1997

Dieses Buch bietet einen Überblick über den aktuellen Stand der Methode der Sozialen Gruppenarbeit und vielfältige Hinweise, die eigene Praxis zu strukturieren und zu reflektieren.

Literatur

ABA – Landesvereinigung Kulturelle Jugendarbeit NRW e.V. und ABA Fachverband Offene Arbeit mit Kindern e.V. (Hg.) (1993): Neue Organisationsformen der Interessenvertretung von Kindern, Hattingen, Dortmund

AGJ – Arbeitsgemeinschaft für Jugendhilfe (Hg.) (1996): Modelle und Konzepte der Partizipation von Kindern und Jugendlichen. Dokumentation zweier innovativer Projekte, Bonn

AGJ – Arbeitsgemeinschaft für Jugendhilfe (Hg.) (1997): Partizipation von Kindern und Jugendlichen. Dokumentation einer Fachtagung am 2./3.12.1996 in Köln, Bonn

Aktionsgemeinschaft Verkehrsberuhigung (1994): Verkehrsberuhigung vor der Haustür. Dokumentation der Aktionen 1994, Hamm

Aktionsgemeinschaft Verkehrsberuhigung; Polizei und Stadt Hamm (Hg.) (1998) (Flugblatt): Aktionen zur Verkehrsberuhigung. Verkehrsberuhigung als Selbsthilfe mit ungewöhnlichen Mitteln, Hamm

Aly, Götz (1977): Wofür wirst du eigentlich bezahlt? Möglichkeiten praktischer Erzieherarbeit zwischen Ausflippen und Anpassung, Berlin

Apel, Peter; Messerich, Ulla; Pach, Reinhard (1982): Kinder in der Stadt, Dortmund

Apel, Peter; Pach, Reinhard (1997): Kinder planen mit. Stadtplanung unter Einbeziehung von Kindern, Unna

Arbeiterwohlfahrt Düsseldorf (Hg.) (1993): Kinder mischen mit! Entwürfe für die Rheinuferstraße, Düsseldorf

Arbeitskreis „Kinderforen" (1993): Kommunale Kinderpolitik. Ansätze, Konzepte, Modelle, Projekte und Erfahrungen für eine Politik mit Kindern, München

Ariés, Philipp (1975): Geschichte der Kindheit, München

Arnold, Thomas; Wüstendörfer, Werner (1994): Auf der Seite der Kinder. Kinderbeauftragte in Deutschland, Frankfurt/M.

Auernheimer, Georg (1985): Kohlbergs Verschiebung von der Politik zur Moral; in: Demokratische Erziehung, H. 11 1985, S. 47 ff.

Bammann, Angelika; Bartscher, Matthias (1995): Die Rolle der Erwachsenen bei der Kinderbeteiligung, in: MAGS 1995a

Barber, Benjamin (1994): Starke Demokratie: Über die Teilhabe am Politischen, Hamburg

Bartscher, Matthias: Kinderfreundlicher Gestaltungsvorschlag für ein Wohnumfeld, in: MBW 1993

Bartscher, Matthias (1995): Methoden der Kinderbeteiligung, in: MAGS 1995a

Beck, Reinhard (1986): Sachwörterbuch der Politik, Stuttgart

Beck, Ulrich (1991): Politik in der Risikogesellschaft, Frankfurt/M.

Beck, Ulrich (1993): Die Erfindung des Politischen, Frankfurt/M.

Beeck, Anneliese (1997): Es ging aufwärts in Hamm. 1949-1955, Hamm

Behnken, J.; Bois-Reymond, M. du; Zinnecker, J. (1989): Stadtgeschichte als Kindheitsgeschichte. Lebensräume von Großstadtkindern in Deutschland und Holland um 1900, Opladen

Bernfeld, Siegfried (1979³): Sisyphos oder die Grenzen der Erziehung, Frankfurt/M.
Blanke, Hedwig; Hovenga, Brigitte; Wawrziczny, Silvia (Hg.) (1993): Handbuch Kommunale Kinderpolitik. Ansätze, Anregungen und Erfahrungen konkreter Kinderpolitik, Münster
Blinkert, Baldo (1993): Aktionsräume von Kindern in der Stadt, Pfaffenweiler
Böhnisch, Lothar, Münchmeier, Richard (1990): Pädagogik des Jugendraums. Zur Begründung und Praxis einer sozialräumlichen Jugendpädagogik, Weinheim
Bonn, Peter (1974): Projekt/Projektorientierter Unterricht/Projektstudium, in: Christoph Wulf (Hg.): Wörterbuch der Erziehung, München
Borsche, Sven (1991): Das Kind – Rechtssubjekt oder Teil der Familie. Zum Vergleich UN-Kinderkonvention und KJHG, in: Deutsches Kinderhilfswerk 1991
Braun, Günther (1997): Pflichten ... in der Schule?, in: MAGS 1997
Braun, Regina (997): Altersgemäße Beteiligung an Gemeinschaftsprozessen im Kindergarten oder Erziehung als Dialog, in: AGJ 1997, S. 43-46
Braunmühl, von, Eckhard (1975): Antipädagogik, Weinheim
Brezinka, Wolfgang (1971): Über Erziehungsbegriffe. Eine kritische Analyse und ein Explikationsvorschlag, in: Zeitschrift für Pädagogik, S. 17ff.
Bücken, Hajo (Hg.) (1983): Die Stadt erforschen. Mit Kindern im Spiel die Umwelt erforschen, Freiburg
Bundesleitung der Katholischen Jungen Gemeinde KJG (Hg.) (1976): Nicht schweigen - handeln!. Ein Informations- und Aktionshandbuch zur Aktion der KJG, Düsseldorf
Burdewick, Ingrid (1998): „Vielleicht müßte das alles ein bißchen lockerer sein." Politische Partizipation von Kindern und Jugendlichen am Beispiel des Jugendparlamentes in Wittingen, in: deutsche jugend, 46. Jg., H. 5, S. 219-225
Cohn, Ruth (1975): Von der Psychoanalyse zur themenzentrierten Interaktion, Stuttgart
Corsa, Mike (1993): Kinder reden - Erwachsene hören zu - und im übrigen bleibt alles beim Alten. Gedanken zum „natur"-Kindergipfel, in: Deutscher Bundesjugendring (Hg.): Jugendpolitik - Kinder – Mitbestimmung, Partizipation, Politik, Nr. 4, Dezember
Degen-Zimmermann, Dorothee; Hollenweger, Judith; Hüttenmoser, Marco (1992): Zwei Welten. Zwischenbericht zum Projekt „Das Kind in der Stadt", Zürich
Derdeler, Peter (1997): Pflichten und Verantwortlichkeiten des Kindes in unserer Rechtsordnung, in: MAGS 1997
Deußer, Hanna (1993), Die neue Rolle der Jugendämter, in: ABA 1993, S. 21
Deutscher Bundesjugendring (Hg.) (1991): Positionspapier „Kinderrepublik", Bonn
Deutscher Bundesjugendring (Hg.) (1993): Jugendpolitik. Kinder – Mitbestimmung, Partizipation, Politik, Nr. 4, Dezember 1993
Deutscher Verkehrssicherheitsrat (Hg.) (1989): Kinder sehen und verstehen. Ein Elternhandbuch, Bonn
Deutsches Institut (Hg.) (1992): Was tun Kinder am Nachmittag?, München

Deutsches Institut für Urbanistik; Agrarsoziale Gesellschaft; im Auftrag des Bundesministeriums für Familie, Senioren, Frauen und Jugend (Hg.) (1997): Bundeswettbewerb „Kinder- und familienfreundliche Gemeinde". Dokumentation, Berlin

Dewey, John (1930): Demokratie und Erziehung, Breslau

DKHW – Deutsches Kinderhilfswerk (Hg.) (1997) (Faltblatt): Planen mit Phantasie. Zukunftswerkstatt und Planungszirkel für Kinder und Jugendliche, Berlin

DKHW – Deutsches Kinderhilfswerk (Hg.) (1991): Dokumentation der Fachtagung „Die UN-Konvention der Rechte des Kindes", München

DKHW – Deutsches Kinderhilfswerk (Hg.) (1993): Parlament der Kinder, Berlin

DKHW – Deutsches Kinderhilfswerk (Hg.) (1997): Dokumentation: 3. Bundestreffen der Parlamente der Kinder „Kids reden mit", Berlin

DKHW – Deutsches Kinderhilfswerk und Aktion Schleswig-Holstein – Land für Kinder (Hg.) (1997): mitreden – mitplanen – mitmachen, Kinder und Jugendliche in der Kommune, Berlin

DKHW – Deutsches Kinderhilfswerk und Landschaftsverband Westfalen-Lippe (Hg.) (1996): Kids reden mit. Dialog mit Kindern und Jugendlichen, Dokumentation des Kongresses vom 8.-9.10.1996 in Münster, Berlin und Münster

Döbert; Habermas; Nunner-Winkler (1980): Entwicklung des Ich, Königsstein

Egen, Horst (1967): Kinderzeichnung und Umwelt, Bonn

Eichholz, Reinald (1991): Die Rechte des Kindes, Recklinghausen

Eichholz, Reinald (1997): Rechtskultur als demokratische Gemeinschaftsaufgabe, in: MAGS 1997

Eichmann, Rainer (1996): Neue Steuerung im Bereich Jugend und Soziales: Der KGSt-Ansatz, in: FORUM Jugendhilfe, AGJ-Mitteilungen, H. 3/1996, S. 41-47

Elias, Norbert (1980): Die Zivilisierung der Eltern, in: Burkhardt, L. (Hg.) (1980): „...und wie wohnst Du?", Berlin, Internationales Design Zentrum, S. 11-28

Engelbert, A. (1986): Kinderalltag und Familienumwelt. Eine Studie über die Lebenssituation von Vorschulkindern, Frankfurt/M./New York

Esser-Yildiz, Beate; Göckler, Stefanie (1996): „Mädchen ran". Wohnumfeldgestaltung mit Mädchen, in: Flade/Kustor 1996

Fachhochschule Ravensburg-Weingarten (1996): Wie leben Kinder in der Weststadt? Dokumentation eines Projekts, in: Arbeitsgemeinschaft für Jugendhilfe (Hg.): Modelle und Konzepte der Partizipation von Kindern und Jugendlichen. Dokumentation zweier innovativer Projekte, Bonn

Fidler, Pia (1998): Kinderparlament im Kindergarten, in: kindergarten heute, H. 1/1998, S. 36-37

Flade, Antje; Kustor, Beatrice (Hg.) (1993): Mädchen in der Stadtplanung. Bolzplätze – und was sonst? Weinheim

Flade, Antje; Kustor, Beatrice (Hg.) (1996): Raus aus dem Haus: Mädchen erobern die Stadt, Frankfurt/M.

Fleck-Baugert, Rose (1994): Kinder setzen Zeichen. Kinderbilder sehen und verstehen, München

Frädrich, Jana (1995): Mitreden – Mitmischen – Mitgestalten. Das Münchener Kinder- und Jugendforum, in: Sozialarbeit des Schweizerischen Berufsverban-

des dipl. SozialarbeiterInnen und SozialpädagogInnen, 27. Jahrgang, H. 9, Bern
Freibert, Anke (1994): Grundlagen der inneren Behördenorganisation, in: Mattern 1994
Freire, Paulo (1979): Pädagogik der Unterdrückten. Bildung als Praxis der Freiheit, Reinbek
Frey, Karl (1996[7]): Die Projektmethode. Der Weg zum bildenden Tun, Weinheim
Fuchs, Michael (1986[9]): Verwalten durch Beauftragte, in: DÖV, S. 363-372
Giebeler, Karl et al. (1996): Aufstand für eine lebenswerte Zukunft. Ökologische Kinderrechte, München
Giese, K. J. (1996): Kommunale Kinder- und Jugendbeteiligung. Grundlagen – Stand – Tendenzen, in: Österreichische Gemeindezeitung 7/1996, S. 2-9
Ginsburg, Herbert; Opper, Silvia (1982): Piagets Theorie der geistigen Entwicklung, Stuttgart
Gordon, Thomas (1989): Familienkonferenz, München
Görlitz, Dietmar; u.a. (1993): Entwicklungsbedingungen von Kindern in der Stadt, Berlin, Herten
Grüneisl, Gerd; Zacharias, Wolfgang (1989): Die Kinderstadt – Eine Schule des Lebens. Handbuch für Spiel, Kultur, Umwelt, Reinbek
Gruschka, Andreas (1988): Negative Pädagogik. Einführung in die Pädagogik mit kritischer Theorie, Münster
Guggenberger, Bernd; Kempf, Udo (Hg.) (1978): Bürgerinitiativen und Repräsentatives System, Opladen
Habermas, Jürgen (1985): Die neue Unübersichtlichkeit, Frankfurt/M.
Hans-Joachim Laewen, Karl Neumann, Jürgen Zimmer (Hrsg.) (1997): Der Situationsansatz – Vergangenheit und Zukunft, Seelze-Velber
Harms, Gerd (1989): Spiel- und Lebensraum Großstadt, Berlin
Harms, Gerd; Preissing, Christa; Richtermeier, Adolf (1985): Kinder und Jugendliche in der Großstadt, Berlin
Harms, Gerd (1989): Straße als Lebensraum, in: Zacharias, Wolfgang (Hg.): Gelebter Raum. Beiträge zu einer Ökologie der Erfahrung, S. 97-102, München
Harms, Gerd; Preissing, Christa (1988): Kinderalltag. Beiträge zur Analyse der Veränderung von Kindheit, Berlin
Harms, Gerd; Preissing, Christa (1988a), Kinderöffentlichkeit und Staßensozialisation, in: Harms/Preissing 1988
Hartwig-Hellstern, Frercks (1995): Kinderbürger. Über die politische Beteiligung von Kindern, Bonn
Heintel, Peter, Krainz; Ewald E. (1990): Projektmanagement: Eine Antwort auf die Hierarchiekrise? Wiesbaden
Heinze, Thomas (1987): Qualitative Sozialforschung. Erfahrungen, Probleme und Perspektiven, Opladen
Heitmeyer, Wilhelm (1992): Desintegration und Gewalt, in: deutsche jugend, 40. Jg., H. 3
Hessisches Ministerium für Wirtschaft, Verkehr und Landesentwicklung (Hg.); Flade, Antje; Kustor, Beatrice (1994): Mädchen und Jungen in der Stadt, Wiesbaden

Hinte, Wolfgang (1987): Sozialpolitik von unten. von der Gemeinwesenarbeit zur stadtteilbezogenen sozialen Arbeit; in: sozial extra, Februar/März 1987
Hoffmann-Lange, Ursula (Hg.) (1997): Jugend und Demokratie in Deutschland. DJI-Jugendsurvey 1, Opladen
Hoffstadt, Peter; Malmede, Hans (1995): Vordenker und Vorläufer. Mitbestimmung und Partizipation von Kindern und Jugendlichen im 20. Jahrhundert, in: MAGS 1995a
Hohenauer, Peter (1995): Spielplatzgestaltung, naturnah und kindgerecht, Wiesbaden/Berlin
Hopp, Helmut (1993): Beauftragte in Politik und Verwaltung, Bonn
Horn, Klaus (1972): Bemerkungen zur gesellschaftlichen Situation der antiautoritären Erziehung; in: Horn, Psychoanalyse – kritische Theorie des Subjekts, Frankfurt/M.
Hurrelmann, Klaus (1990): Anspruch auf die „Lebensphase Kindheit". Die Rechte der Kinder auf Achtung, Würde und Subjektivität, in: deutsche jugend, 38. Jg., H. 1, S. 13-24
Hurrelmann, Klaus (Hg.) (1976): Die Entwicklung der Rolle des Kindes, Sozialisation und Lebenslauf, Reinbek
Hüttenmoser, Marco; Degen-Zimmermann, Dorothee (1995): Lebensräume für Kinder. Empirische Untersuchungen zur Bedeutung des Wohnumfeldes für die Entwicklung und den Alltag der Kinder, Zürich
Institut Wohnen und Umwelt (Hg.) (1987): Die Stadt als Lebensraum von Kindern, Darmstadt
Institut Wohnen und Umwelt (Hg.) (1987): Kinderfreundliche Straßen, Darmstadt
Internationale Bauausstellung IBA Emscher Park (Hg.), AKKI – Aktion und Kultur mit Kindern e.V., Planungsgruppe Stadt-Kinder (1992): Kinderfreundliche Siedlung, Gelsenkirchen
Internationale Bauausstellung IBA Emscher Park (Hg.), AKKI – Aktion und Kultur mit Kindern e. V.(1993): Mitmachbaustelle-Wasserstadt. Kinderideen zum Leben am Wasser, IBA Planungsgrundlagen Nr. 7, Gelsenkirchen
Jäckering, Werner (1994): Aufgaben und Stellung der Verwaltung, in: Mattern 1994
Jäckering, Werner (1994a): Verwaltung und organisierte Interessen, in: Mattern 1994
Jacob, Joachim W.(1994): Verwaltung und Bürger, in: Mattern 1994
Janssen, Karl (1996): Das Jugendamt – ein bürgerorientiertes Dienstleistungsunternehmen für Kinder, Jugendliche und deren Familien, in: FORUM Jugendhilfe, AGJ-Mitteilungen, H. 3/1996, S. 33-40
Jugendwerk der Deutschen Shell (Hg.) (1997): Jugend 97: Zukunftsperspektiven, gesellschaftliches Engagement, Politische Orientierungen, Opladen
Jungk, Robert; Müllert, Norbert R. (1990): Zukunftswerkstätten. Wege zur Wiederbelebung der Demokratie, München
Kamp, J.-M. (1995): Kinderrepubliken. Geschichte, Praxis und Theorie radikaler Selbstregierung in Kinder- und Jugendheimen, Opladen
Karas, Fritz; Hinte, Wolfgang (1980): Grundprogramm Gruppenarbeit: Arbeits- und Aktionshilfen für Bürgergruppen, Wuppertal

Karas, Fritz; Hinte, Wolfgang, (1978): Grundprogramm Gemeinwesenarbeit: Praxis des Lernens in offenen pädagogischen Feldern, Wuppertal

Kaufmann, Franz-Xaver (1980): Kinder als Außenseiter der Gesellschaft, in: Merkur 34, S. 761-771

Kaufmann, Franz-Xaver (1995): Zukunft der Familie im vereinten Deutschland, Gesellschaftliche und politische Bedingungen, München

Kinder haben Rechte e.V. (Hg.) (1993): Kinder machen Kinder schlau, Dortmund

Kinderbüro der Stadt Essen (Hg.) (1995): Kinderbericht, Essen

Klebert, Karin; Schrader, Einhard; Straub, Walter G. (1987): Kurzmoderation. Anwendung der Moderationsmethode in Betrieb, Schule und Hochschule, Kirche und Politik, Sozialbereich und Familie, bei Besprechungen und Präsentationen, Hamburg

Klein, Armin (1993): Kinder, Kultur, Politik, Perspektiven kommunaler Kinderkulturarbeit, Marburg

Klug, Hans-Peter; Roth, Maria (1991): Spielräume für Kinder, Münster

Kohlberg, Lawrence (1974): Zur kognitiven Entwicklung des Kindes, Frankfurt/M.

Kohlberg, Lawrence (1987): Moralische Entwicklung und demokratische Erziehung, in: Lind u.a. 1987

Krappmann, Lothar; Oswald, H. (1995): Alltag der Schulkinder. Beobachtungen und Analysen von Interaktionen und Sozialbeziehungen, Weinheim/München

Krappmann, Lothar (1982): Soziologische Dimensionen der Identität: Strukturelle Bedingungen für die Teilnahme an Interaktionsprozessen, Stuttgart

Kratz, Hans-Jürgen (1987): Mitarbeiterführung in der Verwaltung, Heidelberg

Krenz, Armin (1991): Der 'situationsorientierte Ansatz' im Kindergarten. Grundlagen und Praxis, Freiburg

Kückelhaus, Hugo; zur Lippe, Hugo (1990): Entfaltung der Sinne. Ein „Erfahrungsfeld" zur Bewegung und Besinnung, Frankfurt/M.

Kuhlbach, Roderich; Wohlfahrt, Norbert (1994): Öffentliche Verwaltung und soziale Arbeit. eine Einführung für soziale Berufe, Freiburg

Kupffer, Heinrich (1998):Kinderrechte ohne Kinderpflichten?, in: Kinderschutz aktuell, 2. Quartal, S. 4-5

Landesfachgruppe Spielmobil in der Landesarbeitsgemeinschaft Kulturpädagogische Dienste/Jugendkunstschulen NRW e.V. (Hg.) (1991): Spielräume und Kinderinteressen, Aktionen – Beispiele – Konzepte, Unna

Landschaftsverband Westfalen-Lippe – Landesjugendamt (Hg.) (1996): Partizipation von Kindern und Jugendlichen, Münster

Landschaftsverband Westfalen-Lippe – Landesjugendamt – Fachberatung Jugendarbeit (Hg.) (1997): JUNEX. JUNge EXperten planen ein Jugendcafé: ein Partizipationsmodell, Münster

Landschaftsverband Westfalen-Lippe – Landesjugendamt (1998): Abschlußbericht Stöbertag. Kinder mischen mit, Münster

Lange, Andreas (Hg.) (1996): Kindsein heute: theoretische Konzepte und Befunde der sozialwissenschaftlichen Kindheitsforschung sowie eine Explorativuntersuchung zum Kinderalltag in einer bodenseenahen Gemeinde, Konstanz

Lauer, Hubertus (1997): From the moment I could talk, I was ordered to listen ..., in: MAGS 1997

Liegle, Ludwig (1987): Welten der Kindheit und Familie, Beiträge zu einer pädagogischen und kulturvergleichenden Sozialisationsforschung, Weinheim
Limbourg, Maria (1994): Kinder im Straßenverkehr (hg. vom Gemeindeunfallversicherungsverband (GUV) Westfalen-Lippe), Münster
Lind, Georg; Raschert, Jürgen (Hg.) (1987): Moralische Urteilsfähigkeit. Eine Auseinandersetzung mit Lawrence Kohlberg, Weinheim
Linnemann, Rainer (1995): Die Parteiorganisation der Zukunft. Innerparteiliche Projektarbeit, Münster
Lüscher, Kurt; Lange, Andreas (1992): Konzeptuelle Grundlagen einer Politik für Kinder: Ansätze und Begründungen aus sozialwissenschaftlicher Sicht, Zeitschrift für Sozialisationsforschung und Erziehungssoziologie 12, H. 3, S. 204-218
Lüscher, Kurt (1984): Sozialpolitik für das Kind, Frankfurt/M.
Lynch, Kevin (1978): Growing up in Cities, London
MAGS – Ministerium für Arbeit, Gesundheit und Soziales des Landes Nordrhein-Westfalen (Hg.) (1993): Kinderfreundlichkeit: Das Prüfverfahren, Düsseldorf
MAGS – Ministerium für Arbeit, Gesundheit und Soziales des Landes Nordrhein-Westfalen (Hg.) (1995): Kinderfreundlichkeit. Das Mandat der Jugendhilfe. Expertise von Dr. K. Peter Merk, Düsseldorf
MAGS – Ministerium für Arbeit, Gesundheit und Soziales des Landes Nordrhein-Westfalen (Hg.) (1995a): Mehr Demokratie durch Kinderbeteiligung. Chancen und Probleme der Partizipation von Kindern, Düsseldorf
MAGS – Ministerium für Arbeit, Gesundheit und Soziales des Landes Nordrhein-Westfalen (Hg.) (1995b): Kinder und Jugendliche in Nordrhein-Westfalen, 6. Jugendbericht, Düsseldorf
MAGS – Minsterium für Arbeit, Gesundheit und Soziales des Landes Nordrhein-Westfalen (Hg.) (1997): Tagungsdokumentation „Kinderrechte! Kinderpflichten?“, Düsseldorf
Markefka, M. (1993): Kinder: Objekt der Politik in: Markefka, M.; Nauck, B. (Hg.) (1993):, Handbuch der Kindheitsforschung, Neuwied, Kriftel, Berlin, S. 511-524
Marquard, Peter (1994), Partizipation und Mitbestimmung. Rahmenbedingungen des Kinder- und Jugendhilfegesetzes (KJHG) in Deutschland, in: Arbeitsgemeinschaft für Jugendhilfe (Hg.) (1994): Wie kommen Kinder zuRecht? Kinder als Träger eigener Rechte. Hilfe oder Konfliktverstärkung in der Familie, S. 98-111, Bonn
Mattern, Karl-Heinz (1994a): Äußerer Aufbau der Verwaltung, in: Mattern 1994
Mattern, Karl-Heinz (Hg.) (1994): Allgemeine Verwaltungslehre, Berlin
May, M. (1992): Mentale Modelle von Städten, Wissenspsychologische Untersuchungen am Beispiel der Stadt Münster, Münster
MBW – Ministerium für Bauen und Wohnen des Landes NRW (Hg.) (1993): Bau- und Wohnhits von Kids, Unna
Melzer, W.; Sünker, Heinz (Hg.) (1989): Wohl und Wehe der Kinder. Pädagogische Vermittlungen von Kindheitstheorie, Kinderleben und gesellschaftlichen Kindheitsbildern, Weinheim/München
Merk, K. Peter (1994): Politische Partizipation von Kindern, in: Pro juventute, Zeitschrift für Jugend, Familie und Gesellschaft 04/94, S. 36-39

Mesle, Kurt (1978): Praxis der Gemeinwesenarbeit heute, Heidelberg
Meyer, Thomas (1994): Die Transformation des Politischen, Frankfurt/M.
Meyer, Thomas (1995): Kinder und Politik, in: MAGS 1995
Mietz, Jürgen (1997): Pflicht – Unzulänglicher Rettungsversuch in bedrohlichen Zeiten? in: MAGS 1997
Ministerium für Arbeit, Gesundheit und Soziales des Landes Schleswig-Holstein (Hg.) (1995): Demokratie lernen, alltagsorientierte Kinderpolitik, Kiel
Ministerium für Landesentwicklung, Wohnen, Landwirtschaft, Forsten und Naturschutz des Landes Hessen (Hg.) (1991): Stadt für Kinder, Planungshilfe für die städtebauliche Planung, Wiesbaden
Mitscherlich, Alexander (1969): Die Unwirtlichkeit unserer Städte, Frankfurt/M.
Mlynczak, Gerd; Pröpsting, Swinda (1991): Der Dortmunder Spielbogen, Dortmund
Monzel, Sylvia (1995): Kinderfreundliche Wohnumfeldgestaltung!?, Zürich
Moskal, Erna (1997): Pflichten ... eine pädagogische Aufgabe?, In: MAGS 1997
Muchow, Martha; Muchow, Hans-Heinrich (1978): Der Lebensraum des Großstandkindes, Bensheim
Müller, S.; Hörster, R. (Hg.) (1992): Jugend, Erziehung und Psychoanalyse. Zur Sozialpädagogik Siegfried Bernfelds, Neuwied und Berlin
Münchmeier, Richard (1997): Paradigma Partizipation. Möglichkeiten und Räume der Streitkultur, in: Arbeitsgemeinschaft für Jugendhilfe
Münder, Johannes u.a. (1991): Frankfurter Lehr- und Praxiskommentar zum Kinder- und Jugendhilfegesetz, Münster
Nave-Herz, Rosemarie (1994): Familie heute. Wandel der Familienstrukturen und Folgen für die Erziehung, Darmstadt
Negt, Oskar (1983): Kindheit und Kinderöffentlichkeit, in: Neue Rundschau 3/83, S. 40-55
Neue Sammlung (1995): 35. Jg., H. 4, Dezember
Neumann, Karl; Semel, Heinz (Hg.) (1998): „Ein bißchen mehr Macht." Politische Partizipation von Mädchen und Jungen, Steinhorster Schriften und Materialien zur regionalen Schulgeschichte und Schulentwicklung, Bd. 9, Braunschweig/Gifhorn
Nikles, Bruno W.; Kordfelder, Angelika; Iffland, Ulrich; Szlapka, Marco (1994): Einbeziehung von Kindern und Jugendlichen in die Jugendhilfeplanung, Essen
Nunner-Winkler, Gertrud (1987): Was bedeutet Kohlbergs Theorieansatz für die moderne bildungspolitische Situation in der Bundesrepublik?, in: Lind/Raschert 1987
Obenhaus, Werner (1994): Kontrollen des Verwaltungshandelns, in: Mattern 1994
Oser, Fritz (1987): Möglichkeiten und Grenzen der Anwendung des Kohlberg'schen Konzepts der moralischen Erziehung in unseren Schulen, in: Lind/Raschert 1987
Otker Bujardt u.a. (1996): Ein Schiff wird kommen. Kinderbeauftragte zwischen Verwaltungswelt und Kinderwelt, Köln
Palentien, Christian; Hurrelmann, Klaus (Hg.) (1997): Jugend und Politik. Ein Handbuch für Forschung, Lehre und Praxis, Neuwied/Kriftel/Berlin
Pass-Weingartz, Dorothee; Sundernmann, Jutta (Hg.) (1992): „Manchmal wissen wir mehr als der Senator". Kinderparlamente in Deutschland, Bonn

Peukert, Helmut (1978): Wissenschaftstheorie – Handlungstheorie – fundamentale Theologie, Frankfurt/M.
Pfeil, Elisabeth (1965): Das Großstadtkind, München/Basel
Piaget, Jean (1975): Der Aufbau der Wirklichkeit beim Kinde, Stuttgart
Preuss-Lausitz, U. (1983): Kriegskinder, Konsumkinder, Krisenkinder. Zur Sozialisationsgeschichte seit dem Zweiten Weltkrieg, Weinheim/Basel
Preuss-Lausitz, U.; Rülcker, T.; Zeiher, Helga (Hg.) (1990): Selbständigkeit für Kinder – die große Freiheit?, Weinheim
Prim, Rolf; Reckmann, Herbert (1975): Das Planspiel als gruppendynamische Methode außerschulischer politischer Bildung, Heidelberg
Pröbsting, Karl (1997): Begrüßung und Eröffnung, in: MAGS 1997
Projektgruppe Danziger Straße (1993): Dokumentation eines Projektes „Erarbeitung eines kinderfreundlichen Gestaltungsvorschlages für das Wohnumfeld der Häuser Danziger Straße durch die Anwohner", in: Blanke u.a. 1993
Projektgruppe Reggio (Hg.) (1990): Wenn das Auge über die Mauer springt, Hamburg
Röhrich, Wilfried (1981): Die repräsentative Demokratie. Ideen und Interessen, Opladen
Ronig, Axel (1998): Sozial- und bewohnerorientiertes Stadtteilentwicklungsprojekt Hammer Norden. Entstehung, Besonderheiten, Schwierigkeiten, unveröffentlichter Vortrag, Hamm
Ronig, Axel (1998a): Synergieeffekte am Beispiel kleinteiliger passsgenauer Maßnahmen im Hammer Norden, in: Städtenetzwerk NRW: Stadtszenarien 2, Synergismen durch ressortübergreifende Handlungsansätze, Unna
Roters, Andreas (1998): Synergismen, in: Städtenetzwerk NRW: Stadtszenarien 2, Synergismen durch ressortübergreifende Handlungsansätze, Unna
Rühle, Otto (1991): Das proletarische Kind, München
Sachs-Pfeiffer, Toni; Krings-Heckmeier, Maria-Theresa (1980): Kinder erleben ihre Wohnumwelt, in: Bauwelt 71, S. 96-99
Schäfer, Gerd. E. (1995): Bemerkungen zur Bildungstheorie des Situationsansatzes, in : Neue Sammlung, 35. Jg., H. 4, Dezember 1995, S. 65-78
Schiller, Heinrich (1966): Gruppenpädagogik (social group work) als Methode der Sozialarbeit, Wiesbaden/Bibrich
Schmidt, Wilhelm (1990): Gibt es eine Politik für Kinder in Deutschland? Mehr Politik für Kinder wagen, in: Stadt und Gemeinde, H. 11
Schmidt, Wilhelm (1992): „Deutschland-Plan für Kinder". oder: Der ständige Minimalkonsens kann für die Kinder nicht reichen (Positionspapier nach 5 Jahren als SPD-Kinderbeauftragter im Bundestag, Bonn
Schmidt, Wilhelm; Wiebusch, Rainer, Mehr Politik für Kinder wagen, in: Deutsches Kinderhilfswerk u. a. (Hg.) (1990): Das Spielmobilbuch, Eine Lobby für Spielräume und Kinderrechte, Berlin
Schmidt-Grunert, Marianne (1997): Soziale Arbeit mit Gruppen. Eine Einführung, Freiburg
Schnapka, Markus (1992): Kinder an die Macht? Einbeziehung von Kindern und Jugendlichen in die Jugendhilfeplanung, in: Jugendhilfe-Report (Hg.: Landschaftsverband Rheinland, Landesjugendamt), H. 3, S. 1-2
Schneider, Ulrike (1980): Sozialwissenschaftliche Methodenkrise und Handlungsforschung, Frankfurt/M.

Schröder, Richard (1995): Kinder reden mit! Beteiligung an Politik, Stadtplanung und Stadtgestaltung, Weinheim
Schröder, Richard (1996): Freiräume für Kinder(t)räume, Weinheim
Schroer, Jürgen (1993): Kommunales Prüfverfahren. Neue Konzepte zur Umsetzung von mehr Kinderfreundlichkeit, in: Blanke u.a. 1993
Schroer, Jürgen (1997): Pflichten ... in der Öffentlichkeit?, in: MAGS 1997
Schwebbach, Werner (1994): Probleme und Ziele, in: Mattern 1994
Seggern, H. von (1982): Alltägliche Benutzung wohnungsbezogener Freiräume in Wohnsiedlungen am Stadtrand, Dissertation TH Darmstadt
Siegel, A.; Kirasik, K.; Kail, R. (1978): Stalking the Elusive Cognitive Map; in: Altman, I. u. Wohlwill, J. F. (Eds.), Human Behavior and Environment, Vol. 3: Children and the Environment, New York, S. 223-258
Spiegel, von, Hiltrud (1993): Jugendhilfeplanung und Sozialraumanalyse. Methoden zur Erhebung von Kinderbedürfnissen, in: ABA 1993
Stadt Essen (1997): Ansätze integrierter Kommunalpolitik, Essen
Stadt Hamm (1992): Beschlußvorlage 4368, Handlungsrahmen für den Kinderbeauftragten, Hamm
Stadt Hamm (1992a): Offene Jugendarbeit in Hamm -Jugendfreizeitstättenplan, Hamm
Stadt Hamm (1993): Streifzüge im Hammer Norden, Hamm
Stadt Hamm (1993a): Die Lebenssituation von Kindern in der südlichen Innenstadt, Hamm
Stadt Hamm (1997): Spielraumentwicklung in Hamm: Erfahrungsbericht über die Beteiligung von Kindern, Jugendlichen und Eltern beim Bau von Spielplätzen, Beschlußvorlage Nr. 2314, Hamm
Stadt Hamm, Landesjugendamt Westfalen-Lippe und Heimatverein Heessen (1997): Stöber-Tag – Kinder mischen mit!, Hamm
Stadt Herten, Geschäftsstelle Kinderfreunde (Hg.) (1989): Das Projekt Kinderfreundliches Wohnen, Herten
Stadt Münster (1990): Kinderstadt '90 – die Stadt der Kinder, Münster
Stadt Nürnberg (1993): Projekt „Kinder als Stadtforscher", Nürnberg
Städtenetzwerk NRW (1998): Stadtszenarien 2, Synergismen durch ressortübergreifende Handlungsansätze, Unna
Stange, Waldemar (Hg.: Deutsches Kinderhilfswerk und Aktion Schleswig-Holstein – Land für Kinder) (1997): Planen mit Phantasie – Zukunftswerkstatt und Planungszirkel für Kinder und Jugendliche, Berlin
Stiftung Mitarbeit (1993): Kinderpolitik – Kinderbeteiligung, Bonn
Sünker, Heinz, Kinderpolitik und Kinderrechte. Politische Strategien im Kontext der UN-Konvention für die Rechte des Kindes, in: Neubauer, G.; Sünker, H. (Hg.) (1993): Kindheitspolitik international, S. 44-58, Opladen
Sünker, Heinz; Swiderek, Thomas (1997): Partizipation hat Konjunktur. Kinderpolitik, Kinderrechte und Partizipation von Kindern, in: AGJ 1997
Thiel, Thomas (1995): Dimensionen des Situationsansatzes: Dossier zum reformierten Kindergarten, in: : Neue Sammlung, 35. Jg., H. 4, Dezember 1995, S. 39-56
Tiemann, Dieter (1998): Kein „Baby-Kissing". Mehr Rechte für Kinder und Jugendliche in Schleswig-Holstein; in: Spielraum und Freizeitwert, 19. Jg., Januar 1998, S. 2-7

Tschöpe-Scheffler, Sigrid (1997): Kinder brauchen Wurzeln und Flügel. Vom Nehmen und Geben in der kindlichen Entwicklung, in: MAGS 1997
Uehlinger, Hans-Martin (1988): Politische Partizipation in der Bundesrepublik, Opladen
Vollmuth, Joachim (1994): Organisation der Leitung, in: Mattern 1994
Wabnitz, Reinhard Joachim (1996): Kinderrechte und Kinderpolitik. Perspektivenwechsel und aktuelle Entwicklungen in der Bundesrepublik Deutschland, in: Zentralblatt für Jugendrecht, 83. Jg., H. 9/1996, S. 339-345
Ward, Colin (1978): Das Kind in der Stadt, Frankfurt/M.
Weingartz, Hans (Hg.) (1992): Ökologische Kinderrechte, in: KinderInformationsDienst Nr. 20, Jg. 2, 16.10.1992, Bonn
Wellendorf, Franz (1978): Mitbestimmung, in: Wulf 1978
Wolters, Angelika (1994): Projekt- und Fächerübergreifender Unterricht, in: Bovet, Gieslinde: Leitfaden Schulpraxis, Berlin, 157-196
Wulf, Christoph (1978): Wörterbuch der Erziehung, München
Zeiher, H. (1996): Kinder in der Gesellschaft und Kindheit in der Soziologie, in: Zeitschrift für Sozialisationsforschung und Erziehungssoziologie, H. 1, S. 26-46
Zentrum für Kindheits- und Jugendforschung (Hg.) (1993): Wandlungen der Kindheit, Theoretische Überlegungen zum Strukturwandel der Kindheit heute, Opladen
Zilling, Jürgen (1979): Die Stadt, ein Aufenthalt für Kinder?, in: Bauwelt 70, S. 1108-1110
Zimmer, Jürgen (1995): Vom Aufbruch und Abbruch. Über einige Desiderata der westdeutschen Kindergartenreform und des Situationsansatzes, in: Neue Sammlung, 35. Jg., H. 4, Dezember 1995, S. 3-38
Zinnecker, Jürgen (1979): Straßensozialisation. Versuch einen unterschätzten Lernort zu thematisieren. in: Zeitschrift für Pädagogik 25, S. 727-746
Zinnecker, Jürgen; Silbereisen, R. K. (1996): Kindheit in Deutschland. Aktuelle Survey über Kinder und ihre Eltern, München

Der Autor

Matthias Bartscher, Diplompädagoge, arbeitet als Kinderbeauftragter im Jugendamt der Stadt Hamm. Nach langjährigen Erfahrungen in der Jugendverbandsarbeit und beruflicher Tätigkeit in der Offenen Jugendarbeit sowie für die Ratsfraktion eines Kommunalparlamentes leitet er seit 1991 das Kinderbüro.